U0650679

真账实操
教你学
出 纳 【全新版】

罗伟◎编著

全图解
FULL GRAPHICS

中国铁道出版社有限公司
CHINA RAILWAY PUBLISHING HOUSE CO., LTD.

内 容 简 介

本书是一本以真账实例教你学出纳的工具书，全书共10章，按照出纳业务的全流程安排章节内容，每个章节的内容都是出纳工作中的一个重要环节，以这种方式安排内容，可以让读者真实地融入出纳工作的全流程中学习，而不是分散地单独学习出纳知识。

书中案例具体到某一家公司，使得所有出纳业务的处理更贴近实际，让读者更能切实感受出纳工作的具体处理细节，真正达到理论与实践紧密结合。

本书适合正在或即将从事出纳工作的人员以及财务相关工作和管理人员使用，同时也适合对出纳知识有兴趣且想要深入学习的人群阅读。另外，书中还列举了很多具体的实战案例处理过程，所以也可作为公司财务或出纳人员的培训教材使用。

图书在版编目（CIP）数据

全图解！真账实操教你学出纳：全新版/罗伟编著. —2版. —北京：中国铁道出版社有限公司，2020.3

ISBN 978-7-113-26156-6

Ⅰ.①全… Ⅱ.①罗… Ⅲ.①出纳—会计实务—图解Ⅳ.①F233-64

中国版本图书馆CIP数据核字（2019）第173111号

书　　名：**全图解！真账实操教你学出纳**（全新版）
　　　　　QUANTUJIE! ZHENZHANG SHICAO JIAONIXUE CHUNA
作　　者：罗 伟

责任编辑：张　丹　　　　读者热线电话：010-63560056
责任印制：赵星辰　　　　封面设计：MXK DESIGN STUDIO

出版发行：中国铁道出版社有限公司（100054，北京市西城区右安门西街8号）
印　　刷：三河市兴达印务有限公司
版　　次：2018年3月第1版　2020年3月第2版　2020年3月第1次印刷
开　　本：700 mm×1 000 mm　1/16　印张：17.5　字数：353千
书　　号：ISBN 978-7-113-26156-6
定　　价：49.80元

版权所有　侵权必究

凡购买铁道版图书，如有印制质量问题，请与本社读者服务部联系调换。电话：（010）51873174
打击盗版举报电话：（010）51873659

在财务工作中，出纳工作往往容易被忽略，企业和相关人员认为出纳工作只是负责收付款项，比较简单。然而实际的出纳工作中，涉及的知识范围和工作内容较广泛，与会计和税务等各方面知识都有密切的联系。

除了专业知识外，出纳员还必须具备良好的职业道德和修养，在金钱的诱惑下，要坚决遵纪守法，不可一步错而步步错。

出纳工作是进入财会行业最基本的工作之一，虽然范围比较广，但都很容易上手，对于刚毕业的财务专业的学生和一些准备转行的从业人员来说，出纳是个不错的选择。

所以，为了满足读者的需求，编者决定编著本书，旨在让读者能快速地学习出纳知识，也让出纳人员在工作过程中能更加得心应手。

本书共10章内容，大致按照出纳工作的顺序进行讲解，具体内容如下图所示。

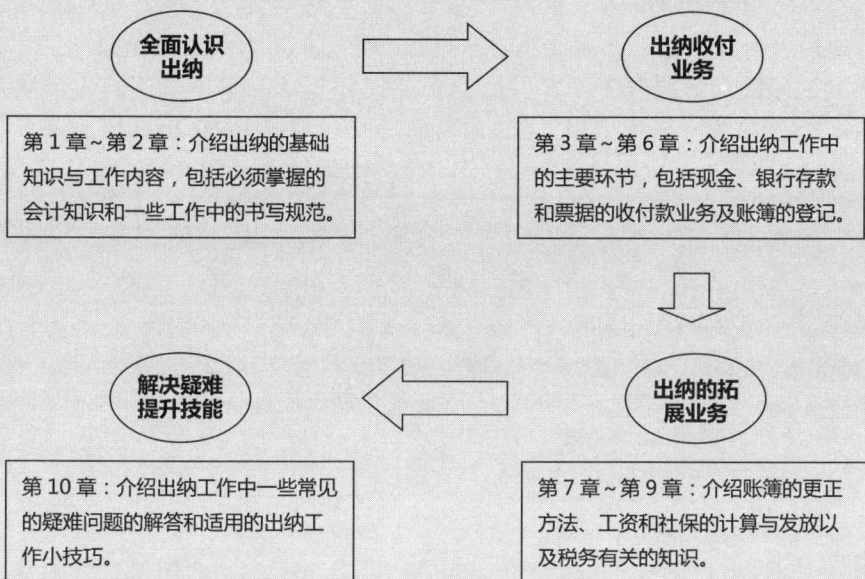

全面认识出纳 ➡️ **出纳收付业务**

第1章~第2章：介绍出纳的基础知识与工作内容，包括必须掌握的会计知识和一些工作中的书写规范。

第3章~第6章：介绍出纳工作中的主要环节，包括现金、银行存款和票据的收付款业务及账簿的登记。

⬇️

解决疑难提升技能 ⬅️ **出纳的拓展业务**

第10章：介绍出纳工作中一些常见的疑难问题的解答和适用的出纳工作小技巧。

第7章~第9章：介绍账簿的更正方法、工资和社保的计算与发放以及税务有关的知识。

本书尤其注重内容的易读性、实用性和操作性，具体如下。

◆ 书中以一家家居公司一个季度的出纳工作为例，全面贯穿讲解了实际工作中的出纳业务，每章综合案例中涉及的金额都有一定的关联性，使得书中的案例更具体、完整和真实。

◆ 本书运用了图文结合的方式，把与出纳工作相关的内容展示出来，更加生动、形象，读者可对各部分之间的关系一目了然。

◆ 在必要的地方加入小栏目样式，意在补充正文中没有讲解到的一些知识点，同时起到提醒读者和引起读者关注的作用。

◆ 以实账操作的形式反映企业出纳员处理出纳业务时的一些具体操作细节，让读者更加明确实际工作中的着手点。

◆ 在企业出纳工作的各主要环节的相关章节（第3章～第9章）末尾，单独设置了一个二级标题，把每一个环节涉及的与出纳工作相关的业务进行汇总讲解。这一方式可以更好地帮助读者更连贯地了解企业的出纳实操工作。

本书整体结构清晰明了，先总起全书，了解什么是出纳及出纳工作的范围，然后再分写出纳工作的具体内容与各部分的关系，最后总结出纳工作中常常遇到的问题和解决方法。本书适合正在或即将从事出纳工作的人员以及财务相关工作和管理人员使用，同时也适合对出纳知识有兴趣且想要深入学习的人群阅读学习。另外，也可作为公司财务或出纳人员的培训教材使用。

特别说明：本书所有的案例均改编于真实的工作实例，但是为了方便读者学习和熟悉在2019年4月以后实施的增值税新政策以及个人所得税新政策，因此本书大部分的案例发生时间均人为设定在2019年4月及其以后，不会影响读者对相关知识的正常学习。而因为本书大部分案例以小规模纳税人的标准进行讲解，因此涉及税率的案例，其税率依然保持3%不变。

第 1 章　基础知识要牢记——全面认识出纳

出纳到底是什么 2

　出纳的职能和特点 2

　出纳工作的组织结构 3

　出纳工作的具体内容 6

不是谁都可以做出纳 10

　出纳的职责要认清 10

　做出纳员的基本要求 11

做出纳也要懂会计 13

　会计工作的入门知识 13

　会计信息质量要求 15

　会计要素的确认与计量属性 17

第 2 章　稳扎稳打基本功——必须掌握的基本技能

出纳准备工作 24

　多种方法辨别人民币真伪 24

　快速提升点钞技术 29

　保险柜的使用 34

会计凭证的处理技巧 35

　文字与数字的填写规范 35

　会计凭证的基本认识 36

　会计凭证的填制与审核 43

　　【实账处理】——员工报销办公费用填制报销单 44

　　【实账处理】——根据报销单填制记账凭证 47

会计凭证的管理 49

　会计凭证的整理与装订 49

　会计档案的管理 50

善始善终——出纳工作交接处理 53

现金管理概述 56

现金管理的内容 56

现金开支是有限制的 58

健全现金的保管与清查制度 59

管钱，钱从何而来 60

老板投资款 61

【实账处理】——老板李总投入现金20万元 61

【实账处理】——李总增加注册资本5万元 62

【实账处理】——李总向张总借入现金3万元 62

职工或个人的集资款 63

【实账处理】——职工小陈投2万元集资购买机器收取红利 64

收到营业款 65

【实账处理】——出售一张桌子，收到营业款 65

预收现金账款的处理 66

【实账处理】——预收购货款6 000元 66

变卖公司废旧资产的处理 66

【实账处理】——公司处理一批报废的家具 67

退款的处理 68

【实账处理】——因材料质量问题退料，收到退款5 800元 ... 68

收到罚款的处理 69

【实账处理】——收到职工小陈的迟到罚款50元 69

收到赔偿款的处理 70

【实账处理】——快递公司弄丢椅子赔偿500元 70

银行存款"变"现金 70

【实账处理】——出纳小张去银行取现1万元 71

收回职工个人借款 71

【实账处理】——收到陈勇归还借款500元 71

接受捐赠的收入 72

【实账处理】——收到捐赠收入 72

有了钱要怎么用 73

备用金的管理 73

【实账处理】——销售部小陈借备用金 74

常见的报账类型...74

    【实账处理】——办公室王文购买办公用品...............................75

    【实账处理】——销售部陈勇报销差旅费.................................76

    【实账处理】——财务部王伍报销财务培训费...........................77

    【实账处理】——某建筑单位报销会务费.................................78

    【实账处理】——良木公司2019年7月发生的生活费...................78

    【实账处理】——驾驶员李尚报销车辆使用费...........................79

    【实账处理】——报销通信费...80

    【实账处理】——良木公司8月份水电费报销...........................81

几种专用报销单的类型...81

    【实账处理】——提取和使用安全生产费...............................82

    【实账处理】——低值易耗品的处理.....................................83

    【实账处理】——销售部陈勇报销销售费用...............................84

    【实账处理】——文明施工费的处理.....................................85

不得坐支现金..86

    【实账处理】——坐支现金的实例.......................................87

工资类的结算..87

    【实账处理】——临时工资的发放.......................................87

核算良木家居公司2019年10～12月现金收付款业务.................88

第 **4** 章　银行账户要分立——银行业务处理

银行账户管理概述...98

银行结算账户概念与特点..98

银行账户开立、变更和撤销...101

银行回单要及时拿回...107

    【实账处理】——发放工资...107

    【实账处理】——编制银行存款余额调节表.............................108

现金多了存银行...**109**

销售收入...109

    【实账处理】——销售商品一批...109

    【实账处理】——出租写字楼并收到租金...............................110

    【实账处理】——核对银行存款，盘盈所得...............................111

政府补助收入..112

    【实账处理】——取得政府补贴30万元.................................112

建造合同收入 112

　　【实账处理】——支付履约保证金 113

　　【实账处理】——收到工程款 113

　　【实账处理】——收到返还履约保证金 113

其他应收款的收入 113

　　【实账处理】——收取职工返还的医疗费 114

　　【实账处理】——向职工收取生活费 114

银行退款的收入 114

　　【实账处理】——因银行账号错误退回材料款 114

银行利息收入 115

　　【实账处理】——收到银行利息 115

银行借款收入 115

　　【实账处理】——短期借款的账务处理 115

　　【实账处理】——借入长期借款时的账务处理 116

银行各类付款业务的处理 **116**

购买材料的付款 116

　　【实账处理】——直接支付货款 117

　　【实账处理】——汇总付款 118

应交税费类的支付 119

　　【实账处理】——计算并缴纳增值税 119

　　【实账处理】——计算并缴纳附加税费 119

社会保险费的缴纳 120

　　【实账处理】——缴纳5月份社会保险费 120

银行退款重付 121

　　【实账处理】——退款后重付 121

财务费用的处理 121

　　【实账处理】——现金折扣计入财务费用 122

　　【实账处理】——银行手续费计入财务费用 122

借款利息的支付 122

　　【实账处理】——支付银行借款利息 122

偿还银行借款 123

　　【实账处理】——归还银行借款 123

固定资产清理费用 123

　　【实账处理】——支付固定资产清理费用 123

年末分红 124

　　【实账处理】——发放股利 124

核算良木家居公司2019年10～12月银行收付款业务 **124**

银行票据概述 **140**

票据的概念 140

票据的管理要求 142

票据基本制度 **145**

票据行为 145

【实账处理】——票据的无权代理 146

【实账处理】——超越代理权代理 147

【实账处理】——代理权终止后继续代理的情况 147

【实账处理】——自己代理 148

【实账处理】——双方代理 148

【实账处理】——代理人和第三人恶意串通 148

票据抗辩 149

【实账处理】——对物抗辩 150

【实账处理】——对人抗辩 150

票据的丧失及补救 150

【实账处理】——公示催告 151

票据的时效 152

【实账处理】——支票时效已过，无法提现 152

银行票据种类"三票一卡" **153**

汇票概述 153

【实账处理】——汇票的业务处理 154

本票概述 155

【实账处理】——本票的业务处理 156

支票概述 157

【实账处理】——支票的业务处理 159

信用卡 161

核算良木家居公司2019年10～12月票据业务 **162**

第 6 章　数字汇总报领导——登记账簿并编制报表

会计账簿概述..**166**

账簿的基本内容、要求和意义..166

了解账簿的种类和使用..168

账簿的格式和登记方法..170

出纳账簿运用..**173**

现金日记账和银行存款日记账..173

【实账处理】——登记2019年8月12日、13日的现金日记账....................174

【实账处理】——登记2019年8月12日、13日的银行存款日记账...............176

有价证券明细账..177

【实账处理】——登记有价证券明细账...177

【实账处理】——出纳盘点有价证券...178

备查账簿..178

登记良木家居公司2019年10~12月的账簿..**179**

第 7 章　有错就改好出纳——差错更正与账务调整

错账原因与查找技巧..**184**

发生错账的原因..184

错账的查找技巧..186

【实账处理】——除二法查错账..186

【实账处理】——除九法查数字位数记错的错账....................................187

【实账处理】——除九法查邻数倒置的错账..187

【实账处理】——差额法查找错账...187

【实账处理】——母子法查找错账...189

账簿差错的更正..**189**

划线更正法..189

【实账处理】——更正登账前记账凭证上的错误....................................190

【实账处理】——更正结账前账簿上的错误..191

红字更正法..191

【实账处理】——红字更正法更正会计科目错误....................................192

【实账处理】——红字更正法更正记账凭证上的错误金额 193

补充登记法 194

【实账处理】——补充登记法更改错账 194

对账要及时 **195**

哪些账需要核对 196

账证、账账和账实的对账规范 196

几种对账的小技巧 198

结账不能拖 **199**

结账的内容与规范 199

怎样结账 202

结账时的注意事项 203

更改良木家居公司2019年10~12月错账 **204**

第 8 章　有关民生大问题——工资社保的管理

工资的计算与发放 **208**

编制考勤表 208

计算工资并编制工资表 210

【实账处理】——计算计时工资 211

【实账处理】——计算计件工资 212

【实账处理】——计算工作日加班工资 212

【实账处理】——计算周末加班工资 213

【实账处理】——计算法定节假日加班工资 213

工资的发放 213

社保的扣缴 **214**

社会保险的五大特征 214

社会保险的主要内容 214

社会保险的计算 218

【实账处理】——计算养老保险费 219

【实账处理】——计算医疗保险费 220

【实账处理】——计算失业保险费 220

【实账处理】——计算工伤保险费 221

【实账处理】——计算生育保险费 221

社会保险办理流程..222

　　【实账处理】——计算补缴的社保................................223

社会保险与商业保险的区别..224

住房公积金　　　　　　　　　　　　　　　　　　　　　　**224**

住房公积金概括与缴纳..224

　　【实账处理】——计算并缴纳住房公积金..........................226

住房公积金贷款..226

住房公积金的还贷..227

核算良木家居公司2019年10~12月工资、社保的发放和缴纳情况.........**228**

第 9 章　国家税收不能忘——工商税务一并抓

认识工商管理　　　　　　　　　　　　　　　　　　　　　　**234**

工商设立登记..234

工商变更登记..235

注销登记..237

企业年度报告公示..239

发票业务处理　　　　　　　　　　　　　　　　　　　　　　**241**

向税务机关领购发票..241

填开普通发票和丢失发票的补救措施................................242

填开和认证增值税专用发票..243

与出纳有关的税务　　　　　　　　　　　　　　　　　　　　**245**

不得不知的税收体系..246

公司涉及的基本税种..246

税款的申报与缴纳..248

　　【实账处理】——计算增值税....................................250

　　【实账处理】——计算附加税....................................250

　　【实账处理】——计算企业所得税................................251

核算良木家居公司2019年10~12月的税务处理.......................**252**

出纳易犯错误有哪些 **258**

　出纳易犯错误有哪些 258
　保险柜被撬的处理 258
　原始凭证擅自外借 258
　　【实账处理】——出纳私自外借凭证 258
　会计档案擅自销毁 259
　现金盈余与短缺处理错误 260
　　【实账处理】——现金盘盈、盘亏的错误处理 260
　　【实账处理】——现金盘盈 261
　　【实账处理】——现金盘亏 261
　公司财务章丢失处理错误 262
　　【实账处理】——财务章丢失后处理不当 262
　信用卡存款的处理 263
　　【实账处理】——信用卡存款 263

老出纳支招儿 **263**

　出纳的一些实用工具 264
　会计凭证的处理技巧 264
　往来条据的处理技巧 264
　员工备用金借款及清理 264
　　【实账处理】——备用金的处理 265
　出现白条抵库的处理 265
　网银、密码器的使用 265
　网上申报好处多 266

第1章
01

基础知识要牢记——全面认识出纳

【本章要点】

P02 出纳到底是什么
P06 出纳工作的具体内容
P13 会计工作的入门知识
P17 会计要素的确认与计量属性

出纳到底是什么

出纳是按照有关法律规定和公司制度，办理本单位的现金收付、银行结算及有关账务，保管库存现金、有价证券、财务印章及有关票据等工作的总称。出纳工作是财务工作的重要组成部分，本节将介绍出纳的职能特点、工作内容及出纳和会计的关系。

出纳的职能和特点

出纳，"出"指支出、付出，"纳"即指收入。在中国古代，人们对"出纳"就已经有了概念，随着历史演变，人们对出纳的认识也在不断地发生变化。目前，人们对出纳有广义和狭义的理解。

狭义上的出纳，通常指各单位的财务部门为单位内部进行出纳的各项工作专设的出纳人员岗位。广义上的出纳包括两个方面的内容：一是各单位单独设立出纳机构，进行各项票据、货币资金和有价证券等收付业务的处理、整理、保管及核算等工作；二是，各单位业务部门的货币资金收付和保管工作。

那么，出纳的职能和特点具体有哪些呢？

◆ 出纳的职能

出纳是对货币资金、票据和有价证券的进出情况进行管理的一项工作。出纳人员发挥工作职能，对财务工作产生作用和影响。主要有如表1-1所示的4个职能。

表 1-1

职能	具体描述
收付职能	是出纳的基本职能。指对经济业务往来中的现金、银行存款、票据和金融证券等的收付和办理
反映职能	是出纳的主要职能之一。是为了给经济管理和投资决策提供所需的完整而系统的经济信息，而根据持有的现金和银行存款日记账及有价证券的各种明细分类账，以统一的货币计量单位为基础，对本单位的货币资金和有价证券进行详细记录与核算
监督职能	是对企业内部各种经济业务进行监督。其中，货币资金收付业务实施过程中的合法性、合理性和有效性是监督的重要内容

职能	具体描述
管理职能	包括保管货币资金和有价证券、管理银行存款及各类票据；分析企业资金使用效益；为企业的投资决策提供有效的金融信息，以及在此基础上直接参与对企业的方案评估和投资效益预测分析

◆ 出纳工作的特点

各行各业都有其自身的工作特性和规律。出纳是财务部门专设的一个岗位，出纳不仅是财务工作的重要组成部分，也是整个单位的资金管理中心，它具有如图1-1所示的特点。

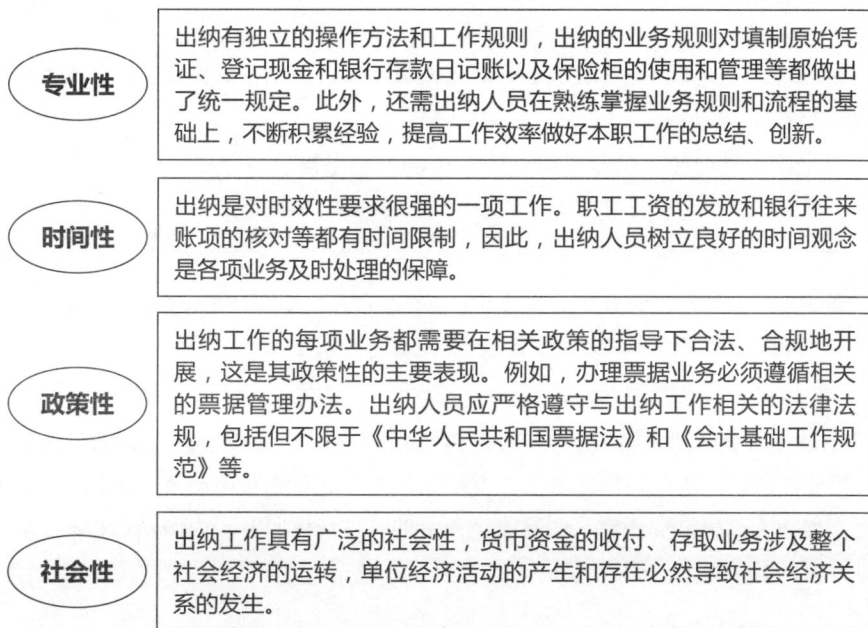

专业性 出纳有独立的操作方法和工作规则，出纳的业务规则对填制原始凭证、登记现金和银行存款日记账以及保险柜的使用和管理等都做出了统一规定。此外，还需出纳人员在熟练掌握业务规则和流程的基础上，不断积累经验，提高工作效率做好本职工作的总结、创新。

时间性 出纳是对时效性要求很强的一项工作。职工工资的发放和银行往来账项的核对等都有时间限制，因此，出纳人员树立良好的时间观念是各项业务及时处理的保障。

政策性 出纳工作的每项业务都需要在相关政策的指导下合法、合规地开展，这是其政策性的主要表现。例如，办理票据业务必须遵循相关的票据管理办法。出纳人员应严格遵守与出纳工作相关的法律法规，包括但不限于《中华人民共和国票据法》和《会计基础工作规范》等。

社会性 出纳工作具有广泛的社会性，货币资金的收付、存取业务涉及整个社会经济的运转，单位经济活动的产生和存在必然导致社会经济关系的发生。

图1-1

出纳工作的组织结构

为了做好出纳工作，提高工作的质量，体现其作用，各单位应根据实际情况合理安排、组织出纳工作。《会计基础工作规范》第十一条规定："各单位应当根据会计业务需要设置会计工作岗位。"相应地，各单位应根据自身的经营规模和业务需要等因素设置出纳岗位。

（1）组织结构设置的必要性和设置原则

我国相关法律、法规规定，各单位应根据业务需要设置会计机构，而对于出纳工作，一般大型企业可在财务部门设置出纳科，中型企业可设置出纳室，小型企业则只需配备专职出纳员，以负责单位的具体出纳工作。

由此可见，设置出纳组织结构的必要性。而无论是哪类企业，设置出纳的组织结构都需遵循以下3个原则。

◆ 符合内部控制制度的要求

根据相关法律、法规的规定，出纳工作要建立互斥机制，出纳人员不得负责或兼任稽核、会计档案保管，收入、支出、费用及债权债务账户登记工作中的一项或多项职务。同时，出纳工作还要做到具体业务权责分明，人员相互制约，款项和财物收付、结算及登记的任何一项工作，必须两人或两人以上分工办理。例如，职工工资的发放工作要求工资表由工资核算人员编制，而现金的提取和具体的工资发放则由出纳人员完成。

出纳组织结构和人员设置符合内部控制机制是提高会计核算质量、防止工作误差、避免营私舞弊以及维护国家和单位财产安全的必然要求。

◆ 有利于监督货币资金情况

管理好单位的货币资金是出纳的主要工作职责。出纳人员充分发挥监督职能，可保证单位资金的有效利用，也可防止违法乱纪行为的发生。

◆ 有利于岗位责任制的建立

出纳工作涉及货币资金的多方面内容，包括对现金和银行存款的收入、支出、核算和保管，与单位的经济效益及职工的个人利益也紧密相关。因此，各单位要建立出纳人员岗位责任制，明确出纳人员的具体岗位职责，为出纳工作的正常有序进行提供制度保障。

（2）出纳人员的配备

狭义上讲，出纳人员指财务部门的出纳人员。通常，不同规模的单位，需要配备专职或兼职出纳人员担任本单位的出纳工作，而在出纳人员配备时需要遵循的原则会有差别，如一人一岗、一人多岗或一岗多人等。

实行独立核算的单位，在银行开户的行政单位、企事业单位和有经常性现金收支业务的其他组织等，是设置一岗还是多岗，可根据自身情况决定。下面介绍独立核算单位的出纳岗位设置情况，如图1-2所示。

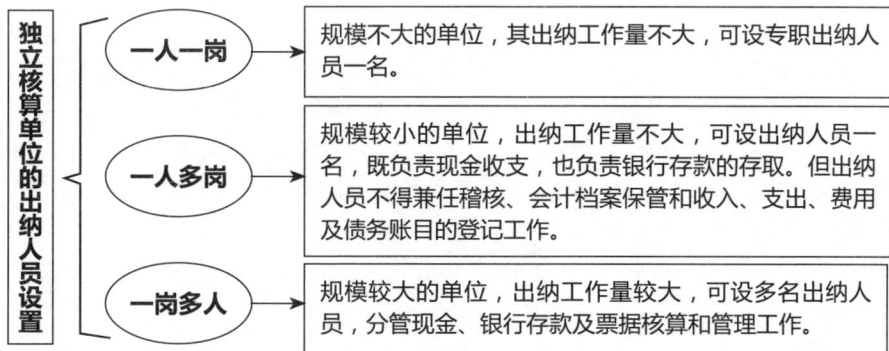

图1-2

由图1-2可知，不同规模的独立核算单位，出纳人员岗位设置也不一样。出纳人员的具体分工，要从管理的要求和工作便利等方面综合考虑。

（3）出纳和会计的关系

出纳与会计都属于财务人员，而从会计分管的账簿来看，可分为总账会计、明细账会计和出纳。三者既有区别，也有一定的联系。

◆ 分工不同

在经济业务中，钱账必须分开管理，出纳人员负责管钱管物，会计负责管账、稽核和会计档案的保管，以及收入、费用和债权债务等账目的登记工作。会计与出纳各司其职，不得超越各自的权限，具体分工如表1-2所示。

表1-2

类别	核算内容	作用
总账会计	总账核算	为企业经济管理和经营决策提供总括的核算资料
明细账会计	明细账核算	为企业经济管理和经营决策提供明细分类核算资料
出纳	票据、货币资金及有价证券的收付、保管、核算工作	为企业经济管理和经营决策提供各种金融信息

◆ 出纳工作直接参与经济活动过程

货物的购销要经过货物移交和货款结算两个必要步骤，这两个步骤都需要出纳人员的参与，这是出纳人员直接参与经济活动的主要表现，也是其有别于其他财务工作只对经济活动过程进行反映和监督而不直接参与活动的显著特点。其中，货款结算涉及的货物价款收付、往来款项收付、各类有价证券的使用以及其他金融业务的办理都需要出纳人员的直接参与。

◆ 既相互依赖又相互牵制

出纳、明细账会计和总账会计之间有着很强的依赖性，同时又相互牵制。他们都以原始凭证和记账凭证为核算依据，出纳负责登记的现金和银行存款日记账与明细账会计负责登记的明细分类账都要以会计凭证为基础；而总账会计的总账登记则以现金和银行存款日记账及明细分类账为基础。因此，他们三者相互联系，互为基础地共同完成整个会计工作，缺一不可。

此外，出纳的现金和银行存款日记账与总账会计的现金和银行存款总账，总账与其所属的明细分类账，明细分类账中的有价证券账与出纳账中相应的有价证券账等，必须在金额上保持相等，互相牵制。因此，出纳、明细账会计和总账会计三者必须核对一致，做到账账相符。

◆ 出纳核算也是一种特殊的明细核算

出纳核算中，单位必须按规定设置现金和银行存款日记账。其中，企业还需根据不同开户行设置银行存款日记账的明细科目，逐笔按时地进行明细核算和登记。现金日记账和银行日记账需每日结出余额并分别与库存数及开户银行对账单进行核对；月末按规定进行结账。

◆ 出纳工作是一种账实兼管的工作

出纳不仅负责核算现金、银行存款和各种有价证券的收支与结存，还负责保管现金、有价证券和管理银行存款账户。因此，出纳有别于其他财务人员，他们并不完全遵守"管账不管钱、管账不管物"的原则，但现金和银行存款日记账都属于特殊的明细账，因此出纳工作并不违背财务的"钱账分管"原则。

出纳工作的具体内容

出纳工作比较烦琐，涉及的内容较多。根据出纳的职能，可将出纳工作分为货币资金核算、往来结算及工资核算3个方面的内容。

（1）货币资金核算

货币资金核算要求通过对相关指标的计算，对固定资金和流动资金的利用率进行衡量，这也是经济核算的重要内容。一个好的货币资金核算结果能在反映和监督资金筹集、资金占用及资金周转情况等方面起到积极作用，同时还可以挖掘企业利用财产物资的潜力，提高企业资金周转率和使用效率，用尽量少的资金生成尽量多的产品，从而提高企业的盈利水平。货币资金核算的具体内容主要包括如表1-3所示的6个方面。

表 1-3

核算项目	具体核算内容
办理现金收付，审核审批有据	出纳人员必须严格按照国家的现金管理制度，对稽核人员审核签章的收款凭证和付款凭证进行复核，确认无误后办理款项收付手续。如果是重大的开支项目，则出纳需要确定是否已经过主管人员、总会计师或单位领导审核签章，否则不能办理收付手续。需要说明的是，出纳人员在收付款项后，还需在收付款凭证上签章，并加盖"收讫"或"付讫"戳记
办理银行结算，规范使用支票	企业应该尽量避免签发空白支票，如遇特殊情况需要签发空白支票，则需在支票上写明收款单位名称、款项用途、签发日期、规定限额和报销期限，并由支票领用人在专设登记簿上签章后方可进行空白支票的签发，以上条件缺一不可，否则将不能签发任何空白支票。此外，已经签发的空白支票，因某些原因没有使用且支票已经逾期，那么逾期未用的空白支票应交还给签发人。对于信息填写错误的支票，应按要求加盖"作废"戳记并与存根联一并保存；对于不慎遗失的支票，遗失时要立即向银行办理挂失手续。任何情况下，银行账户都不能出租或出借给其他单位或个人办理结算
认真登日记账，保证日清月结	现金和银行存款日记账的登记都要根据办理完毕的收付款凭证每日逐笔顺序登记，并结出余额；出纳人员每日工作结束后，要及时将现金日记账的账面余额与库存现金实存数进行核对，银行存款日记账的账面余额要及时与银行对账单进行核对。另外，为了确保账户余额和账单上的余额是相符的，每月月末要编制银行存款余额调节表，及时查询未达账项的情况，防止未达账项的漏记。出纳人员除了认真登记日记账外，还需要清楚了解银行存款余额的情况，做好货币资金的管理工作
保管库存现金和有价证券	出纳人员要确保现金和各种有价证券的安全和完整。这就要求出纳人员做到：保证库存现金不超过银行核定的限额，超过部分及时存入银行；不以"白条"抵充现金，更不得任意挪用现金；掌握库存现金的短缺或溢余情况，并根据具体情况分析原因，分别处理，更不得私下取走溢余的库存现金，也不得私下补足存在短缺的库存现金；对于库存现金短缺的情况，出纳人员应负赔偿责任；要保守保险柜密码的秘密，保管好钥匙，不得任意转交他人
复核收入凭证，办理销售结算	出纳人员应认真复核收入凭证，办理销售结算，这就要求出纳人员要认真审查销售业务的有关凭证，严格按照销售合同和银行结算制度及时办理销售款项的结算和催收工作。若发生销售纠纷，导致货款被拒付的，应及时通知有关部门进行处理，不要私自采取应对措施
保管印章，登记和注销支票	出纳人员必须严格按照规定用途使用印章，并妥善保管，避免印章的遗失和错用。为了分散风险，单位内签发支票的各种印章，不得全部交由出纳一人保管。除此之外，单位和出纳人员也都必须对空白收据和空白支票进行严格管理，比如可以对空白收据和空白支票的领用情况及注销手续设置专门登记簿来进行实名登记，对于没有进行登记的人员，不得领用或注销票据

（2）往来结算

往来结算是指企业在生产经营和资金运作过程中形成的企业内部之间、企业与外部单位之间及企业与外部个人之间的财务关系。它主要包括应收应付款、其他应收应付款、专项应付款和预收预付款等结算内容。

◆ 办理往来结算，建立清算制度

往来结算业务的内容主要包括：企业与内部核算单位、职工之间的款项结算；企业与外部不能办理转账手续的单位和个人之间的款项结算；低于结算起点的小额款项结算；以及根据规定可以用现金支付的其他方面的结算等。

此外，往来结算业务还对应收、暂付款项有一些要求：对购销业务以外的各种应收、暂付款项，进行及时催收结算；对应付、暂收款项要抓紧清偿；对确实无法收回的应收账款和无法偿还的应付账款，应查明原因，按照规定上报，经批准后采取相应措施进行处理。

◆ 备用金的管理

实行备用金制度的企业，应加强备用金管理，做好备用金额度的核定、款项领用和报销等工作。具体来说，对于员工预借差旅费，出纳人员应督促员工及时办理报销手续，有余额的，还应及时收回余额，防止员工拖欠和挪用预借款项。因此，企业应建立清算制度，便于出纳对购销业务以外的暂收、暂付、应收、应付和备用金等债权债务及往来款项进行及时清算和管理。

◆ 核算其他往来款项，防止发生坏账损失

对购销业务以外的各项往来款项，出纳人员应按照单位和个人分别设置明细科目，同时根据审核后的记账凭证逐笔分类登记单位和个人数据，核对余额。年终时，出纳人员要根据登记的各项往来款项抄列清单，便于向单位领导或外部相关部门报告。具体有如表1-4所示的5种做法。

表1-4

条目	做法
1	根据业务发展情况，对每一笔往来款项的形成及其增减变化情况进行及时反映和登记
2	对不同的明细单位分别建立往来结算账户，并定期核对和清查账目
3	应按规定的标准提取坏账准备金
4	加强对债权债务的管理，尽量减少呆账、坏账的发生。按规定程序及时核销符合处理条件的坏账
5	每年年终对往来结算账户进行全面清查对账

处理账龄较长的应收款项时，应首先明确具体的催收措施，做好责任落实工作。对于账龄超过一年的应收款项，应特别注意，对账时应取得对方的书面确认。同时，主管财务的领导应对执行结果进行监督，做好应收款项的清查对账工作，加强资金周转。

（3）工资核算

工资关系着职工的切身利益，因此，公司应健全工资核算制度，而具体的工资核算内容有如下3点。

◆ 执行工资计划，监督工资发放

根据领导批准的工资计划，出纳人员和人事部门一起负责执行与职工工资相关的工作，包括严格按照相关规定进行工资和奖金的支付及分析工资计划的执行情况。发现存在违反员工薪酬管理政策、滥发津贴或奖金行为的，出纳人员要立即制止并向单位领导报告，有必要的还需向相关部门报告。

◆ 负责工资核算，提供工资数据

按照工资总额的组成和支付工资的对象进行明细核算，根据管理部门的要求编制有关工资总额报表。

◆ 审核工资单据，发放工资奖金

如图1-3所示的是一般公司审核工资单据并发放工资、奖金的相应步骤。

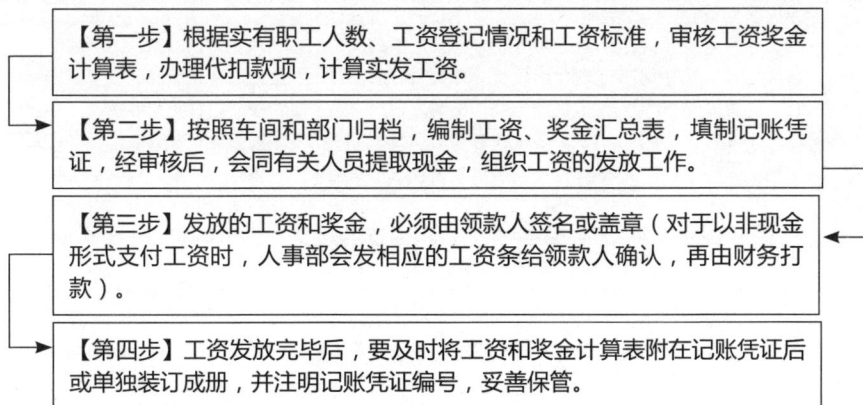

【第一步】根据实有职工人数、工资登记情况和工资标准，审核工资奖金计算表，办理代扣款项，计算实发工资。

【第二步】按照车间和部门归档，编制工资、奖金汇总表，填制记账凭证，经审核后，会同有关人员提取现金，组织工资的发放工作。

【第三步】发放的工资和奖金，必须由领款人签名或盖章（对于以非现金形式支付工资时，人事部会发相应的工资条给领款人确认，再由财务打款）。

【第四步】工资发放完毕后，要及时将工资和奖金计算表附在记账凭证后或单独装订成册，并注明记账凭证编号，妥善保管。

图1-3

不是谁都可以做出纳

出纳作为会计工作中的一个重要岗位，有较强的专业性。因此，出纳要做好本职工作，不仅要经过一定的职业教育，还要在实践中不断积累经验，掌握工作要领，熟练使用现代化办公工具。本节将详细地为大家讲述出纳的职责和要求。

出纳的职责要认清

出纳的工作是会计工作的重要环节，涉及现金收付和银行结算等活动，而这些又直接关系到职工个人、单位乃至国家的经济利益，工作出了差错，就可能造成不可挽回的损失。因此，明确出纳人员的职责和权限，是做好出纳工作的基本条件。根据《会计法》和《会计基础工作规范》等财会法规的规定，出纳员应承担以下职责，如表1-5所示。

表 1-5

出纳职责	职责具体内容及要求
登记现金、银行存款日记账，编制日报表和银行存款余额调节表等	会计制度规定，出纳人员要认真仔细地办理现金和银行存款收付业务，做到严格审核有关原始凭证，保证原始凭证的正确无误，然后再根据原始凭证编制收、付款凭证，收、付款凭证编制后再进行现金日记账和银行存款日记账的逐笔顺序登记，并每日结出余额
按照国家有关现金管理和银行结算制度的规定，办理现金收付和银行结算业务	出纳员应严格遵守现金开支范围的规定，对于现金结算范围外的事项坚决不用现金进行收付；遵守库存限额的规定，按规定及时将超限额的现金送存银行；对现金的管理要严格实行日清月结，每日下班前核对账面余额与库存现金实存数，若发现余额和实存数不符的情况，要及时查找原因，并保证余额和实存数一致；及时核对银行存款账面余额与银行对账单，做到账账相符，若不相符，出纳人员应及时通知，先编制银行存款余额调节表，看是否有未达账项，若没有，再查找其他原因，直至银行存款账面余额与银行对账单的余额核对相符
按照国家外汇管理和结算、购汇制度的规定及有关批件，办理外汇出纳业务	外汇出纳业务有很强的政策性，我国改革开放的深入发展和国际间经济交往的日益频繁，使得外汇出纳在企事业单位的日常经营管理中显得越来越重要。因此，出纳人员应熟悉国家外汇管理制度，及时办理结汇、购汇和付汇，避免国家外汇遭受损失

出纳职责	职责具体内容及要求
随时掌握银行存款余额，不准签发空头支票，不准出租出借银行账户为其他单位办理结算	这是出纳员必须遵守的一条纪律，也是防止经济犯罪、维护经济秩序的重要规定。出纳员应严格执行支票和银行账户的使用及管理规定，从出纳这个岗位上堵塞款项结算漏洞
保证库存现金和各种有价证券的安全与完整	要建立适合本单位情况的现金和有价证券（如国库券、债券和股票等）保管责任制，比如，现金或有价证券发生短缺且属于出纳员责任的，出纳员要进行相应的赔偿
保管有关印章、空白收据和空白支票	实际工作中有很多因丢失印章和空白票据而给单位带来经济损失的事情发生，因此，出纳人员必须高度重视印章和空白票据的保管工作，建立严格的票据管理办法。一般来说，单位财务公章和出纳员名章应分别由专人进行管理，出纳人员要严格按照相关规定保管出纳印章，不得将其用于规定用途之外的其他方面。此外，要严格地按照相关手续办理各类票据的领用登记和注销登记工作

做出纳员的基本要求

要成为一名出纳员，基本要求很重要。它要求出纳员要有精通政策的知识水平、熟练高超的业务技能以及严谨细致的工作作风，具体来说有以下5点。

◆ 政策水平

"不以规矩，不成方圆。"出纳工作要在遵循相关制度和规定的基础上合法合理地开展，因此，做好出纳工作的前提是学习和掌握相关法律、法规以及单位业务的相关规定，这也有助于出纳人员了解出纳岗位的工作职责和权限，明确哪些是职责之内和法律之内可行之事，哪些是法律之外不可为之事。出纳工作涉及的制度主要有《会计法》《会计基础工作规范》《现金管理制度》《银行结算制度》《成本管理条例》《税收管理制度》《发票管理办法》和根据本单位情况制定的财务管理规定，以及除上述制度、规定外的其他相关制度和规定。

◆ 业务技能

"台上一分钟，台下十年功。"这是出纳工作的特点。出纳人员要有牢固的基础知识和熟练掌握岗位技能的能力，不仅要熟练使用电脑、填开票据和点收钞票，还要具备处理一般会计事务的财会专业知识以及较高的出纳专业技能水平和较强的数字运算能力，这些都缺一不可。

出纳的数字运算和事后的账目计算有很大区别，它要求出纳人员在计算出结果的同时开出票据或收付现金，是在结算过程中进行的运算，因为涉及钱的问题，一旦计算错误便很难更改，业务处理会变得很麻烦，因此对运算速度和准确性要求很高。出纳人员的工作主要是通过手工完成的，因此出纳人员的手上功夫体现了其业务水平的高低，计算器、电脑的使用和票据的填开等都离不开手。

而要提高手上功夫，出纳人员除了要勤练各项业务的处理，还要练习汉字、阿拉伯数字的书写和写作概括能力，尽可能书写出工整、完备和精练美观的票据，这也是出纳人员能力的表现方式之一。

◆ 工作作风

出纳是一份每天与钱打交道的工作，任何一点小小的失误或者不良的工作习惯，都有可能给单位带来很大的经济损失。因此，出纳人员应有严谨细致的工作作风和职业习惯，全身心地、心无旁骛地完成自己的工作，有条不紊、沉着冷静地处理事务，这样才能尽可能避免工作失误。

对出纳人员来说，有条不紊就是要对各类票据和工具分类摆放、整齐有序，保持整洁的办公环境，有利于提高工作效率；严谨细致就是认真仔细计算和核对各项业务收支情况，各类业务严格按照手续办理，避免工作差错；沉着冷静就是对于复杂的业务或情况冷静分析、随机应变，做到心中有数。

◆ 安全意识

出纳工作涉及现金、各类票据、有价证券及印鉴的保管，因此，对于其安全性要求很高。一方面，单位内部要实行隔离制度，即对以上各类物品实行分工保管，各司其职，相互牵制；另一方面，要采取一定的安保措施，如购买和使用符合安保要求的办公用房、锁具及保险柜，并对保险柜密码进行管理。另外，出纳人员应加强安保知识的学习，增强安全意识，对分管的物品进行充分的尽责保护，同时密切配合安保部门的相关工作。

◆ 道德修养

良好的职业道德修养是每个人必备的职业素质，出纳人员也不例外。出纳人员的职业道德修养体现在热爱本职工作；敬业、精业；科学理财，充分发挥单位内部资金的效用；遵纪守法，以身作则；正直，不以权谋私；实事求是，真实反馈单位内部的经济状况；保守单位机密；以单位的总体利益为前提，为单位服务。

为了尽可能杜绝出纳人员道德败坏现象的出现，《会计法》对会计岗位做出了限制，即遵循钱账分管原则，由此避免了部分道德风险的发生。钱账分管原则指款项和财物的收付、结算及登记中的任何一项工作，都不得由一人处理，必须由两人或两人以上分工完成，以在业务处理和人员上形成相互牵制的状态。举例来说，现金和银行存款的支付一般由3人完成，会计主管或其授权代理人负责款项的审核，出纳人员根据会计主管的审核结果付款，记账人员根据出纳人员的付款结果记账。钱账分管主要是为了加强会计人员之间的相互制约和监督，同时便于会计人员之间进行业务信息核对，减少工作误差，提高会计核算质量，防止营私舞弊。

另外，《会计法》对出纳人员做了单独规定，即出纳员不得兼管稽核、会计档案保管和收入、费用、债权债务账目的登记工作。原因有如图1-4所示的两点。

原因一	根据复式记账原则，每笔货币资金收付业务的发生会引起收入、费用或债权债务账簿记录的变化，或者说每发生一笔货币资金收付业务都要登记收入、费用或债权债务等有关账簿，若负责货币资金收付业务的出纳人员同时负责这些账簿的登记工作，则出纳人员便可随意记账或随意支取现金，做出贪污舞弊行为。出纳人员若要承担记账工作，则只能负责收入、费用和债权债务等事项以外的账目记录。

原因二	内部档案保管工作若由出纳人员负责，他们可能通过抽换单据或涂改记录来获取个人利益而损害单位利益。

图1-4

钱账分管原则可以在制度和流程上防止出纳人员的营私舞弊行为，能维护单位乃至国家的利益。

做出纳也要懂会计

作为一名合格的出纳人员，在实际的经济业务中，除了负责管理货币资金、票据及有价证券外，还要学会会计的基础知识，如填制规范的收、付款凭证并登记好现金及银行存款日记账，为会计工作提供准确、有效的数据资料。

会计工作的入门知识

会计是运用专门的方法，以货币为主要计量单位，进行一个单位的经济活动的核算和监督的经济管理工作。会计核算通过货币这一主要计量尺度，对会计主体的资金运动进行反映，因此也将其叫作会计反映。会计核算是一种事后核算，是会计工作中记账、算账和报账的总称，其核算对象是已发生或已完成的经济活动。

对于不同项目，会计核算形式也不相同，这要求出纳人员根据实际情况组织相应的会计核算形式。合理的核算形式是保证会计工作质量，提高会计工作效率，正确、及时地编制会计报表以及满足会计信息使用者需求的前提和重要保证。

最初，会计以货币为主要计量单位，以提高经济效益为主要目标，运用专门的方法对企业、机关、事业单位和其他组织的经济活动进行全面、综合、连续的核算和监督，以提供会计信息。随着社会经济的日益发展，会计逐渐发展为开展预测、决策、控制和分析工作的一种经济管理活动，成为经济管理活动的重要组成部分。会计工作不仅是企业财务状况、经营成果和现金流量情况的反映，还对企业经营活动和财务收支进行监督。

出纳人员在学习会计专业知识前，先掌握会计基础知识，如会计基本假设、会计核算的基础以及财务报告目标等。

◆ 会计基本假设

会计基本假设是企业会计确认、计量、记录和报告的前提，是对会计核算所处时间、空间环境等所作的合理假定，包括会计主体、持续经营、会计分期和货币计量4个方面，如表1-6所示。

表1-6

基本假设	假设的具体内容
会计主体	会计工作服务的特定对象称为会计主体，是对企业会计确认、计量和报告的空间范围上的确定。法律主体和会计主体既有区别又有联系，一般情况下，法律主体必定是会计主体，但会计主体却不一定是法律主体
持续经营	即企业可在保持当前规模和状态的前提下一直持续经营下去，在可预见的将来不会因为经营不善停业或大规模削减业务，不会面临破产清算。持续经营假设的存在有其必要性，它是会计主体按既定用途使用资产和按既定合同条款发生经济业务的前提和保证。对于不能持续经营的企业，若仍按持续经营的假设进行会计确认、计量和报告，那么最终的会计核算结果必然不是企业财务状况的真实反映，由此形成的会计报告不仅不能给会计信息使用者提供帮助，反而会误导决策者，给企业经营和发展带来不利影响
会计分期	会计分期假设是将一个企业持续经营的生产经营活动期间划分为一个个连续的、长短相同的经营期间，通过这种划分，相等的会计期间可以使结算盈亏和编制财务报告都按期进行，在时间上有规则可循，这有利于最终财务报告的形成以及企业财务状况、经营成果和现金流量信息的反映，有助于企业经营决策。一般情况下，会计期间被分为中期和年度。凡是报告期间不足一个完整会计年度的都被称为中期，它又分为月度、季度和半年度。因此，实务中有当期、以前期间和以后期间之分，这也是不同类型的会计主体的记账基准的确立依据，记账基准的确定又促进了折旧、摊销及其他会计处理方法的产生

续表

基本假设	假设的具体内容
货币 计量	指会计主体在会计确认、计量和报告时以货币计量，反映会计主体的生产经营活动。货币具有价值尺度、流通手段、贮藏手段和支付手段等职能，最重要的是，它是商品的一般等价物，可以作为共同尺度来衡量一般商品的价值，它的这些自身属性决定了其必定作为会计确认、计量和报告过程中的计量基础

◆ 会计核算的基础

权责发生制是企业会计确认、计量和报告的基础，也就是会计核算的基础。权责发生制是以当期会计事项的发生作为核算标准，而非实现当期会计事项。因此，只要是当期发生的收入和应当负担的费用，不管款项有没有收付，在收入和费用发生时都应将其作为当期收入和费用记录入账，为编制利润表提供数据支撑；反之，就算是当期实现收付的款项，但该款项并非当期发生的收入和费用，也不能计入当期的收入和费用，进而也不会影响当期利润表的编制。

而收付实现制和权责发生制对应。目前，收付实现制在我国事业单位中应用广泛，除了部分经济业务或者事项的核算采用权责发生制外，事业单位其余业务的核算都采用收付实现制。

◆ 财务报告目标

企业财务会计以将会计确认和计量的最终结果进行汇总，从而形成企业的财务报告为目标，向各方会计信息使用者提供处理后的有用的会计信息，帮助使用者做出相关决策。由此可见，财务报告是沟通企业管理层与内外部信息使用者之间的桥梁和纽带，对其进行的编制有一定的目的性，就是为了给财务报告使用者做出经济决策提供帮助。一般来说，一份合格的财务报告要能让报告使用者了解与企业的财务状况、经营成果和现金流量等有关的会计信息。此外，财务报告还反映企业管理层受托责任的履行情况。

会计信息质量要求

会计信息质量要求是为了规范会计信息的要素、使会计信息满足信息使用者需求并做出决策，而对企业财务报告中会计信息质量所做的基本要求，主要包括可靠性、相关性、可理解性、可比性、实质重于形式、重要性、谨慎性和及时性。

◆ 可靠性

可靠性要求企业应以实际发生的交易或事项为依据进行确认、计量和报告，如实反映符合确认和计量要求的会计要素及其他相关信息，保证会计信息真实可靠、内容完整。可靠性是高质量会计信息的重要基础和关键点，如果企业以虚假的交易或事项进行确认、计量和报告，不仅会严重损害会计信息质量，还会误导投资者，干扰资本市场，导致会计秩序、财经秩序混乱。

◆ 相关性

相关性要求企业提供的会计信息应与投资者等财务报告使用者的经济决策需要相关，有助于投资者等财务报告使用者对企业过去、现在或未来的情况作出评价或预测。会计信息的有用性体现在其是否具有价值，是否与使用者的决策需要相关，是否有助于决策的产生或者提高决策水平。有用的会计信息是对过去的总结和对未来的预测，具有反馈价值和预测价值。一方面，它能反映企业历史决策的效果，从而有助于使用者据此对以前决策进行评价或修正；另一方面，它还能让使用者对企业未来经营状况做出预测，包括财务状况、经营成果和现金流量等方面。

◆ 可理解性

可理解性要求企业提供的会计信息应清晰明了，便于投资者等财务报告使用者理解和使用。企业编制财务报告、提供会计信息的目的在于让使用者有效使用会计信息并了解其中的内涵，弄懂会计信息的内容，这就要求提供的会计信息应清晰明了、易于理解。只有能被理解的财务报告和会计信息，才能实现和发挥其为使用者决策提供帮助的目的和作用。

◆ 可比性

可比性要求企业提供的会计信息应相互可比，包括如表1-7所示的两层含义。

表1-7

可比性	含义
同一企业不同时期可比	为了便于投资者等财务报告使用者了解企业财务状况、经营成果和现金流量的变化趋势，比较企业在不同时期的财务报告信息，全面、客观地评价过去、预测未来，从而做出决策，会计信息质量的可比性要求同一企业不同时期发生的相同或相似的交易或者事项，应当采用一致的会计政策，不得随意变更。但如果按固定或在会计政策变更后能提供更可靠、更相关的会计信息，企业可以变更会计政策，变更情况要在报表附注中予以说明
不同企业相同会计期间可比	为了便于投资者等财务报告使用者评价不同企业的财务状况、经营成果和现金流量及其变动情况，会计信息质量的可比性要求不同企业同一会计期间发生的相同或相似的交易或者事项，应当采用规定的会计政策，确保会计信息口径一致、相互可比，以使不同企业按照一致的确认、计量和报告要求提供有关会计信息

◆ 实质重于形式

实质重于形式要求企业应按照交易或事项的经济实质进行会计确认、计量和报告，而不仅仅以交易或事项的形式为依据。

◆ 重要性

重要性要求企业提供的会计信息应反映与企业财务状况、经营成果和现金流量有关的所有重要交易或者事项。重要性的应用需要依赖相关的职业判断，企业应根据其所处环境和实际情况，从项目的性质和金额大小两方面加以判断。

◆ 谨慎性

谨慎性要求企业对交易或者事项进行会计确认、计量和报告时应保持应有的谨慎，不应高估资产或收益、低估负债或费用。

◆ 及时性

及时性要求企业对于已经发生的交易或事项，应及时进行确认、计量和报告，不得提前或延后处理。

会计要素的确认与计量属性

会计要素是对会计核算对象的具体化，是对会计对象进行的基本分类，是会计报表组成的基本单位。我国《企业会计准则》对会计要素做出了明确的规定，它包括资产、负债、所有者权益、收入、费用和利润6个方面，如图1-5所示。

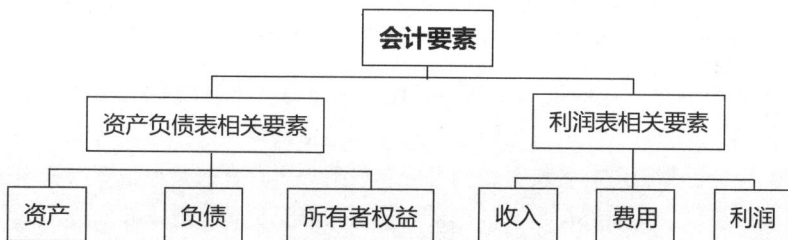

```
                    会计要素
           ┌───────────┴───────────┐
     资产负债表相关要素           利润表相关要素
      ┌──────┼──────┐          ┌──────┼──────┐
    资产    负债  所有者权益    收入    费用    利润
```

图1-5

（1）资产要素

资产是指由企业过去的交易或事项形成的，由企业拥有或控制的，预期会给企业带来经济利益的资源。根据资产的概念，可以总结出资产的以下几个特征。

◆ **资产由企业过去的交易或事项形成**：只有过去的交易或事项才能产生资产，企业预期在未来发生的交易或事项不形成资产。

◆ **资产应是企业拥有或控制的资源**：资产的所有权是判断资产归属的重要因素，一般来说，只有享有所有权的资产才是企业的资产，但特殊情况下，企业不享有资产的所有权，但该资产由企业实际控制并能给企业带来经济效益，因此，企业的资产包括被企业拥有或控制的资产。

◆ **资产预期会给企业带来经济利益**：如果某一项目预期不能给企业带来经济利益，就不能将其确认为企业的资产，前期已经确认为资产的项目，如果不能再为企业带来经济利益，也不能再将其确认为企业的资产。

要将一项资源确认为资产，除了要满足上述特征，还必须符合以下两个确认条件。

◆ 与该资源有关的经济利益很可能流入企业。

◆ 该资源的成本或价值能够可靠地计量。

（2）负债要素

负债是指企业过去的交易或事项形成的，预期会导致经济利益流出企业的现时义务。根据负债的概念，可以总结出负债的3个特征：负债是企业承担的现时义务；负债预期会导致经济利益流出企业；负债是由过去的交易或事项形成的。

而将一项现时义务确认为负债，除了应符合负债的定义外，还要同时满足以下两个条件。

◆ 与该义务有关的经济利益很可能流出企业。

◆ 未来流出的经济利益的金额能够可靠地计量。

（3）所有者权益要素

所有者权益是指企业资产中扣除负债后由所有者享有的剩余权益，是投资者对企业净资产的所有权，所以它随总资产和总负债增减变动而增加或减少。若公司是股份制企业，那么所有者权益指的是股东权益。所有者权益包括实收资本（或股本）、资本公积、其他综合收益、盈余公积和未分配利润等组成部分。

此外，企业投资者以其对该企业的出资额的比例享有获取企业利润分配的权利，同时也有按出资比例承担企业经营风险的义务。所有者权益的拥有者还有管理企业和委托他人管理企业的法定权利。

所有者权益与债权人权益（负债）比较，有如表1-8所示的不同。

表1-8

比较项	所有者权益	债权人权益
是否返还本金	所有者权益要在企业经营期内可供企业长期、持续地使用，企业不必向投资人返还资本金	负债须按期返还给债权人，成为企业的负担

续表

比较项	所有者权益	债权人权益
是否分配企业利润	企业所有人凭其对企业投入的资本，享受税后分配利润的权利。所有者权益是分配税后净利润的主要依据	债权人除按规定取得利息外，无权分配企业的盈利
是否有经营管理权	企业所有人有权行使企业的经营管理权，或者授权管理人员行使经营管理权	债权人没有经营管理权
是否承担亏损	企业的所有者对企业的债务和亏损负有无限的责任或有限的责任	债权人与企业的其他债务没有关系，一般不承担企业的亏损

所有者权益按其构成，可以分为投入资本、其他综合收益和留存收益3类。

◆ 投入资本

投入资本是所有者在企业注册资本的范围内实际投入的所有者权益资本。投入资本在不同类型的企业有不同的表现形式，对于股份有限公司，投入资本是股本，即该公司实际发行股票的面值；对于股份有限公司以外的企业，投入资本是实收资本，即所有者在企业成立时的实际出资额。投入资本按所有者性质不同，可分为国家投入资本、法人投入资本、个人投入资本和外方投入资本，如图1-6所示。

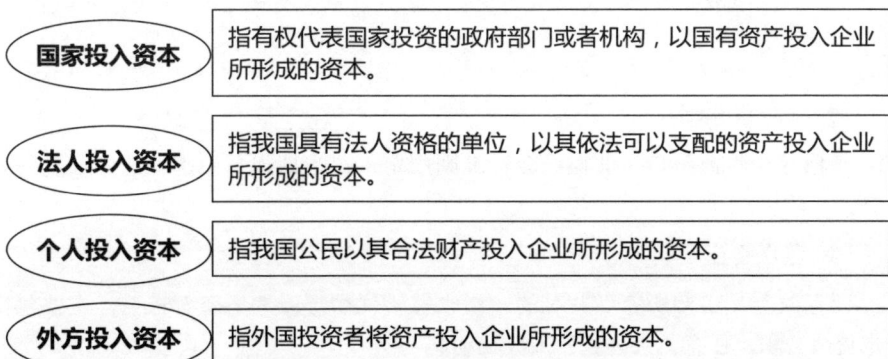

国家投入资本	指有权代表国家投资的政府部门或者机构，以国有资产投入企业所形成的资本。
法人投入资本	指我国具有法人资格的单位，以其依法可以支配的资产投入企业所形成的资本。
个人投入资本	指我国公民以其合法财产投入企业所形成的资本。
外方投入资本	指外国投资者将资产投入企业所形成的资本。

图1-6

投入资本按投入资产的形式不同，又可分为货币投资、实物投资和无形资产投资，如表1-9所示。

表1-9

分类	描述
货币投资	指投资者直接以货币进行投资的投资形式，投入资本的货币类型包括现金、银行存款及其他货币资金

续表

分类	所有者权益
实物投资	指投资者直接以实物进行投资的投资形式，投入资本的实物类型包括土地、建筑物和机器设备等
无形资产投资	指投资者直接以其拥有的无形资产进行投资的投资形式，投入资本的无形资产类型包括专利权、商标权、土地使用权及非专利技术等

提示：投入资本和企业注册资本的比较

注册资本是企业设立时，在工商行政管理部门登记的所有出资人的出资总额，它是一个企业资本在法律上的界定，是企业的法定资本，也是企业承担民事责任的财力保证。而投入资本是指所有出资人在企业注册资本的范围内实际投入的资本，它有可能高于注册资本，但通常两者应相等。由相关法律、法规可知，企业资本的筹集方式不同，其界定标准就不同，一般来说，若企业筹集方式为一次筹集，则投入资本与注册资本应相等；若为多次筹集，则在最后一次筹集完成时，投入资本总额与注册资本应相等。

◆ 其他综合收益

其他综合收益是指企业根据会计准则规定未在当期损益中确认的各项利得和损失。

◆ 留存收益

留存收益是指归所有者共有的、由收益转化而形成的所有者权益，主要包括法定盈余公积、任意盈余公积和未分配利润。

（4）收入要素

收入是指企业在日常活动中形成的、会导致所有者权益增加的、与所有者投入资本无关的经济利益的总流入，包括销售商品收入、劳务收入、让渡资产使用权收入、利息收入、租金收入和股利收入等，但不包括为第三方或客户代收的款项。收入有以下3个特征。

◆ 收入是企业日常活动中形成的。日常活动是指企业为完成其经营目标所从事的经济性活动以及与之相关的活动，如销售商品。

◆ 收入是与所有者投入资本无关的经济利益的总流入。它应当会导致经济利益的流入，从而导致资产的增加。

◆ 收入会导致所有者权益的增加。其可能表现为资产的增加或负债的减少，或两者兼而有之，即所有者权益的增加。与收入相关的经济利益的流入应当会导致所有者权益的增加，不会导致所有者权益增加的经济利益的流入不符合收入的定义，不应被确认为收入。

企业收入确认条件因企业收入来源渠道的多样性和不同收入来源特征的差异性而不同。收入确认的依据是经济利益流入导致的企业资产增加或负债减少，且流入的数额应能可靠计量，若不能可靠地计量，则无法进行收入的确认。一般来说，收入的确认条件有3个：一是与收入相关的经济利益应很可能流入企业；二是经济利益流入企业的结果会导致资产的增加或负债的减少；三是经济利益的流入额能可靠计量。

（5）费用要素

费用是企业在日常活动中发生的、会导致所有者权益减少的、与向所有者分配利润无关的经济利益的总流出。根据其概念，它有如表1-10所示的3个特征。

表1-10

特征	描述
费用是企业在日常活动中形成的	费用必须是企业在日常活动中形成的，企业非日常活动形成的经济利益的流出不能确认为费用，而应计入损失
费用会导致所有者权益的减少	与费用相关的经济利益的流出应当会导致所有者权益的减少，不会导致所有者权益减少的经济利益的流出不符合费用的定义，不应确认为费用
费用是与向所有者分配利润无关的经济利益的总流出	费用的发生应会导致经济利益的流出，从而导致资产的减少或负债的增加，表现形式包括现金或现金等价物的流出，存货、固定资产和无形资产等的流出或消耗等。企业向所有者分配利润也会导致经济利益的流出，但该经济利益的流出属于所有者权益的抵减项目，不应确认为费用

此外，费用的确认还要满足严格的条件，具体有如下所示的3点。

◆ 与费用相关的经济利益应当很可能流出企业。

◆ 经济利益流出企业的结果会导致资产的减少或负债的增加。

◆ 经济利益的流出额能够可靠地计量。

（6）利润要素

利润是指企业在一定会计期间的经营成果。通常，如果企业实现了利润，表明企业的所有者权益将增加；反之，如果企业发生亏损（即利润为负数），表明企业的所有者权益将减少。

从广义的收入、费用来讲，利润是收入和费用的差额。从狭义的收入、费用来讲，利润包括收入与费用的差额以及企业日常活动中发生的直接计入损益的利得与损失的差额。利润的特征有如下一些。

◆ 利润是企业一定时期的最终财务成果。

◆ 利润结构基本合理。利润是按配比性原则计量的，是一定时期收入与费用相减的结果。

◆ 企业的利润具有较强的获取现金的能力。

◆ 影响利润的因素复杂，利润的计算含有较大的主观成分，其结果可能因人而异，因此具有可操作性。

利润反映的是收入减去费用后的净额、直接计入当期利润的利得减去损失后的净额。因此，利润的确认主要依赖于收入、费用以及利得和损失的确认，其金额的确定也只取决于收入、费用、利得和损失金额的计量。

（7）会计要素计量属性

会计计量是为了将符合确认条件的会计要素登记入账并列报于财务报表而确定其金额的过程。企业应按照规定的会计计量属性进行计量，同时确定相关金额。会计计量属性反映的是会计要素金额的确定基础，主要包括历史成本、重置成本、可变现净值、现值和公允价值等。

◆ **历史成本**：又称实际成本，指取得或制造某项财产物资、偿付债务等所实际支付的现金或现金等价物。

◆ **重置成本**：又称现行成本，指按照当前市场条件，重新取得同样一项资产或偿付同样一项负债所需支付的现金或现金等价物金额。

◆ **可变现净值**：指在生产经营过程中，以预计售价减去进一步加工成本和销售所必需的预计税金、费用后的净值。采用这一计量属性时，资产按其正常对外销售所能收到现金或现金等价物的金额，扣减该资产至完工时估计将要发生的成本、估计的销售费用和相关税费后的金额计量。

◆ **现值**：指对未来现金流量以恰当的折现率进行折现后的价值，是考虑货币时间价值因素等的一种计量属性。资产按预计从其持续使用和最终处置中所产生的未来净现金流入量的折现金额计量。

◆ **公允价值**：指市场参与者在计量日发生的有序交易中，出售一项资产所能收到或转移一项负债所支付的价格。

稳扎稳打基本功——必须掌握的基本技能

【本章要点】

P24 出纳准备工作
P29 快速提升点钞技术
P35 会计凭证的处理技巧
P43 会计凭证的填制与审核
P49 会计凭证的整理与装订
P50 会计档案的管理

【实账处理】

P44 员工报销办公费用制报销单
P47 根据报销单填制记账凭证

出纳准备工作

在实际出纳工作中，出纳员要接触大量的货币资金，特别是现金，并对现金的真伪负有直接责任，在没有点钞机等外部设备的情况下，全凭出纳员的专业技能辨别货币真伪。所以，为了降低工作差错率并提高工作效率，出纳员要快速辨别货币的真伪和不断提升点钞速度。

多种方法辨别人民币真伪

在我国，人民币是最主要的流通货币。作为一名出纳人员，首先应了解什么是人民币，其次要练就火眼金睛，正确识别人民币的真伪。

（1）了解人民币

在我国，为了方便鉴别人民币的真伪，它的设计比较独特，且纸张采用了具有独特特征的材质，为大众辨别人民币提供便利和依据。注意，中国人民银行是我国唯一一个有人民币发行权力的机构。

除此之外，人民币的印刷也具有一定的独特性，分别从材质、油墨、设计与印刷技术等方面体现，具体介绍如表2-1所示。

表 2-1

特征	基本介绍
专用钞票用纸	人民币的材质采用专用的钞票用纸，它有质地良好、无荧光反应、有防伪安全线及有特制水印，不易仿造
防伪油墨	人民币上的所有数字、图案均采用专业的防伪油墨，分为凹印油墨、荧光油墨和磁性油墨三种
民族特色的设计	人民币票面采用民族特色图案衬托主景，花符对称，正背面对应，阴阳光线分明，使伪造者难以仿造
先进的印刷技术	人民币的印刷制版，采用了先进的机器雕刻与手工雕刻相结合的技术。人民币印刷采用多色接线技术；票面底纹运用了彩虹印刷技术；人民币的正背面采用对印技术

中国人民银行成立至今已发行5套人民币，发行的人民币有纸币也有金属币，且每套人民币的设计都分别体现了当时的社会发展情况和民族特色。这5套人民币有其各自固定的面额，如第五套人民币共8种面额：100元、50元、20元、10元、5元、1元、5角和1角。

为提高第五套人民币的印刷工艺和防伪技术水平，经国务院批准，中国人民银行于2005年8月31日发行了第二版别的第五套人民币，该版别的面额包括100元、50元、20元、10元、5元纸币和不锈钢材质1角硬币。2015年11月12日，中国人民银行针对面值为100元的纸币又发行了第三版别的第五套人民币，该版别的100元纸币在规格、主图案等保持不变的前提下，对票面图案、防伪特征及布局进行了调整，提高机读性能，采用了先进的公众防伪技术，使公众更易于识别纸币的真伪。所以，现在我国市场上流通的人民币主要是第五套人民币。

提示：关于外币的简单知识

外币是对除了本国货币之外的所有其他国家货币的总称，即外国货币；也可理解为在一个官方的货币区域内所使用的官方货币之外的其他货币。除了人民币之外，外资企业的日常经营和交易还涉及外币的使用，企业的国际贸易和国外投资需要用到外币进行对外结算。

（2）辨别人民币真伪

随着经济的发展，仿真技术也在提高，人民币被造假的事件发生得越来越频繁。某些不法分子将科学技术用于旁道，通过套印、拓印或利用色彩复印件等手段制造假钞，并将其流入市场，对社会和个人都造成了很大影响。因此，正确辨别人民币的真伪，才能更好地保护自身的权利和利益。而正确识别人民币需要每个人学习关于人民币的辨别常识，提高自身辨别能力，让假钞流通变得困难甚至无法流通。下面就来介绍关于辨识假币的一些基本知识。

◆ 假币的特征

要正确鉴别人民币的真伪，先要了解假币的特征。假币是指伪造、变造的货币，伪造的货币是指依照真币图案、形状和色彩等，采用各种手段制作的假币；变造的货币是指在真币的基础上，利用挖补、揭层、涂改、拼凑、移位及重印等多种方法制作，改变真币原形态的假币。假币按照其仿制手段的不同可分为如表2-2所示的几种。

表 2-2

假币类型	基本介绍
临摹仿绘假钞	最常见的假钞类型。它的制作方法比较简单，识别也比较容易，老人和小孩受骗的可能性较大。它使用普通的胶版纸制作，然后用常用的绘画颜料上色，工艺简单，因此质量较粗劣，与真币有明显差别
蜡纸版油印假钞	这类假币是以蜡纸和蜡版为基础制作，先照真币的样子在蜡纸上刻制，形成蜡版，之后再按照蜡版的模子用油墨将图案和文字漏印在纸上，最后上色即可。由于用蜡版进行制作的过程中很难注意手的轻重和油墨的均匀程度，所以最后制作的假币颜色会深浅不一，也很容易识别
手刻凸版假钞	这类假钞是用木板和手工雕刻的方式制作，它将人民币的样式雕刻在木板上形成凸版，然后再用小型机具印制即可。通过此种方法印制的纸币会存在重叠、错位等情况，这是木板自身的纹路使得油墨颜色不一、套色不准确导致的
拓印假钞	这类假钞的图案和花纹等与真币一模一样，因此较难识别。这是因为它是在真币的基础上，利用化学试剂，将真币上的图案、花纹和数字等完全脱落到制作纸币的纸上，它与真币最大的区别就是脱落方式会导致其颜色和图案都较浅，纸张比真币稍薄
石印机制假钞	这类假币的制作方法与手刻凸版假钞类似，唯一的区别就是将木板换成了石头和机器。与手刻凸版假钞一样，由于是用石板刻制，因此会因为印版不平整导致油墨外溢，使得印出的图案深浅不一，画面协调感差
复印合成假钞	这类假币工艺较以上几种复杂一些，制作精细，与真币的相似度很高。它是在复印机复印的真币图案的基础上通过电脑合成，将复印出来的图案和花纹上色而形成的。该类假钞和真钞的最大区别是没有防伪标签，这是识别的关键
机器设备制作假钞	这类假币最逼真，也是制作最快速的，它通过机器设备扫描真币，然后形成雕刻刻板，最后再在中小型印刷机上批量印制，因此印制出的假币数量很大，扩散迅速，是危害最大的一类假币，也是最难防范和最难识别的一种假币

◆ 鉴别方法

　　虽然假币的种类很多，但假币的制作总有漏洞，平时应更加谨慎识别，多学习并掌握一些鉴别其真伪的方法。目前，我们通常采用"一看、二摸、三听、四测"的简单方法来识别人民币的真伪，具体做法如表2-3所示。

表 2-3

鉴别方法	具体方式	具体做法
看	看水印	真币是固定人像水印、白水印和胶印对应图案，立体感很强。第五套人民币的100元和50元纸币的固定人像水印为毛泽东头像图案；20元、10元和5元纸币的固定水印为花卉图案
	看安全线	真币的票面正面中间偏左有一条安全线。2005年版纸币的安全线为全息磁性开窗式安全线，即安全线局部进入纸张、局部裸露在纸面上，开窗部分可看到由微缩字母字符组成的全息图案，仪器检测时具有磁性

表 2-3

鉴别方法	具体方式	具体做法
看	看光性油墨	人民币 100 元和 50 元纸币在正面左下方的面额数字采用光性油墨印刷，在观察角度、光源角度改变的情况下，100 元纸币有绿色和蓝色的渐变，50 元纸币有金黄色和绿色的渐变
	看隐形图案数字	真币隐形面额数字与眼睛平行上下拉动，可看到有 100、50 等阿拉伯数字字迹，隐形图案可以对接。如果垂直观察就能看到，则往往是假币
摸	真币	真币上的"中国人民银行"行名、凹印手感线、盲文标记和背面人民大会堂的图案等摸起来会有凹凸感，借助放大镜仔细观察时，可看到图像、文字凸出纸面
	假币	假币摸起来非常光滑，没有凹凸感。在放大镜下观察，可以看到这些部位图像、文字没有凸出纸面，而是丰满了整齐的小坑，这是排钉"加工"过的痕迹
听	真币	真币的纸张具有耐折、不易撕裂的特点。轻轻抖动纸币、手指轻弹或两手一张一张轻轻地对称拉动，能听到清脆响亮的声音
	假币	假币的纸张质地较软，容易撕裂。轻轻抖动时会发出闷响，不清脆
测	真币	在紫光灯照射下，正面"中国人民银行"行名下面会有一个金色阿拉伯数字 100，背面主背景图案上方，会出现橘红色椭圆灯光图案。另外，真钞的水印在紫光灯下不可见
	假币	在紫光灯的照射下，整幅钞票纸张往往发白光，"中国人民银行"行名下面显示出的阿拉伯数字与真钞相比，颜色淡、图案歪斜或没有。在紫光灯下往往可以看到印在纸面上的假头像水印图案，这是假钞在紫光灯下表现得很明显的特征

◆ 假钞的处理

大多数人在收到假钞时都不知道具体该怎么处理，对此，国家根据《全国人民代表大会常务委员会关于惩治破坏金融秩序犯罪的决定》和《中华人民共和国人民币管理条例》制定了《中国人民银行假币收缴、鉴定管理办法》。该办法的制定和出台既维护了货币持有人的合法权益，又对规范假币的收缴和鉴定等行为起到了法律上的指导作用。下面来了解不同机构收到假钞时的处理方法，如表2-4所示。

表 2-4

机构	收到假钞的处理方法
非金融机构的假币处理	单位发现不能确定真伪的可疑币时，应向持币人开具临时收据并将可疑纸币报送中国人民银行当地分支机构进行鉴定，以确定其真伪。报送鉴定之前，可疑币不能随意外置、涂改，在确定真伪前也不能擅自加盖假币戳记或没收，应向持有人充分说明情况。若经过鉴定确认为假币，应立即交给相关机构，并向公安机关和银行等相关机构举报；若经过鉴定确认不属于假币，应立即交还给人民币持有人

续表

机构	收到假钞的处理方法
金融机构的假币处理	1. 金融机构及其职员在办理业务时，若发现假币或收到其他人员上交的假币，金融机构应指定两名或两名以上的人员进行假币的处理。对于确认是假币的，应在假币上加盖"假币"字样的戳记；若假币不属于一般类型的纸币，如外币、硬币等，那么在发现假币的当时，业务人员就应公开将假币用统一的专用袋进行密封，并在专用袋封口处加盖"假币"字样戳记，此外，还应将假币的具体信息，如币种、券别、面额、张（枚）数、冠字号码、收缴人及复核人名章等详细记录在装有假币的专用袋封面。已经确认收缴的假币，一旦收缴，不再交还给持有人。 2. 金融机构及其业务人员在对假币进行处理之前，应向假币持有者说明情况，并出示中国人民银行统一印制的《假币收缴凭证》，将假币当着持有人的面进行上缴和封存等操作。若持有人对假币的收缴及假币的真伪有异议的，经手人员应向持有人告知鉴定机构和方式（中国人民银行当地分支机构或中国人民银行授权的当地鉴定机构均有鉴定资格）。 3. 金融机构在收缴假币过程中有下列情形之一的，应立即报告当地公安机关，并提供有关线索。 ①一次性发现人民币假钞20张（枚）（含20张或20枚）以上、外币假钞10张（含10张或10枚）以上的； ②属于利用新的造假手段制造假币的； ③有制造贩卖假币线索的； ④持有人不配合金融机构收缴行为的

（3）怎么挑出与兑换损伤票币

出纳人员在办理现金收付业务时，除了要鉴别人民币的真伪外，还要随时挑出损伤票币，并按规定兑换成合格的人民币。

损伤票币是指人民币在流通中因自然磨损或保管不善等原因造成票面不完整的票币，如纸币破裂、油浸、水湿、污染变色、虫蛀、鼠咬和霉烂等，以及金属币出现严重磨损、破缺或变形等。损伤票币有以下6个特点。

◆ 票面缺少部分损及行名、花边、字头、号码或国徽之一。

◆ 票面裂口超过纸幅1/3或损及花边、图案的。

◆ 纸质较旧，四周或中间有裂缝，或票面断开又粘补的。

◆ 由于油浸、墨渍造成票面肮脏的面积较大，或涂写字迹过多而妨碍票面整洁的。

◆ 票面变色严重、影响图案清晰的。

◆ 硬币残缺、穿孔、变形、磨损及氧化腐蚀损坏部分花纹的。

属于损伤票币的，应及时挑拣出来单独存放，并按规定到中国人民银行的当地分行兑换。损伤票币可兑换的金额大小因票面损伤程度不同而有所差异，根据中国人民银行颁布的《残缺人民币兑换办法》可知，具体兑换方法如表2-5所示。

表2-5

项目	全额兑换	半额兑换	不予兑换
票面损伤情况	票面残缺部分不超过 1/5，其余部分的图案、文字能照原样连接	票面残缺 1/5 以上 1/2 以下，其余部分的图案、文字能照原样连接	票面残缺 1/2 以上的
	票面污损、水湿、油浸或变色，但能辨别真假，票面完整或残缺不超过 1/5，票面其余部分的图案、文字能照原样连接		票面污损、水湿或变色而不能辨别真假的
			故意挖补、涂改、剪贴、拼凑或揭去一面的

不予兑换的残缺人民币由中国人民银行收回销毁，不得再继续流通使用。因此我们应更好地保护好人民币，避免残币数量的增加。

快速提升点钞技术

点钞作为整理、清点货币的一项专门技术，在为社会经济提供信用中介、支付中介和各项金融服务的银行中尤其重要。不仅如此，点钞技术也是从事财会、金融和商品经营等工作必须具备的基本技能。作为出纳人员，只有刻苦训练，掌握点钞技术，才能更好地胜任出纳工作，适应社会的不断发展。

（1）了解点钞基本要领

点钞的目的是在人民币的收付和整点过程中，把混乱不齐、折损不一的钞票整理整齐，使之美观且便于清点。做到以下6点可使钞票平铺整齐，不易散落。

◆ **坐姿端正**：点钞时，两手各部位的肌肉要放松，双肘自然放在桌面上，持钞票的左手手腕接触桌面，右手手腕稍抬起。

◆ **钞票墩齐**：这是点准钞票的前提。将有折角、弯折或揉搓过的钞票弄直、抹平，同时挑出明显破裂、质软的钞票。清理好后将钞票在桌面上墩齐。

◆ **操作定型**：点钞时使用的印泥、图章、水盒和腰条等要按使用顺序固定位置，以便点钞时使用更顺手。

◆ **扎把捆紧**：扎小把以提起把中第一张钞票不被抽出为准；按"#"字形捆扎的大捆，以用力推不变形、抽不出票把为准。

◆ **盖章清晰**：腰条上的名章是分清责任的标志，每个人整点后都要盖章，且图章必须清晰可辨。

◆ **动作连贯**：这是保证点钞质量和提高点钞效率的必要条件。点钞过程的各个环节（拆把、清点、墩齐、扎把和盖章）必须密切配合，环环相扣。清点中双手动作要协调，速度要均匀，切忌忽快忽慢、忽多忽少，同时尽量减少不必要的小动作、假动作，以免影响动作的连贯性和点钞速度。

（2）点钞的基本环节

点钞是从拆把到扎把的连续、完整的过程，包括拆把持钞、清点、记数、墩齐、扎把和盖章等环节。因为点钞的环节较多，因此要做好点钞工作，提升点钞速度，提高工作效率和水平，必须熟练掌握每个环节的工作。下面分别介绍点钞的这6个环节，如图2-1所示。

第一步：拆把持钞

拆把是指清点的钞票成把时，清点前需先将腰条纸拆下再持钞。拆腰条纸可以直接勾断，也可以小心地将其脱去，不破坏其形状。一般情况下，为了方便查找差错，初点时采用脱去的方式，复点时直接勾断。

第二步：清点

清点是点钞的关键环节，清点的速度和准确性直接影响点钞的速度和准确性，因此，清点是点钞的一项基本功。清点过程中还应剔除部分钞券，如损伤券和其他版面的钞券等。另外，点钞时若发现差错，则需要将其记录在腰条上，并将腰条与钞券一起放置，以便后续查明原因。

第三步：记数

记数是点钞的基本环节，与清点相辅相成。在清点准确的基础上，还需做到记数准确。

第四步：墩齐

钞券清点完毕扎把前，先将钞券墩齐，以便扎把时保持钞券外观整齐美观。钞票墩齐时4条边水平，不露头或呈梯形错开，卷角应拉平。墩齐时双手松拢，先将钞券竖起，双手将钞券捏成瓦形在桌面上墩齐，然后将钞券横立，再将其捏成瓦形在桌面上墩齐。

第五步：扎把

每把钞券清点完毕后，要扎好腰条纸。腰条纸要求扎在钞券的1/2处，左右偏差不超过两厘米。同时要求扎紧，以提起第一张钞券不被抽出为准。

第六步：盖章

盖章是点钞过程的最后一环，在腰条纸上加盖点钞员名章，表示对此把钞券的质量、数量负责。每个出纳员点钞后均要盖章，且图盖必须清晰，以看得清行号、姓名为准。

图2-1

（3）手工点钞的基本方法

点钞方法主要有手工点钞和机器点钞两种。为防止差错，实务中往往采用手点一遍和机过一遍的方式，将手工点钞和机器点钞配合使用。而手工点钞方式主要有手持式点钞法和扇面式点钞法。

◆ 手持式点钞法

手持式点钞法是将钞券拿在手上进行清点的点钞手法，一般有手持式单指单张点钞法、手持式一指多张点钞法、手持式双指双张点钞法、手持式四指拨动点钞法和手按式单张点钞法等。下面对这5种手持式点钞法做具体介绍，如表2-6所示。

表2-6

点钞法	具体操作	优点	缺点
手持式单指单张	这是一种适用面较广的点钞方法，可用于收款、付款和整点各种新旧大小钞券。点钞时，左手横执钞券，钞票下面朝向身体，左手拇指在钞券正面左端的1/4处，食指和中指在钞券背面与拇指一起捏住钞券，无名指和小指自然弯曲；捏起钞券后，无名指和小指伸向票前压住钞券的左下方，中指弯曲稍用力，与无名指和小指夹住钞券；食指伸直，拇指向上移动按住钞券的侧面，将钞券压成瓦形，左手将钞券往桌面上轻擦，拇指借用桌面的摩擦力将钞券向上翻成微型票面。同时右手拇指、食指和中指沾水边点边记数	有很多优点，主要是可以看到钞票的大部分，易于识别假币和挑出残票	一次数一张，比较费力，可以在单指单张点钞法的基础上，将其逐步熟练为一指多张点钞技术
手持式一指多张	是在手持式单指单张点钞法的基础上发展而来的，其操作方法除了清点和记数环节不同外，均与手持式单指单张点钞法相同。①清点时右手拇指肚放在钞卷的右上角，拇指尖略超过票面。如点双张，先用拇指肚捻下第1张，拇指尖捻下第2张；如点3张及3张以上时，同样先用拇指肚捻下第1张，然后依次捻下后面一张，用拇指尖捻下最后一张，要注意拇指均衡用力，捻的幅度不要太大，食指、中指在钞券后面配合拇指捻动，无名指向怀里弹。②由于一次捻下多张，应采用分组记数法，以记一个数，33组余1张就是100张；又如点5张，即以5张为组记数，每捻5张记一个数，20组就是100张。以此类推	点钞效率高、记数简单	不容易发现残破钞券和假币
手持式双指双张	将一把钞票正面朝上横放，持把时，用左手小指在钞票左端的背面，无名指在票前，夹住钞票、中指、拇指扶住钞票上、下端，食指顶住钞票正面的中间，拇指用力向上推起钞票下侧的边缘，使钞票向上弯成带斜面的弧形。用右手食指和中指沾水，捻动钞票右上角。食指捻第一张，中指捻第二张，捻的幅度不要过大。一次点两张记一个数，50个数为100张。这种方法适用于收、付款以及整点新、旧币和主币、角币等	记数较省力，点钞效率高	能见的票面小，不易发现假票及挑剔残缺票

点钞法	具体操作	优点	缺点
手持式四指拨动	用右手五指同时沾水，点钞时，先以食指、中指、无名指、小指先后触及钞票右上角，向下方拨票，接着再用无名指、中指、食指、拇指触及钞票左上角向外推，并连续点数。具体操作手法：持票时左手拇指、小指在钞票正面，其余三指在钞票背面，加力把钞票压成瓦形，用右手脱掉纸条。用左手持起钞票向右摔打一下，使钞票松散些，并顺便用右手将钞票右端向上推起。左手趁右手推起时变换各指位置，用无名指和小指夹住钞票左下端，中指和拇指伸出钞票两侧夹住钞票，拇指要比中指高，中指用力，使钞票右上角稍向后倾斜成弧形，食指弯曲抵住钞票背面；以右手拇指以外的四指同时沾水，点数时从小指开始触及票面，依次是无名、中、食指拨票。左手要与右手配合，将拇指、中指适应点数的进度逐步向上移动，食指稍向前推，以适合未点钞票的厚度。记数时以4张为一组记一个数，查到24个数时，余下的用左手拇指和食指捻开，是4张即为100张（一小把）。该点钞法适用于收付款和整点工作，能点5角以上的钞票，最适宜点整把（100张）的钞票。除了手持式四指拨动点钞之外，还可以采用手持式五指拨动的方式点钞，这种方式的操作除点数指法不同外，其余操作和四指拨动法相同	速度快，记数较省力，点钞时主要是手指关节活动，劳动强度小	不易看到下端夹有折叠的钞票，不适宜点残破票较多的大捆钞票
手按式单张	将钞票横放在桌面上正对点钞者，以左手无名指和小指压住钞票左上端左上角。用右手拇指托起右端右下角的部分钞票，用食指捻动钞票，每次捻起一张，以左手拇指往上翻，送至食指和中指之间夹住，依此法连续操作。这种方法适用于收款、付款和点各种新、旧、大、小钞票，并适宜点辅币及残破票券多的打捆钞票	点钞时看到的钞票面积大，容易挑出残、破票	劳动强度比手持式单指单张点钞法的大，点钞速度也较慢些

◆ 扇面式点钞法

扇面式点钞法是把钞票捻成扇面状进行清点的方法，一般有扇面式一按多张点钞法和扇面式多指多张点钞法。这种点钞方法最适合用于整点新券及复点工作，是一种效率较高的点钞方法。但这种点钞方法在清点时往往只看票边，票面可视面极小，不易挑剔残破钞券和鉴别假票，不适用于整点新旧币混合的钞券。

（4）机器点钞技术

机器点钞就是用点钞机代替部分手工点钞，速度是手工点钞的几倍，它大大提高了点钞的工作效率，减轻了出纳人员的劳动强度。出纳人员在进行机器点钞前，首先安放好点钞机，将点钞机放置在操作人员顺手的地方，一般是放置在操作人员的正前方或右前方。安放好后必须对点钞机进行调整和试验，力求转速均匀，即下钞流畅、落钞整齐和点钞准确。机器点钞的操作步骤如下所示。

◆ **第一步，打开机器**：打开点钞机的电源开关和计数器开关。

◆ **第二步，放钞**：取钞票，右手横握钞票，将钞票捻成前高后低的坡形后横放在点钞机的点钞板上，放置时顺着点钞板形成自然斜度。如果放钞方法不正确，会影响点钞机的正常清点。

◆ **第三步，点钞**：钞票放入点钞机开始点钞时，点钞人员的目光要迅速跟随输钞带，检查是否有夹杂券、破损券、假钞或其他异物。

◆ **第四步，取票**：当钞票全部下到集钞台后，看清计数器显示的数字与应点金额相符后，取出钞票。如果还有钞票需要点验，再重复上述步骤即可。

目前的点钞机一般都带有防伪功能，所以，出纳人员在用机器点钞时，还要了解用机器识别假币的技术。

（5）整点硬币

整点硬币是指对大批的硬币进行整点，一般有手工整点硬币和工具整点硬币两种方法，具体介绍如下。

◆ **手工整点硬币**：包括拆卷、清点、记数和包装4个步骤，具体如图2-2所示。

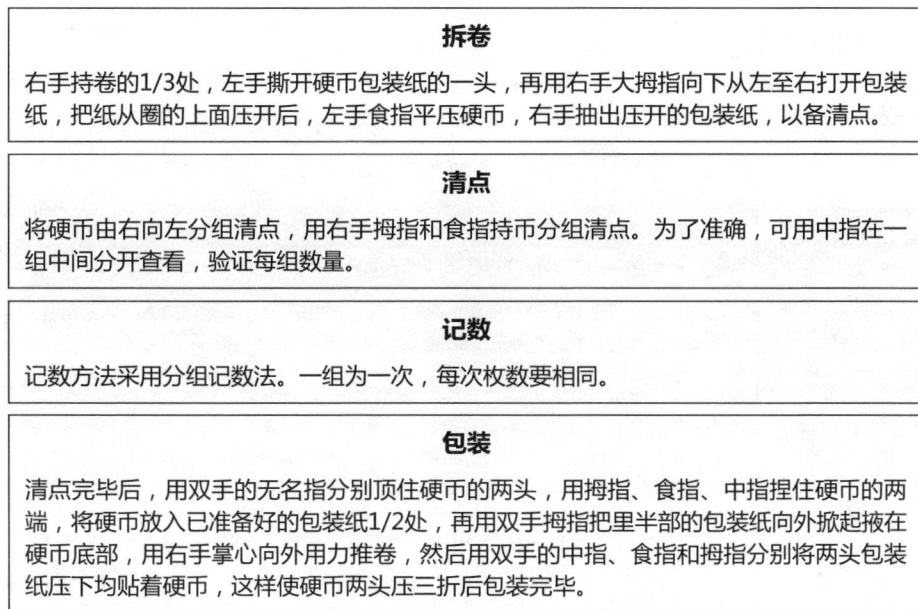

拆卷
右手持卷的1/3处，左手撕开硬币包装纸的一头，再用右手大拇指向下从左至右打开包装纸，把纸从圈的上面压开后，左手食指平压硬币，右手抽出压开的包装纸，以备清点。

清点
将硬币由右向左分组清点，用右手拇指和食指持币分组清点。为了准确，可用中指在一组中间分开查看，验证每组数量。

记数
记数方法采用分组记数法。一组为一次，每次枚数要相同。

包装
清点完毕后，用双手的无名指分别顶住硬币的两头，用拇指、食指、中指捏住硬币的两端，将硬币放入已准备好的包装纸1/2处，再用双手拇指把里半部的包装纸向外掀起掀在硬币底部，用右手掌心向外用力推卷，然后用双手的中指、食指和拇指分别将两头包装纸压下均贴着硬币，这样使硬币两头压三折后包装完毕。

图2-2

◆ **工具整点硬币**：是指用整点工具进行大批硬币的整点。整点时，需要经过拆卷、清点和包装等步骤。工具整点过程与手工整点相比，除了借助整点器外，其他操作类似，且操作也比较简便。

保险柜的使用

为了单位的财产安全，很多企业都会配置保险柜，用于存放一些重要的资料和财物，如现金、印鉴章和与现金收付有关的资料等。同时，出纳人员要保管好保险柜的钥匙和密码，不能随意将钥匙和密码借给他人或找他人代管。不同的企业会配置不同的保险柜，一般按功能和密码工作原理这两个分类依据对其进行划分。

◆ **按功能分类**：可分为防火保险柜、防盗保险柜、防磁保险柜和防火防磁保险柜等。目前防火保险柜和防盗保险柜是市面上主要的保险柜类型。

◆ **按密码的工作原理分类**：可分为机械保险柜和电子保险柜。其中机械保险柜是早期保险柜采用的主要形式，它的价格相对便宜，性能也较好；电子保险柜是采用智能控制方式将电子锁应用到保险柜中，需要用电子密码或IC卡等进行解锁，使用方便。

在了解了保险柜的基本类型之后，下面介绍保险柜的具体使用要求。保险柜一般是由总会计师或财务负责人授权，由出纳人员负责管理使用。出纳人员应严格按照以下要求使用保险柜，如表2-7所示。

表 2-7

使用要求	具体内容
每个保险柜应配备两把钥匙	这可以有效防止因突发事件发生而影响保险柜的正常使用。两把钥匙中，一把由出纳人员按要求使用和保管；另一把应由单位的财务负责人、总会计师或保卫人员进行保管。出纳人员不能将其钥匙交与他人代为保管
密码保管	出纳人员应自行单独管理保险柜的密码，不得将密码告知其他任何人，若出现离职和新任职的情况，新任职的出纳人员应在第一时间修改密码
只能由出纳人员开启和使用	出纳人员之外的任何人都不得开启或使用保险柜，即出纳人员是保险柜的唯一使用人和最终责任人。若因业务检查需要或其他突发事件确需由其他人开启和使用保险柜的，单位应对此做出相关的明确规定，并由单位负责人和财务负责人等同意后方可开启或使用
使用范围	保险柜只能放置单位的现金、存折、空白支票、凭证、收据和印章等与出纳工作相关的东西；保险柜内的现金应登记现金日记账，有价证券或存折等应分类进行登记；若有其他贵重物品，则也应单独造册登记。保险柜内的票据或财物应与账面记录一致。出纳人员应严禁将自己或他人的私人物品放于保险柜中

续表

使用要求	具体内容
放置和维护	保险柜应放置在办公室内干燥、通风的地方，避免被腐蚀和受潮，另外还应做好防虫防鼠措施；出纳人员还应定期清理保险柜，保持整洁有序。若保险柜发生故障，出纳人员应及时送修，防止泄密或盗窃
被盗后的处理	出纳人员发现保险柜被盗的，应在第一时间报告当地公安机关，并保护好现场，配合公安机关的勘察。另外，出纳人员休假或请假两天及以上，且没有将工作交接给其他人的，应在保险柜的锁孔处贴上封条，待重新上岗时再揭开封条，若发现封条在返岗之前被撕开或锁孔被破坏的，出纳人员应立即向公安机关报告

会计凭证的处理技巧

实际工作中，为了记录经济业务的发生和完成情况，给会计核算提供原始依据，财务人员会按统一的记录方式将业务数据记录在有统一格式的会计凭证上，以明确经济责任，落实岗位责任制，反映相关经济利益关系。这也为维护各方合法权益提供法律证据。本节主要从基本知识、填写方法和审核工作来了解会计凭证。

文字与数字的填写规范

在实际的出纳工作中，有许多原始凭证需要填制。一名合格的出纳人员，在填制原始凭证的过程中要注意书写规范，字迹清晰，这样才能提供正确、清晰且有效的数据信息，为会计核算资料的真实性和完整性奠定基础。凭证的书写内容包括阿拉伯数字的书写和文字书写两大部分。在某些企业中，有时还需用到外文记账，外文字母的书写也应规范。总的来说，出纳填制凭证的规范要求是：正确、规范、清晰、整洁及美观。下面主要讲述文字和数字书写的注意事项。

（1）文字的书写规范

首先应明确的是，无论是文字还是数字，都要用蓝黑墨水或碳素墨水书写，不得用铅笔或圆珠笔（用复写纸复写除外），而且填写支票时必须使用碳素笔书写。红色墨水只在特殊情况下使用。文字书写的一些细节规范如下。

◆ 文字一般要紧靠左竖线书写，文字与左竖线之间不得留有空白部分。

◆ 文字不能顶格写，一般要占空格的1/2或2/3，且紧贴下方框线。

◆ 文字要清晰，一般用正楷或行书书写。

（2）数字的书写规范

因为数字容易被涂改，因此数字的书写规范更严格，具体有如下一些。

◆ 书写字体要自右上方向左下方倾斜，大致与水平线呈60度。

◆ 每个数字之间的间距大小要均匀，数字排列应保持同等距离（约半个阿拉伯数字的距离），每个字上下左右要对齐。在印有数位线的凭证、账簿或报表上，每一格只能写一个数字，不得几个数字挤在一个方格里，也不得在数字中间留有空格。

◆ 每个数字要紧贴底线，且在格内占1/2～2/3的位置，为更正数字留地方。

◆ 书写顺序应从左至右，笔画顺序自上而下，先左后右。

◆ 除"4"和"5"外，其他数字必须一笔写成，不能人为增加数字的笔画。

◆ "6"字要比一般数字向右上方伸出1/4的高度，"7"和"9"字则要向左下方下沉1/4的高度。另外，"7"的横画部分要保持水平，不要上翘。

◆ 对于易混淆且笔顺相近的数字，在书写时，尽可能地按标准字体书写，以防涂改。

依据财政部制定的《会计基础工作规范》的要求，填制会计凭证时字迹必须清晰、工整，并符合会计数字大写规范，如图2-3所示。

会计数字大写规范

0 1 2 3 4 5 6 7 8 9 十 百 千 万 亿 元 角 分
零 壹 贰 叁 肆 伍 陆 柒 捌 玖 拾 佰 仟 万 亿 圆 角 分

图2-3

会计凭证的基本认识

会计凭证是记录经济业务发生、明确经济责任、按一定格式编制的、据以登记会计账簿的书面证明。会计凭证的内容主要包括凭证名称、编制凭证的日期及编号、接受凭证单位的名称、经济业务的数量和金额、填制凭证单位的名称和有关人员的签章等。根据内容的特点，可总结出会计凭证有如表2-8所示的几点用途。

表 2-8

会计凭证的用途	具体描述
监督、控制经济活动	通过审核会计凭证，可以检查经济业务的发生是否符合有关法律、制度，是否符合业务经营、财务收支方针计划及预算的规定，以确保经济业务的合理、合法和有效性
提供记账依据	通过会计凭证的填制与审核，按照一定的方法及时传递会计凭证，适时地记录经济业务，为登记账簿提供依据
加强经济责任制	经济业务发生后，需取得或填制适当的会计凭证，证明经济业务已经发生或完成，同时要由有关经办人员在凭证上签字、盖章，明确业务责任人。通过会计凭证的填制和审核，使有关责任人在其职权范围内各负其责，进一步完善经济责任制

　　企业发生的经济业务内容非常丰富，相应会计凭证的种类也是花样繁多。为了具体地认识、掌握和使用会计凭证，财务人员要对会计凭证加以分类。按会计凭证的填制程序和用途一般分为原始凭证和记账凭证两类。

　　（1）原始凭证

　　原始凭证用于记录已经发生、执行或完成的经济业务，其作用是明确业务双方的经济责任。作为记账的依据，原始凭证是最初的书面证明文件，因其随经济业务的发生而产生，与经济业务息息相关，所以也被称为"证明凭证"，它可在法律上对经济业务的最初发生作出有效证明。车船票、采购材料的发货票和到仓库领料的领料单等都属于原始凭证。而按照不同的取得来源，原始凭证被分为自制原始凭证和外来原始凭证两大类。

　　◆　自制原始凭证

　　自制原始凭证是指在经济业务发生、执行或完成时，由本单位的经办人员自行填制的原始凭证，如收到资金时由出纳人员填制的收据和出差人员填制的差旅费报销单等，如图2-4、图2-5所示。

图2-4

差 旅 费 报 销 单

报销部门：   年 月 日

姓 名		职 别				出差事由						
出差地点	日 期	区 间	人数	天数	其中：途中天数	局内/局外	补贴项目	人数	天数	标准	金 额	
	月 日- 月 日						伙食补贴					
	月 日- 月 日	-					交通费补贴					
	月 日- 月 日	-					司机出车补贴					
	月 日- 月 日	-					未卧补贴					
	月 日- 月 日	-					小 计	0	0	0	0	

项 目	报销数		审核数		说明：
	单据张数	报销金额	单据张数	审核金额	
住宿费			0	0	
车船票			0	0	主（分）管领导审批：
飞机票			0	0	
小 计	0	0	0	0	

合计金额大写：	合计金额小写：

单位盖章	会计：	出纳：	报销人：

图2-5

除此之外，由物资部验收入炉填制的入库单和各部门领用材料时填制的领料单等，也都属于自制原始凭证。

◆ 外来原始凭证

外来原始凭证是指在与外单位发生经济业务往来时，从外单位取得的凭证，如企业购买材料或商品时从供货单位取得的发货票、出差人员出差时发生的车船票及住宿票等都属于外来原始凭证。其中，增值税普通发票格式如图2-6所示。

四川增值税普通发票

发 票 联   开票日期： 年 月

购买方	名称： 纳税人识别号： 地址、电话： 开户行及账号：		密码区					
	货物或应税劳务、服务名称	规格型号	单位	数量	单价	金额	税率	税额
	合 计							
价税合计（大写）			（小写）					
销售方	名称： 纳税人识别号： 地址、电话： 开户行及账号：		备注					

复核：	开票人：	销售方：

图2-6

原始凭证按其填制手续不同，又可分为一次凭证、累计凭证、汇总凭证和记账编制凭证4种，具体介绍如表2-9所示。

表 2-9

原始凭证分类	具体描述
一次凭证	指反映一项经济业务的凭证，若要同时反映若干项同类的经济业务，那么其填制手续必须是一次性完成的。企业的"收据""领料单"和"借款单"等都属于一次凭证
累计凭证	指在一定期间内，对若干不断重复发生的同类经济业务进行连续多次记载的凭证。累计凭证以期末累计数作为经济业务的记账依据，因此期末时该类凭证的填制手续才算完成，比如常用的限额领料单就属于累计凭证
汇总凭证	指将一定时期内若干份记录同类经济业务的原始凭证汇总，按要求编制成一张汇总凭证，进行会计核算，简化记账凭证的编制。"发料凭证汇总表""收料凭证汇总表"及"现金收入汇总表"等都属于汇总凭证
记账编制凭证	指先把某一项经济业务进行归类和整理，然后根据会计账簿重新编制记账的一种凭证。例如，在计算产品成本时，根据制造费用明细账记录的数据，按费用的用途填制的编制的"制造费用分配表"

（2）记账凭证

会计人员根据审核后确认无误的原始凭证或汇总原始凭证填制记账凭证，用来确定经济业务应借、应贷的会计科目和金额。记账凭证是登记账簿的直接依据，在登记账簿前，应审核记账凭证反映的经济业务内容，确认无误后据以登记账簿。在实际工作中，填制记账凭证就是书写会计分录的过程。

由于原始凭证来自不同的单位，种类繁多、数量庞大且格式不一，不能清楚地表明应记入的会计科目的名称和方向。所以为了便于登记账簿，需对反映不同经济业务的原始凭证加以归类和整理，填制具有统一格式的记账凭证，确定会计分录，并将相关的原始凭证附在记账凭证后面。这样不仅可以简化记账工作、减少差错，而且有利于原始凭证的保管，便于对账和查账，提高会计工作质量。

记账凭证按其适用的经济业务可分为专用记账凭证和通用记账凭证两类。

◆ 专用记账凭证

专用记账凭证是专门记录某一类经济业务的记账凭证。按其所记录的经济业务与现金和银行存款的收付有无关系可分为收款凭证、付款凭证和转账凭证，相关介绍如表2-10所示。

表 2-10

记账凭证分类	具体描述
收款凭证	指根据企业现金和银行存款收款业务的原始凭证进行填制，以记录企业现金和银行存款等货币资金收款业务的凭证。具体样式如图 2-7 所示

续表

记账凭证分类	具体描述
付款凭证	它与收款凭证对应,是指根据企业现金和银行存款付款业务的原始凭证进行填制,以记录企业现金和银行存款等货币资金付款业务的凭证。具体样式如图 2-8 所示
转账凭证	指根据转账业务或与转账业务相关的业务为依据填制的,以记录与现金、银行存款等货币资金收付款业务无关(即经济业务发生时不需要收付现金和银行存款的)的转账业务。具体样式如图 2-9 所示

图2-7

图2-8

转　账　凭　证																				

年　月　日　　　　　　　　凭证编号 _____

摘　要	总账科目	明细科目	借方										贷方										记账符号
			千	百	十	万	千	百	十	元	角	分	千	百	十	万	千	百	十	元	角	分	
		合计金额																					

会计主管　　　　　记账　　　　出纳　　　审核　　　　制单

附凭证　　张

图2-9

收款凭证和付款凭证是用来记录货币收付业务的凭证，因此它是出纳人员进行内外部收款和付款的依据，也是登记与其相关的现金日记账、银行存款日记账、明细分类账及总分类账的依据。

注意，出纳人员必须根据企业内部会计主管人员或指定人员审核后的收款凭证和付款凭证进行款项的收付，而不能以现金、银行存款收付业务的原始凭证进行收付，这样可以加强企业对内部货币资金的管理和监督。

◆　通用记账凭证

通用记账凭证是指用同一种格式记录全部经济业务，不再区分收款凭证、付款凭证和转账凭证，这样既可以简化凭证的填制工作，减少工作量。它适用于经济业务比较简单的单位，常见格式如图2-10所示。

记　账　凭　证																				

年　月　日　　　　　　　　字第　　号

摘　要	总账科目	明细科目	记账√	借方金额										记账√	贷方金额										记账符号
				千	百	十	万	千	百	十	元	角	分		千	百	十	万	千	百	十	元	角	分	
大写：																								

会计主管　　　　　记账　　　　出纳　　　审核　　　　制单

附件　　张

图2-10

记账凭证按其包括的会计科目是否单一，分为复式记账凭证和单式记账凭证两类，相关介绍如表2-11所示。

表 2-11

分类	具体描述
复式记账凭证	指将某一项经济业务涉及的全部会计科目都列在一张记账凭证上，这种记账方式可以集中反映账户的对应关系，了解某项经济业务发生的所有事项，对经济业务进行全面系统的了解，所以又被称为多科目记账凭证
单式记账凭证	与复式记账凭证刚好相反，是指当某一项经济业务涉及多个会计科目时，将每个会计科目单独用一张凭证进行记账，每张凭证只填列一个会计科目，而其他对方科目不用来记账，只作为参考

另外，记账凭证按其是否经过汇总，可分为汇总记账凭证和非汇总记账凭证。

◆ 汇总记账凭证

汇总记账凭证是根据非汇总记账凭证按一定的方法汇总填制的记账凭证。汇总记账凭证按汇总方法不同，可分为分类汇总和全部汇总两类，如表2-12所示。

表 2-12

分类	具体描述
全部汇总凭证	将一定期间的记账凭证全部汇总填制，如"科目汇总表"就是全部汇总凭证，其简化格式如图 2-11 所示
分类汇总凭证	根据一定期间的记账凭证按其种类分别汇总填制，如根据收款凭证汇总填制的"现金汇总收款凭证"和"银行存款汇总收款凭证"；根据付款凭证汇总填制的"现金汇总付款凭证"和"银行存款汇总付款凭证"；以及根据转账凭证汇总填制的"汇总转账凭证"等都是分类汇总凭证

科目汇总表

借方发生额	科 目	贷方发生额
	合 计	

图2-11

◆ 非汇总记账凭证

非汇总记账凭证是没有经过汇总的记账凭证，前面介绍的收款凭证、付款凭证、转账凭证以及通用记账凭证等都是非汇总记账凭证。

（3）原始凭证与记账凭证的联系与区别

原始凭证是记账凭证的基础，记账凭证是根据原始凭证填制的。在实际工作中，原始凭证附在记账凭证后面，作为记账凭证的附件；记账凭证是对原始凭证内容的概括和说明。原始凭证与记账凭证由不同人员负责填制，两者在填制依据、记录事项及反映的信息等方面是不同的，具体区别如表2-13所示。

表 2-13

比较项目	原始凭证	记账凭证
由谁填制	经办人员填制	会计人员填制
填制依据	根据发生或完成的经济业务填制	根据审核后的原始凭证填制
与经济业务的关系	仅用以记录、证明经济业务已经发生或完成	用会计科目对已经发生或完成的经济业务进行归类、整理
凭证的作用	是填制记账凭证的依据	是登记账簿的依据
反映的信息类型	反映的是经济信息	反映的是会计信息

会计凭证的填制与审核

经办人员对于取得的凭证具有直接的责任，所以在取得时要严格审核，填制时要根据规范要求认真填写，并交与财务部门再次复核，会计人员再根据审核无误的原始凭证登记入账形成记账凭证。

（1）原始凭证的填制

原始凭证大部分都由本单位业务经办部门和人员填制或取得。为了完整、清晰、准确且及时地记录经济业务，使原始凭证真正具有法律效力，必须使经办人员充分认识到原始凭证在经营管理中的作用，了解和掌握原始凭证的填制要求，具体有以下4个方面。

◆ 数据真实，手续完备

对各项业务的实际发生和完成情况进行真实和完整的记录；凭证上的信息都必须真实可靠（包括日期、编号、经济业务内容和有关人员的签名盖章等）；本单位对外开出的凭证，要求凭证上必须加盖本单位的公章或有关部门的专用章，否则凭证无效。对于从外部单位取得的凭证，凭证上必须有填制单位公章或有关部门的专用章；从个人处取得的凭证，必须有填制人员的签字或盖章。如果是单位购买实物的原始凭证，必须要有验收证明；支付款项的原始凭证必须有收款单位和收款人的证明。对于收到的凭证，凡有一项不能确认或不真实，单位都应该拒收。相应地，为了减少本单位的麻烦，在填制原始凭证时就要规范、准确。

◆ 内容完整，书写清楚

相关经办人员要严格按照规定的格式和内容在原始凭证上逐项规范地填写经济业务完成情况，不得遗漏或简略。一式几联的凭证必须用双面复写纸（发票和收据本身具备复写纸功能的除外）套写，单页凭证必须用蓝黑墨水书写或打字机打印。凭证上的文字要工整、清晰且易于辨认，要符合文字和数字书写规范。

◆ 连续编号，及时填制

单位内部的所有凭证都要进行连续编号，并完整地保存，以便查考。对于已经编号的重要凭证因为某些原因需要作废的，要在作废凭证上加盖"作废"戳记，并连同存根一起保存，不得随意撕毁，据此保持编号的连续性。此外，原始凭证的填制或取得必须及时，经办人员必须在经济业务发生或完成的第一时间进行记录，日期均以填制凭证当天的日期为准，在填制完成后应及时按规定的程序将原始凭证送交财会部门。

◆ 发现错误，规范修改

当经办人员或会计人员发现原始凭证有错误时，都不能随意涂改或挖补，而应按规定方法或程序进行修改、更正或拒收处理，否则自行修改过的原始凭证将被视为无效凭证。对于记载的内容有错误的，应由出具单位重开或更正，并在更正处加盖出具单位的印章；对于凭证上记载金额出错的，不得在原始凭证上更正，必须由出具单位重新开具。

【实账处理】——员工报销办公费用填制报销单

2019年5月13日，甲公司员工李四借备用金1 500元购买装订资料和办公用品。2019年5月14日，装订资料共花费310元，购买办公用品共花费726.15元。根据收到的发票填制了费用报销单，并归还剩余的备用金463.85元。

1. 2019年5月13日，李四借备用金，应根据借款金额填制借款单，如图2-12所示，再由各个相关部门签字并加盖公司的财务专用章。

借 款 单 №5001151

日期：　2019 年　5 月　13 日

部　　门	办公室		姓名	李四
借款事由	购买办公用品、装订资料			
借款金额	（大写）零拾零万壹仟伍佰零拾零元零角零分			
预计还款报销日期	2019年5月14日		￥　1500.00	
审批意见	公司经理填审核意见并签字		借款人	李四 2019 年 5 月 13 日
发据单位盖章 公司财务章		会计：公司会计签字		出纳：公司出纳签字

右边竖排：①存根（白）②收据（红）③付款（蓝）

图2-12

2．2019年5月14日，李四购买办公用品和装订资料，收到外来原始凭证，并根据发票填制费用报销单，如图2-13和2-14所示。

四川增值税普通发票

发　票　联　　　　开票日期：2019年5月14日

购买方	名称：	甲公司全称					密码区	
	纳税人识别号：	甲公司纳税人识别号						
	地址、电话：	甲公司营业执照上的地址和电话						
	开户行及账号：	甲公司的基本账户信息						

货物或应税劳务、服务名称	规格型号	单位	数量	单价	金额	税率	税额
资料装订费		箱	5	300.97	300.97	3%	9.03
A4纸				141	705	3%	21.15
合　　计							

价税合计（大写）	壹仟零叁陆元壹角伍分	（小写）1036.15

销售方	名称：	销售方全称				备注	
	纳税人识别号：	销售方纳税人识别号					
	地址、电话：	销售方营业执照上的地址和电话					
	开户行及账号：	销售方的基本账户信息					

复核：	复核人签字	开票人：	开票人签字	销售方：	销售方的发票专用章

图2-13

费 用 报 销 单 №6001141

报销部门：办公室　　　日期：2019 年　5 月　14 日　　　单据及附件共　1　页

报销项目	摘　　要	金额									备注
		十	万	千	百	十	元	角	分		
办公费	资料装订费			￥	3	1	0	0	0		
办公费	A4打印纸5件			￥	7	2	6	1	5		
	合　　　　计			￥	1	0	3	6	1	5	

备注栏右侧：领导审批　相关领导审核意见

金额大写：零拾零万壹仟零佰叁拾陆元壹角伍分　　原借款：1500 元　　应退（补）款：463.85元

发据单位盖章	会计：	出纳：	审核：	报销人：李四

图2-14

（2）原始凭证的审核

原始凭证是各单位经济业务发生的最初记录，它的正确与否直接影响会计信息的真实性，因此对其审核是一项十分重要的工作。会计人员必须坚持原则、遵循制度，认真严格地审核原始凭证，审核内容一般包括如表2-14所示的3个方面。

表 2-14

审核项目	具体内容
合法性审核	根据国家有关财经法规、法令、制度和单位的合同、预算、计划等，审核原始凭证记录的经济业务是否符合规定，有无弄虚作假、违法乱纪及贪污舞弊等行为
合理性审核	审核经济业务的办理是否符合公司规定的审批权限；财产物资的收发、领退和报废等是否符合有关手续；费用的开支是否符合成本开支范围和规定的开支标准，是否贯彻了勤俭节约的原则，有无挥霍浪费或私费公报等现象
合规性审核	主要是审核原始凭证的填制是否符合要求，项目是否填写齐全，数字是否计算正确，大小金额是否一致，日期是否相符，数字和文字是否清晰，有无涂改、挖补现象，有关签名、盖章是否齐全等

（3）记账凭证的填制

记账凭证的填制必须以审核无误的原始凭证为依据，做到内容完整、科目正确、摘要简练、字迹工整清晰且编写及时。具体应符合如表2-15所示的要求。

表 2-15

填制要求	具体内容
格式应相对稳定	各种记账凭证的使用格式应相对稳定，特别是同一会计年度内，不宜随意更换，以免引起编号、装订和保管方面的不便和混乱
不同业务内容的凭证不能汇总填制	记账凭证可根据每一张原始凭证填制，也可根据若干张反映同类经济业务的原始凭证填制，还可以根据原始凭证汇总表填制，但不得将反映不同业务内容的原始凭证汇总填制在一张记账凭证上
填制日期的确定和要求	记账凭证的填制日期一般是会计人员填制凭证的当天日期，也可根据管理需要，填写经济业务发生的日期或月末日期，年月日应填写齐全
凭证按月连续编号	记账凭证必须按月连续编号，便于记账、查账，防止散落、丢失
摘要简单明了	记账凭证的摘要应简明扼要、概括清楚。对现金、银行存款的收付业务应写明收付对象、结算种类、支票号码和款项主要内容等
会计科目正确、完整，方向正确，关系清晰	应按照会计制度的规定，正确填写所使用的会计科目，包括总分类科目和明细分类科目，不得只写科目编号而不写科目名称。同时，应保证借贷方会计科目的记账方向正确，对应关系清晰

填制要求	具体内容
金额相符	记账凭证的金额必须与原始凭证的金额相符。在填写金额数字时，阿拉伯数字要靠右下方书写，行次和栏次的内容要对应明确且准确
附件的处理	除期末转账和更正错误的记账凭证可以不附原始凭证外，其他记账凭证必须附有原始凭证，并注明张数
按规范进行修正	记账凭证在填制时，如果发生错误，应当重新填制，已经登记入账的记账凭证发生错误时，应用专门的错账更正法予以更正
签字或签章完整，责任明确	记账凭证上必须有填制人员、复核人员、记账人员和会计主管等相关负责人的签章。收、付款凭证还必须有出纳人员的签章，以明确经济责任
款项收付和入账手续规范	对于手续已经办理完的收、付款凭证，出纳人员应立即加盖"收讫"或"付讫"戳记，以免重收或重付。对于已经记入有关账簿的记账凭证，可在凭证相应的地方画"√"，表示已经登记入账

【实账处理】——根据报销单填制记账凭证

2019年5月13日，甲公司员工李四借备用金1 500元购买装订资料和办公用品。2019年5月14日，装订资料共花费310元，购买办公用品共花费726.15元。根据收到的发票填制了费用报销单，并归还剩余的备用金463.85元。

审核图2-12、2-13和2-14所示的原始凭证，确认无误后，分别填制了如图2-15和2-16所示的记账凭证。

图2-15

记 账 凭 证

2019年 5月 14 日　　　　字第 2 号

摘要	总账科目	明细科目	记账√	借方金额										记账√	贷方金额										记账符号
				千	百	十	万	千	百	十	元	角	分		千	百	十	万	千	百	十	元	角	分	
付李四报办公费	管理费用	办公费						1	0	3	6	1	5												
收李四退回备用金	库存现金								4	6	3	8	5												
付李四报办公费	其他应收款	李四																	1	5	0	0	0	0	
大写：壹仟伍佰元整							¥	1	5	0	0	0	0					¥	1	5	0	0	0	0	

附件 2 张

会计主管 ××　　记账 ××　　出纳：××　　审核：××　　制单 ××

图2-16

（4）记账凭证的审核

为了保证记账凭证的准确性，除了要认真审核原始凭证，且填制记账凭证的会计人员要认真规范地填写外，还必须由专人在登记账簿前，对已填制好的记账凭证进行严格的审核。审核的主要内容如下。

◆ 审核记账凭证中是否附有相关的原始凭证，若有，则按相关审核要求对原始凭证进行审核。

◆ 审核记账凭证与所附的原始凭证的内容是否相符，对于需要单独保管的原始凭证和文件的审核，看是否已经在凭证中加注说明。

◆ 审核记账凭证所记录的金额与原始凭证的金额是否一致，计算是否正确。

◆ 审核记账凭证中应借、应贷科目和金额等是否填写正确，账户对应关系是否清楚。

◆ 审核记账凭证所需填写的项目是否齐全、完整，有关人员是否都已签字或盖章。

◆ 审核记账凭证中的记录是否文字工整、数字清晰，是否按规定进行更正。

◆ 审核出纳人员在办理收款或付款业务后，是否已在原始凭证上加盖“收讫”或“付讫”的戳记。

在审核中若发现记录不全或错误，应重新填制或按规定办理更正手续。只有经过审核且确认无误的记账凭证才能作为登记账簿的依据。

会计凭证的管理

从前述内容可知，会计凭证包括原始凭证和记账凭证。为了便于资料的查阅与传递，我们应按日期和凭证号的顺序依次将凭证排列好，并按统一的规范装订成册，放入专门的文件柜中保存。

会计凭证的整理与装订

任何单位在完成经济业务手续和记账后，必须将会计凭证按规定的方法整理好，并在月末结账完毕后，按一定的立卷归档制度进行装订，每本厚度适中且一致，外观整齐、美观，便于以后相关人员快捷地查阅会计资料。

（1）会计凭证的整理

会计凭证进行装订前，要对会计凭证按纸张面积与记账凭证的纸张面积的大小进行整理、排序、粘贴和折叠，方便下一步装订。对于面积大小不一致的原始凭证和记账凭证，具体的整理方式是不一样的，主要有以下3种情况。

◆ **原始凭证的纸张面积大于记账凭证**：以记账凭证的面积尺寸为准，把原始凭证先从右向后，再从下向后两次折叠。注意应把凭证的左上角或左侧面让出来，以便装订后可展开查阅。

◆ **原始凭证的纸张面积小于记账凭证**：这样的原始凭证一般不能直接和记账凭证一起装订，应先将原始凭证按纸张和金额的大小排列粘贴在票据粘贴单上，粘贴单和记账凭证的纸张大小一样。粘贴时将原始凭证从小到大，再以从右至左、从下至上的顺序粘贴。若原始凭证很多，可分成几张粘贴单粘贴，不宜粘得过厚，并在粘贴单上注明原始凭证的张数和合计金额。

◆ **面积大且张数多的原始凭证**：这类原始凭证可单独装订并做好登记，注明对应的记账凭证号，便于查阅。如工资表、材料消耗表等。

（2）会计凭证的装订

会计凭证的装订是指把定期整理完毕的会计凭证按照编号顺序，外加封面和封底装订成册，并在装订线上加贴封签。在封面上，应写明单位名称、年度、月份、记账凭证的种类、起讫日期、起讫编号以及记账凭证和原始凭证的张数，并在封签处加盖会计主管的骑缝图章。会计凭证封面格式如图2-17所示。

凭 证 封 面

年　月份

单位名称	
凭证名称	
册数	第　册　共　册
起讫编号	自第　号至第　号止共计　张
起讫日期	自　年　月　日　至　年　月　日

财会主管　　　　　　装订

图2-17

会计凭证的装订应按照相应的流程逐项处理，这样才能保证凭证的装订是规范、完整的，方便保存和查阅。具体的装订程序如下。

◆ **第一步**：将原始凭证和记账凭证整理成相同尺寸后，根据日期和凭证编号顺序排列好，摘掉凭证上的大头针，装订时要将记账凭证汇总表和银行存款余额调节表放在最前面，再放封面和封底。

◆ **第二步**：在已经整理好的记账凭证左上角放一张8cm×8cm大小的包角纸。包角纸要厚一点，其左边和上边与记账凭证对齐。

◆ **第三步**：在包角纸上沿距左边5cm处和左沿距上边4cm处包角纸上划一条直线，并用两点将此直线等分，在等分直线的两点处将包角纸和记账凭证打上两个装订孔。

◆ **第四步**：用线绳沿直线方向穿绕扎紧（在背后扎结）。

◆ **第五步**：从正面折叠包角纸并粘贴好，再将多余部分剪掉。

◆ **第六步**：再将包角纸向后折叠并粘贴。

◆ **第七步**：将装订线印章盖于骑缝处，并注明年、月、日和册数编号。

会计档案的管理

为了加强会计档案的管理，有效保护和利用会计档案，中华人民共和国财政部根据《中华人民共和国会计法》和《中华人民共和国档案法》等有关法律和行政法规，特制定了《会计档案管理办法》。在实际业务中，我们要严格按照档案管理办法对会计档案进行管理。

（1）会计档案的保管

单位会计档案的完整性和安全性至关重要，因此，各单位都应加强对会计档案的保管工作。在制度上，单位应明确制定和完善有关会计档案的收集、整理、保管、利用和鉴定销毁的管理制度；在防护措施上，单位应采取一些保证会计档案真实、安全、可用的安全防护措施或技术；在人员安排上，单位应成立档案机构或档案工作人员负责本单位的会计档案管理工作，对于自身条件不足的单位，可以将本单位的会计档案委托给具备档案管理条件的机构代为管理。需要注意的是，任何单位的出纳人员不得参与会计档案的管理。

单位可以利用计算机和网络通信等信息技术手段管理会计档案，形成电子会计档案，但必须同时满足下列条件，如表2-16所示。

表 2-16

条件	具体内容
资料来源真实有效	形成的电子会计资料，其来源真实有效，由计算机等电子设备形成和传输
有效的会计核算系统	使用的会计核算系统能够准确、完整且有效接收和读取电子会计资料，能输出符合国家标准的归档格式的会计凭证、会计账簿及财务会计报表等会计资料，并且还应设定了经办、审核和审批等必要的审签程序
有效的电子档案管理系统	使用的电子档案管理系统能够有效接收、管理和利用电子会计档案，符合电子档案的长期保管要求，并建立了电子会计档案与相关联的其他纸质会计档案的检索关系
防止篡改的措施	采取有效措施防止电子会计档案被篡改
建立备份制度	建立电子会计档案备份制度，能够有效降低自然灾害、意外事故和人为破坏等对电子会计档案的影响
会计资料不存在永久或重要保存价值	形成的电子会计资料不属于具有永久保存价值或者其他重要保存价值的会计档案

单位的会计档案在形成后应及时交由单位的档案管理机构保管，而档案的移交工作应规范，会计管理机构应编制会计档案移交清册，记录所需移交的档案情况，再按国家档案管理的有关规定将档案移交给单位的档案管理机构。

会计档案也有需要推迟移交的情况，对此需按以下要求执行：对于当年形成的会计档案，在会计年度终了后、移交给单位档案管理机构前，可由单位会计管理机构临时保管一年；对于因工作原因需要推迟移交的档案，经单位档案管理机构同意后才能推迟移交，且推迟时间不得超过3年。

提示：会计档案的对外出借规定

单位保存的会计档案一般不得对外出借。确因工作需要且根据国家有关规定必须出借的，应当严格按照规定办理相关手续。会计档案借用单位应当妥善保管和利用借入的会计档案，确保借入的会计档案的安全与完整，并在规定的时间内归还给会计档案的所属单位。

（2）会计档案的保管年限

会计档案的保管期限从会计年度终了后的第一天起算，可分为永久和定期两大类。其中，定期保管期限一般分为10年和30年，个别为5年。各类别的会计资料的保管期限如表2-17所示。

表 2-17

序号	档案名称	保管期限
一	会计凭证	
1	原始凭证	30 年
2	记账凭证	30 年
二	会计账簿	
3	总账	30 年
4	明细账	30 年
5	日记账	30 年
6	固定资产卡片	固定资产报废清理后保管 5 年
7	其他辅助性账簿	30 年
三	财务会计报告	
8	月度、季度、半年度财务会计报告	10 年
9	年度财务会计报告	永久
四	其他会计资料	
10	银行存款余额调节表	10 年
11	银行对账单	10 年
12	纳税申报表	10 年
13	会计档案移交清册	30 年
14	会计档案保管清册	永久
15	会计档案销毁清册	永久
16	会计档案鉴定意见书	永久

善始善终——出纳工作交接处理

出纳人员离职或因工作调动而要离开现工作岗位时，必须按有关规定和要求办理好工作的交接手续。通过交接，可以明确工作责任，便于接手工作的出纳人员熟悉工作内容，也有利于发现和处理出纳工作及资金管理工作中存在的问题，预防经济责任事故与经济犯罪的发生。

◆ 交接前的准备工作

为了使出纳工作移交清楚，防止遗漏，保证出纳交接工作顺利进行，移交工作的出纳人员在办理交接手续前，要做好以下如表2-18所示的准备工作。

表 2-18

条目	工作内容
1	对交接前已经发生但未填制会计凭证的经济业务，进行会计凭证的填制
2	对这些事项进行核对：日记账与现金、银行存款总账；现金账面余额和实际库存现金数；银行存款账面余额和银行对账单。 对于以上事项，若有任何一项核对不符，应查明原因并解决问题，在移交给接收人之前保证款项相符，然后才能进行工作交接
3	尚未登记的账目应登记完毕，并在最后一笔余额后面加盖经办人员的印章

◆ 正式交接过程

出纳人员准备好所要移交的资料后，根据资料编制移交清册，列明应移交的会计凭证、账簿、报表、印章、现金、有价证券、支票簿、发票、文件和其他财产物品等内容。实行会计电算化的单位，从事出纳工作的移交人员还应在移交清册中列明会计软件和登录密码、会计软件数据磁盘及有关资料、实物等内容。

出纳人员应明确出纳工作的交接期限，并在期限内完成由原出纳人员向接交人员的交接工作。工作交接的办理除了涉及接交人和移交人之外，还应有监交人，监交人一般由单位领导担任，负责移交人和接交人双方交接程序及手续的监督，并对交接过程中的可能事项进行协调。监交人必须参与交接工作的整个过程，见证交接工作的完成；移交人必须按移交清册进行逐项移交，做到没有遗漏；接交人应按移交清册进行逐项核对接收，对有疑问的应立即提出处理意见，直至交接工作顺利完成。出纳人员交接过程中需要点收的资料和实物如表2-19所示。

表 2-19

点收项目	工作内容
现金、有价证券	要根据出纳账和备查账簿余额进行点收。现金、有价证券的实存数必须与会计账簿记录保持一致。不一致时，移交人员必须限期查清
会计凭证、会计账簿	会计凭证、会计账簿等会计资料必须完整无缺。尤其在账簿交接时，接交人应重核对账账、账物是否一致，核对无误后，交接双方还应在账簿的"经管人员一览表"上签章，并注明交接的年、月、日
银行存款账户余额	银行存款账户余额要与银行对账单核对，若不一致，应编制银行存款余额调节表调节相符。若经调整，余额仍然不符，应及时查明原因，明确责任。银行存款余额调节表是为核对银行存款日记账和银行对账单是否一致而编制的表格
票据、印章和其他实物	移交人保管的票据、印章和其他实物，也必须按实际张（枚）数交接清楚
保险柜密码，重要工作台、室的钥匙	应先按实际情况进行交接，待交接完毕后，要重新更换保险柜密码和重要工作台、室的锁具
电算化下账页的点收	实行电算化的单位，需要定期采用计算机打印活页账页的现金日记账、银行存款日记账和有价证券明细账的，在不能满页打印时，不可在实际操作状态下进行交接，应将账页打印出来，装订成册后再进行交接
待办事项和注意事项	移交时，还应对工作计划和待办事项交代清楚。移交人移交工作计划时，要由移交人详细地介绍计划执行情况以及在日后执行过程中可能出现的问题，以便接交人接管后能顺利地开展工作
移交清册的签字确认	交接完毕，交接双方和监交人要在移交清册上签名或盖章。移交清册一般一式三份，交街双方各执一份，存档一份。在移交清册上必须填明单位名称、交接日期、交接双方与监交人的职务和姓名以及移交清册页数、份数和其他需要说明的问题与意见

◆ 交接工作的接收人责任

在出纳工作交接完毕后，接收人应负有3方面责任：一是应认真接管移交工作，继续办理未了事项；二是应继续使用移交后的凭证、账簿等资料，保持会计记录的连续性，不得自行另立账簿或擅自销毁移交资料；三是对自己经办的、已办理移交的资料负完全责任，不得以资料已移交为借口推脱责任。

从下一章开始将进入本书的实操内容讲解，在案例讲解部分，本书将模拟一家家具生产销售公司——四川良木家居有限公司（以下简称良木公司），并对该公司10～12月发生的与出纳有关的经济业务进行处理，尽量还原真实的出纳工作流程和工作内容，让读者通过实账处理进行实战学习，从而快速熟悉并精通出纳工作。在模拟四川良木家居有限公司时，是将其作为小规模纳税人核算相应的增值税，因此，2019年4月及以后实施的增值税新税率对该公司的增值税税率没有影响，依然为小规模纳税人的3%。

真金白银要管好——现金收付有凭有据

Idea

📖

【本章要点】

P56　现金管理的内容
P58　现金开支是有限制的
P60　管钱，钱从何而来
P73　有了钱要怎么用
P73　备用金的管理
P81　几种专用报销单的类型

🏃

【实账处理】

P65　出售一张桌子，收到营业款
P67　公司处理一批报废的家具
P71　出纳小张去银行取现1万元
P76　销售部陈勇报销差旅费
P82　提取和使用安全生产费
P87　临时工资的发放

现金管理概述

现金管理是国家根据相关法律法规，对一切国有企业、事业单位、机关团体、部队、学校及集体企业的现金使用范围、数量和库存进行管理监督的一项财经制度。而出纳的主要工作就是对现金的管理，包括库存现金和银行存款等。

现金管理的内容

现金管理的主要内容就是现金，现金是流动资产最主要的组成部分，也是流动性最强的资产。在日常经济业务的结算方式中，使用最多的就是现金结算，如职工借备用金、购买办公用品以及发放员工工资等。

现金流通的多少会直接影响社会的再生产能力，那么，如何确定现金的使用量呢？这就需要制定现金管理制度。实行现金管理，对于保证货币发行权集中于中央、有计划地调节货币流通、节约使用现金、稳定市场物价、发挥银行对各项经济活动的监督作用、维护财经纪律以及促进企业开放和国民经济的加速发展等具有十分重要的意义。本节主要从现金的定义和管理原则等方面认识现金管理。

（1）现金的定义

现金（cash）指可以立即投入流通的交换媒介，是我国企业会计中的一个总账账户，在资产负债表中并入货币资金，列作流动资产，但具有专门用途的现金只能作为基金或投资项目，这就要将其列为非流动资产。现金是通用的交换媒介，也是计量其他资产的一般尺度，从不同分类角度看，现金有如表3-1所示的不同内容。

表 3-1

分类角度		具体内容
从理论上讲	广义	广义的现金包括库存现金、银行活期存款、银行本票、银行汇票、信用证存款和信用卡存款等内容
	狭义	狭义的现金仅仅指库存现金，即企业金库或保险柜中存放的现金，包括人们经常接触的纸币和硬币等
从会计上讲		存放在企业并由出纳人员保管的现钞，包括库存的人民币和各种外币

（2）现金管理的基本原则

现金管理是对现金收、付、存等各环节进行的管理。在经济活动中，出纳应遵守现金管理的基本原则，具体内容如下。

◆ **收付合法原则**：指各单位在收、付现金时必须符合国家的有关方针、政策和规章制度的规定。这里所说的合法有两层含义，一是现金的来源和使用必须合法；二是现金收、付必须在合法的范围内进行。

◆ **钱账分管原则**：即管钱的不管账，管账的不管钱。它指经管现金的出纳人员不得兼管收入、支出、债权债务等账簿的登记工作、稽核工作和会计档案的保管工作；负责经营收入、支出和债权债务登记工作的会计人员，不得兼管出纳账登记工作、现金的收付工作和现金的保管工作。

◆ **日清月结原则**：是出纳人员办理现金出纳工作的基本原则和要求，也是避免出现长款和短款的重要措施。即每天发生的现金收付业务要按时顺序地记入现金日记账，结出每天的库存现金余额，并把库存现金的账面余额与实际库存数核对，保证账实相符。现金日记账每月至少结一次账，业务多的可10天或半个月结一次账，并与其他有关账目核对，看账账是否相符。

◆ **收付两清原则**：为了避免在现金收付过程中发生差错，防止收付发生长短款，现金收付时要当面点清，如有差错当面解决，以保证收付两清。不论工作多忙，也不管金额是大是小，出纳人员对收付的现金都要进行复核，或由另外一名会计人员复核，切实做到现金收付不出差错。

（3）现金管理的八不准

在实际经济业务中，会出现许多不规范的现金管理行为。为了避免出现这些行为，开户单位应按《现金管理暂行条例》及实施细则的规定，督促出纳人员了解并遵守"八不准"准则。这"八不准"如下。

◆ 不准用不符合财务制度的凭证（如白条）顶替库存现金。

◆ 不准谎报用途套取现金。

◆ 不准单位之间相互借用现金。

◆ 不准将单位收入的现金以个人名义存取。

◆ 不准利用银行账户代其他单位和个人存取现金。

◆ 不准保留账外公款（小金库）。

◆ 不准发行变相货币。

◆ 不准以任何票券代替人民币在市场上流通。

开户银行应按照《现金管理暂行条例》及实施细则的规定和中国人民银行的有关规定，负责现金管理的具体实施，对各开户单位的现金收支和使用情况进行监督管理。开户单位如有违反现金管理"八不准"的任何一种情况，开户银行有权按照相关规定，责令开户单位停止违法活动，并根据情节轻重给予警告或罚款。

现金开支是有限制的

不是所有的经济业务活动都能以现金结算，为了现金的安全和使用的方便，大金额的款项不能直接使用现金支付。本节通过讲述现金使用范围和库存现金的限额来理解现金开支的限制。

（1）现金使用范围

现金使用范围是指按照国家规定可以使用现金进行结算的范围。到底什么样的经济活动才能使用现金结算呢？根据《现金管理暂行条例》的规定，现金只能在以下范围内使用。

- ◆ 职工工资、各种工资性津贴的支付。
- ◆ 支付给个人的各种资金，包括根据国家规定颁发给个人的科学技术、文化艺术、体育等方面的各种奖金。
- ◆ 各种劳保、福利费用以及国家规定的对个人的其他支出。
- ◆ 个人劳务报酬，包括稿费、讲课费及其他专门工作的报酬。
- ◆ 单位出差人员必须随身携带的差旅费。
- ◆ 企业向个人收购农副产品和其他物资时所付的价款。
- ◆ 结算起点（1 000元）以下的零星支出。
- ◆ 中国人民银行确定需要支付现金的其他支出。

（2）库存现金限额

库存现金限额是指国家规定由开户银行给各单位核定的一个保留现金最高额度的现金数额。单位库存限额的核定原则是，既要保证日常零星支付的合理需要，又要尽量减少现金的使用。开户单位由于经济业务不断发展，需要增加或减少库存现金限额时，应按照规定程序向开户银行提出申请，经批准后才可增减限额。

库存现金限额由开户银行和开户单位根据具体情况商定。一般情况下，开户银行根据开户单位零星开支的需要，核定3～5天的日常零星数额作为该单位的库存现金限额。若开户单位所在地区距离银行较远且交通不便，其库存现金限额的核定天数可适当放宽到5天以上，但最多不得超过15天日常零星开支。日常零星开支不包括企业每月发放的工资和不定期差旅费等大额现金支出。一个企业在几家银行开户的，由一家开户银行为其核定库存现金的限额。

健全现金的保管与清查制度

由于现金具有使用广泛、便利的优点，同时又具有使用不安全、不利于国家宏观管理和控制的缺点，因此，单位必须建立和健全现金的保管与清查制度，据以做好现金的管理工作。

（1）现金的保管

为加强对现金的管理，除工作时间内需要的少量备用金可放在出纳员的抽屉里，其余均应放入出纳专用的保险柜内，且不得随意存放。超过库存限额以外的现金，出纳员应在每日下班前送存银行；限额内的库存现金当日核对清楚后，一律放在保险柜内，不得放在办公桌上或抽屉内。

单位的库存现金不准以个人名义存入银行，防止有关人员利用公款私存取得利息收入，也防止单位利用公款私存形成账外小金库。银行一旦发现公款私存，可以对单位和个人处以罚款，情节严重的可冻结单位的现金支付。

库存现金包括纸币和铸币，出纳应实行分类保管。各单位的出纳人员对库存票币分别按纸币的票面金额、铸币的币面金额及整数和零数等分类保管。

（2）现金清查制度

为确保库存现金安全完整，各单位应建立库存现金清查制度，由有关领导和专业人员组成清查小组，定期或不定期地对企业的库存现金情况进行清查盘点，并把重点放在账款是否相符、有无白条抵库、有无私借公款、有无挪用公款及有无账外资金等违纪违法行为的检查上。

在企业决定实施清查盘点前，不要预先通知出纳员，以预防其先做手脚。盘点时间最好在一天业务没有开始之前或一天业务结束之后，由出纳员将截至清查时的现金收付账项全部登记入账，并结出账面余额。清查时出纳员应始终在场，并给予积极的配合。

清查结束后，应由清查人员填制"现金清查盘点报告表"，填列账存、实存以及溢余或短缺金额，同时说明原因，上报有关部门或负责人进行处理。如图3-1所示为现金清查盘点报告表的模板效果。

现金清查盘点报告表

单位名称：　　　　　　　　年　月　日　　　　　　　单位：元

清点现金			核对账目		
货币面值	张数	金额	项　　　　　　目	金额	备注
100元			现金账面余额		
50元			加：收入凭证未记账		
20元			减：付出凭证未记账		
10元			调整后现金账面余额		
5元			实点现金		
2元			长款（+）		
1元			短款（-）		
5角					
2角					
1角					
5分					
2分					
1分					
实点合计					

财务主管：　　　　　　　　　　　　　　出纳员：

图3-1

管钱，钱从何而来

出纳人员所管的"钱"由各单位在其开展的生产经营和非生产经营性业务中取得现金而来，它包括销售商品、提供劳务等收取的现金，机关、团体和企事业单位提供非经营服务而取得的现金，出差人员退回的多余款项以及向单位职工收取的相关罚款等。在日常工作中，现金流入企业的一般流程如图3-2所示。

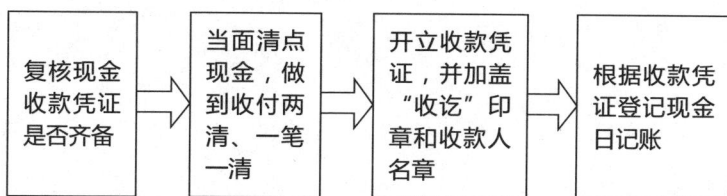

图3-2

本节根据实际经济业务中的现金收付，详细讲述企业现金流入的各种情况。

老板投资款

在成立新公司时，首先要有注册资本，而注册资本对公司来说就是一项现金的收取。下面通过一个例子来说明老板向公司投资时的现金业务的处理。

【实账处理】——老板李良投入现金20万元

2019年3月7日，李良成立一家名为四川良木家居有限公司（良木家居），注册资本为20万元。均以现金出资。出纳人员根据业务需要填制了如图3-3所示的收据。

图3-3

收到投资款时，根据收据编制以下会计分录。

借：库存现金 　　　　　　　　　200 000

　　贷：实收资本——李良 　　　　　　200 000

将款项存入公司的银行账户时，根据银行开具的收款通知编制如下会计分录。

借：银行存款	200 000
贷：库存现金	200 000

在公司不断发展和扩大过程中，根据需要，也会继续增加注册资本，对于这种情况下发生的老板投资款现金业务，出纳该怎么处理呢？

【实账处理】——李总增加注册资本5万元

2019年5月15日，公司因业务发展较好，经公司领导开会研究决定扩大业务范围，并新开了一家实体营业店。老板李总又增加注册资本5万元。出纳在清点收到的现金后，开具了如图3-4所示的收据。

```
                        收  据              №1005122      ①存根（白）②收据（红）③记账（蓝）

               日期： 2019 年   5 月  15 日

        收  到  李总投资款
              备注：现金

        金额（大写）零拾伍万零仟零佰零拾零元零角零分 ￥50000.00
        附  注：

   发据单位盖章      会计 王伍      出纳 张义        经手人 李良
```

图3-4

根据收据，出纳员编制了如下会计分录。

借：库存现金	50 000
贷：实收资本——李良	50 000

此外，公司在运营过程中难免会遇到资金周转问题，在急需资金时，除了老板自己投资外，也可根据银行同等利率向其他非金融机构借款，以解决燃眉之急。

【实账处理】——李总向张总借入现金3万元

良木家居大力发展业务，销量提高，但应收账款未能及时收回，又要不停地购买材料扩大生产，导致公司资金周转出现困难。2019年7月12日，良木家居的李良向合作企业张总借入现金3万元解决资金周转问题，如图3-5所示为出纳收到的李总向张总借入现金的借条。

借　条

　　兹因我××公司资金周转困难，而向　张总　借款，共借得款项人民币　叁万　元整。预计在2020年7月12日前如期归还。共借款　一年　。期间每个月利息按银行同期年利率4.35%计算，每个月利息　壹佰零捌元柒角伍分，需于每个月初支付不得有误。以上唯恐口说无凭，特立此借条为证。

立据出借人：张总　　身份证号：41232119×××××××　　联系地址：×××　电话：×××××××

立据借款人：李总　　身份证号：41232119×××××××　　联系地址：×××　电话：×××××××

见证人：　　张×　　身份证号：41232119×××××××　　联系地址：×××　电话：×××××××

保证人：　　李×　　身份证号：41232119×××××××　　联系地址：×××　电话：×××××××

借款日期：2019年7月12日

图3-5

出纳人员需根据此借条填制收款凭证，编制会计分录如下。

借：库存现金　　　　　　　　　30 000

　　贷：短期借款——张总　　　　　　　　30 000

　　需要注意的是，当出纳收到大于现金限额的大量现金时，为了确保现金的安全，应及时送存开户银行。在实际工作中，以上3个案例涉及的款项，通常应直接以银行转账方式收取，因此出纳员就需要根据开出的收据、银行的收款通知以及相关的借条等原始凭证填制收款凭证。

提示：认识短期借款和长期借款

　　短期借款是指企业为了获得维持正常的生产经营活动所需的资金而向银行或其他金融机构等外单位借入的、还款期限在一年或一年以内的一个经营周期内的各种借款。长期借款是指企业向银行或其他金融机构借入的期限在一年以上（不含一年）或超过一年的一个营业周期以上的各项借款。

职工或个人的集资款

　　公司的发展离不开员工，所以员工的积极性能促进公司更好地发展。公司可以制定一些激励措施，比如可以让员工集资购买公司设备，从而定期收取红利。这样不仅能提高员工的工作积极性和责任心，也能为公司节约成本，充分利用资金。

【实账处理】——职工小陈投2万元集资购买机器收取红利

某建筑公司承建了一处房产施工工程，准备采购挖掘机设备。单位为了解决资金困难的问题，同时也为了激励公司员工工作的积极性，决定以集资的方式采购。职工小陈投入2万元集资款，并与公司签订合同，占总金额的5%，如图3-6所示。

集资协议书

因我公司资金困难，工地设备紧缺。经公司职工同意，为提高公司效益和职工的工作积极性，公司于2019年7月10日研究讨论决定：购买设备的资金由我公司职工自愿集资一部分。挖掘机购买后，公司对挖掘机拥有绝对产权。按照相关法律的规定，特制定本协议书的各条款：

1. 本协议书所有职工，皆须声明系自愿参加。
2. 本协议书系临时为本公司内部协商而制定，具有相应法律效应。
3. 本协议书规定每位职工集资额度为人民币2万元。
4. 本协议书要求集资职工在规定时间内缴纳集资款，否则视为自动放弃集资。
5. 本次集资款之用途对所有集资职工公开，所有使用方式必须及时向集资职工通报，账目随时查询。
6. 本协议书规定，公司不得擅自变更、解除、撤销或终止本协议书，集资职工因为退休、调离或其他因素等离开公司的，公司必须全额退还职工集资款，本协议自行终止。
7. 本协议书经集资职工签字或盖章并缴款后生效，一式两份，集资职工与公司各执一份。

职工签字：陈生
公司盖章：××公司
2019年7月15日

图3-6

出纳收到小陈以现金支付的集资款后，填制了如图3-7所示的收据并编制了相应的会计分录。

收 据 №1005123

日期： 2019 年 7 月 15 日

收 到 陈生集资购买挖掘机款

备注：现金

金额（大写） 零 拾 贰 万 零 仟 零 佰 零 拾 零 元 零 角 零 分 ￥20000.00

附 注：挖掘机集资款

发据单位盖章 会计 李× 出纳 张× 经手人 ××

①存根（白）②收据（红）③记账（黄）

图3-7

借：库存现金　　　　　　　　　　　　20 000

　　贷：其他应付款——职工集资款　　　　　20 000

收到营业款

对一般的零售商店来说，每日的营业额一般都由当天的收银员直接送存银行，不通过财务部门送存。当每日营业时间终了后，出纳员再根据收银员送存银行时的“现金缴款单”的回单联和有关销售凭证填制银行存款收款凭证。如果零售商店不是由收银员直接将现金收入送存银行，而是交给出纳人员送存银行，那么出纳员根据收到的现金收入和有关销售凭证填制现金收款凭证，然后再在收到“现金缴款单”的回单联时填制银行存款收款凭证。来看一个具体的例子。

【实账处理】——出售一张桌子，收到营业款

2019年7月15日，良木家居公司名下的零售店出售一张实木餐桌，单价为4 709元，增值税税率为3%。对方用现金支付。营业终了，出纳收到营业款及如图3-8所示的销售凭证。

根据营业收入额，算出应交增值税税款＝4 709×3%＝141（元）。

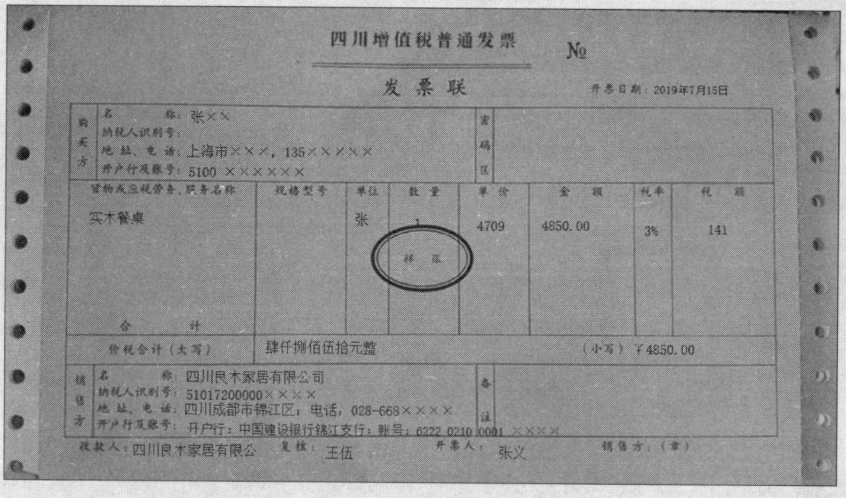

四川增值税普通发票　№

发票联　　开票日期：2019年7月15日

购买方　名称：张××
纳税人识别号：
地址、电话：上海市×××，135×××××
开户行及账号：5100 ××××××
密码区

货物或应税劳务、服务名称	规格型号	单位	数量	单价	金额	税率	税额
实木餐桌		张	1	4709	4850.00	3%	141
合计							

价税合计（大写）　肆仟捌佰伍拾元整　　（小写）￥4850.00

销售方　名称：四川良木家居有限公司
纳税人识别号：51017200000××××
地址、电话：四川成都市锦江区；电话：028-668××××
开户行及账号：开户行：中国建设银行锦江支行；账号：6222 0210 0001 ××××
备注

收款人：四川良木家居有限公　复核：王伍　开票人：张义　销售方：（章）

图3-8

根据销售凭证以及算出的税款编制出以下会计分录。

借：库存现金	4 850
贷：主营业务收入	4 709
应交税费——应交增值税	141

预收现金账款的处理

所谓预收现金，是指收到的购货方或接受劳务单位或个人用现金预交的货款、劳务服务款或定金。预收现金款项应通过"预收账款"科目核算，不设"预收账款"科目的企业应通过"应收账款"科目核算。所以，企业在预收现金、编制现金收款凭证时，账户贷方应为"预收账款"或"应收账款"科目。

【实账处理】——预收购货款6 000元

2019年7月24日，某公司到良木家居订购一批办公桌椅，因为量比较大，且需要定做，大概需要一个星期左右的时间。为了避免发生经济纠纷，良木家居向购买商收取了订金6 000元，对方以现金支付，公司出纳员开具了如图3-9所示的收据，并编制了相应的会计分录。

```
                        收    据           №1005124
            日期：  2019 年  7 月  24 日
     收   到 某公司订金
         备注：现金
     金额（大写）零拾零万陆仟零佰零拾零元零角零分  ￥6000.00
     附   注：

   发据单位盖章    会计 王伍    出纳 张仁    经手人 李某
```

图3-9

借：库存现金	6 000
贷：预收账款	6 000

变卖公司废旧资产的处理

科技不断发展，产品日新月异，一些老产品逐渐被新产品替代，最终失去自身价值，也不能再被利用生成可再生资源，企业只能将其作为废品处理。而有些产品虽然失去了价值，但仍可再次被加工成新的产品，此时企业可以变卖废旧物品的方式将其处理掉，这样不仅能大大提高资源的利用率，还能节约资金。

【实账处理】——公司处理一批报废的家具

2019年8月30日，良木公司盘点存货，发现一批报废的家具需要处理，于是卖给了废品回收站。这批废旧家具的处理明细如图3-10所示。

废旧家具明细表

编制单位：四川良木家居有限公司　　　　　　　　　　单位：元

序号	品名	原价	残值	回收价	备注
1	布艺床	2069	1599	1460	
2	乳胶床垫	1350	869	758	
3	玻璃茶几	899	628	580	
4	鞋柜	328	185	150	
5	餐椅	225	150	128	
合　计		4871	3431	3076	

单位主管：李良　　　　财务主管：王伍　　　　制表：张义

图3-10

收到现金时，出纳人员填制了如图3-11所示的收据。

收　据　　　　No1

日期：　2019　年　8　月　30　日

收　到　废品回收站废品回收费

备注：现金

金额（大写）零拾零万叁仟零佰柒拾陆元零角零分　¥3076.00

附　注：

发据单位盖章　　会计 王伍　　出纳 张仁　　经手人 王某

①存根（白）②收据（红）③记账（章）

图3-11

出纳员应根据收到的相关销售凭证和开出的收据，编制如下会计分录。（不考虑增值税）

借：库存现金　　　　　　　　　　3 076

　　贷：其他业务收入　　　　　　　　3 076

退款的处理

在购买商品后，购买商使用商品时如果发现有质量问题，可以和销售商家及时沟通并协商处理方法。如果商品只是有些小瑕疵而没有安全隐患，不影响使用的，可要求商家给予一定的优惠；如果商品质量问题严重，不能继续使用，可要求商家换商品或进行退货退款处理；如果使用后发现质量问题并导致严重后果的，可以要求商家给予一定的赔偿。下面通过一个例子来了解退货退款的处理。

【实账处理】——因材料质量问题退料，收到退款5 800元

2019年8月9日，良木公司购买了一批用于生产桌椅的木料，已开票入账，15日用于生产时，发现木料有质量问题，与厂家友好协商后，同意退还材料并退货款5 800元，8月30日付清退货款。首先物料部门填制如图3-12所示的出库单。

出 库 单　　　　　No1016121

单位：四川良木家居有限公司　　2019 年　　8 月　　9 日

编号	名称	规格	单位	数量	单价	金额	备注
1	木材		批		5800	5800	退料

金额（大写）　零 拾 零 万 伍 仟 捌 佰 零 拾 零 元 零 角 零 分 ￥5800.00

主管：刘江　　仓库：许志　　记账：张仁　　经手人：张某

①存根（白）②记账（红）③结算（篮）

图3-12

收到现金时，出纳人员填制了如图3-13所示的收据。

收 据　　　　　No10051268

日期：　　2019 年　　8 月　　30 日

收　到　退木材费

备注：现金

金额（大写）　零 拾 零 万 伍 仟 捌 佰 零 拾 零 元 零 角 零 分 ￥5800.00

附　注：

发据单位盖章　　会计 王伍　　出纳 张仁　　经手人 王某

①存根（白）②收据（红）③记账（篮）

图3-13

退货退款的会计分录如下。

借：库存现金　　　　　　　　5 800

　　贷：原材料　　　　　　　　5 800

收到罚款的处理

为提高职工自身约束力、守法意识和工作的积极性，增强职工的创造力，公司一般会针对职工制定一些奖惩措施。

这些措施的目的在于使职工在工作中得到心理及物质上的满足，不断奋发向上、争取更好的业绩，为公司带来更好的经济效益，同时促使职工达到并保持应有的工作态度和工作效率，保障公司和员工共同利益。

而惩罚措施中最常见的是罚款，罚款时可直接从工资中扣除，也可直接让员工向出纳缴现金。下面通过一个例子来说明直接将罚款交给出纳的业务处理。

【实账处理】——收到职工小陈的迟到罚款50元

良木公司职工管理制度规定，职工上班迟到一小时内（含一小时）罚款50元。2019年9月5日，销售部小陈上班迟到半小时，缴纳50元罚款给出纳。出纳收到罚款后填制收据，如图3-14所示。

图3-14

根据收据，出纳编制了如下的会计分录。

借：库存现金　　　　　　　　50

　　贷：营业外收入　　　　　　50

收到赔偿款的处理

商品流通过程中，会因各种原因发生一些损耗。商品损耗是指在商品销售过程中，由于各种原因造成的商品总价值的损失。商品损耗可分为有形与无形两种，有形损耗包括产品破损、丢失、过期和质量问题等；无形损耗包括采购人员吃回扣、收银人员盗窃物款、外部人员盗窃以及营运过程中陈列错误等导致的损失。

对于不同原因造成的商品损耗有不同的会计处理，下面通过一个例子，了解实际工作中常见的由于外部因素导致商品损耗并收取赔偿款的处理。

【实账处理】——快递公司弄丢椅子赔偿500元

2019年9月20日，良木公司出售一张椅子到外地，客户要求通过物流公司邮寄。在快递邮寄过程中，由于快递员大意，椅子丢了，快递公司根据椅子的价值赔偿了500元，良木公司填制了如图3-15所示的收据。

收　据　№ 1005128

日期：2019 年 9 月 20 日

收　到　快递公司赔偿款

备注：现金

金额（大写）零拾零万零仟伍佰零拾零元零角零分 ￥500.00

附　注：

发据单位盖章　　会计 王伍　　出纳 张仁　　经手人

① 存根（白）② 收据（红）③ 记账（黄）

图3-15

出纳人员根据以上收据，编制了如下的会计分录。

借：库存现金　　　　　　　　500

　　贷：其他应收款　　　　　　　　500

银行存款"变"现金

公司成立后，应在所在地银行开立一个银行基本存款账户，公司的所有流动资金都存入该账户里，当需要现金时，出纳人员根据开户银行的要求填制好相关凭证后办理提现业务。一般来说，企业出纳人员从银行提取现金的业务流程可以总结为如图3-16所示的3个步骤。

向开户行提交相关材料	→	填写现金支票	→	取现，存入保险柜

图3-16

【实账处理】——出纳小张去银行取现1万元

2019年7月15日，良木公司的出纳小张去银行取现1万元，将其作为备用金，同时填制了如图3-17所示的现金支票。财务人员根据这张支票和银行的付款通知编制了相应的会计分录。

图3-17

借：库存现金   10 000

  贷：银行存款   10 000

收回职工个人借款

"有借有还，再借不难。"公司员工因公出差时，可自己先垫付所有费用，回公司后全额报销；也可先向领导申请一部分备用金。在出差过程中，所有公费项目都应向销售方索要正规发票。出差回来后，及时分类整理好各种票据，根据公司财务管理制度的规定，按程序报账，如有未用完的备用金，也应及时交还给出纳。

【实账处理】——收到陈勇归还借款500元

2019年8月26日，良木公司销售部小陈出差回来，归还剩余的备用金500元。出纳填制如图3-18所示的收据，并编制了如下会计分录。

借：库存现金   500

  贷：其他应收款——陈勇 500

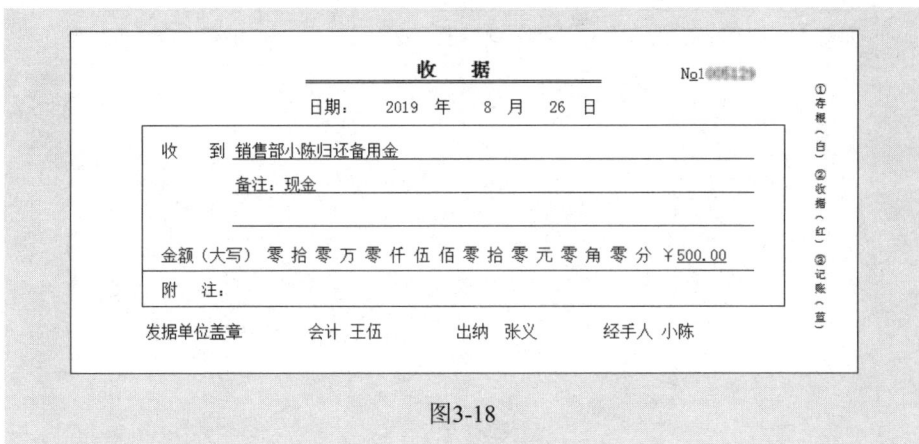

图3-18

接受捐赠的收入

捐赠属于非交换交易的一种，通常是指某个单位或个人（捐赠人）自愿地将现金及其他资产无偿地转让给另一单位或个人（受赠人），或者无偿地清偿或取消购货单位或个人（受赠人）的负债。这里的其他资产包括债券、股票、产品、材料、设备、房屋、无形资产和劳务等。在实务中，民间非营利性组织既可能作为受赠人，接受其他单位或个人的捐赠，也可能作为捐赠人，对其他单位或个人实施捐赠。下面这个实例讲的是企业收到捐赠时的账务处理。

【实账处理】——收到捐赠收入

为了帮助贫困山区留守儿童改善学习环境，某爱心企业发起了一场献爱心捐赠活动，最终该企业筹得捐赠款25 875元，并将爱心捐款全部用于购买留守儿童用的学习和生活用品。捐赠收入明细如图3-19所示。

捐赠收入明细表

编制单位：××单位　　　　　　　　　　　　　　　　　　单位：元

序号	单位名称	姓名	金额	其他	备注
1	×××单位		3000		
2	×××单位		4700		
3	×××单位		2800		
4	×××单位		6875		
5	×××单位		5500		
6	×××单位		3000		
合　计			25875		

单位主管：××　　　　财务主管：××　　　　制表：××

图3-19

收到捐赠收入时的会计分录如下。

借：库存现金　　　　　　　　　　　　25 875

　　贷：捐赠收入——限定性收入　　　　　25 875

有了钱要怎么用

"用钱"就会涉及现金支出，它是现金收入的对称，有狭义和广义之分。狭义指银行向市场投放货币。广义指市场中各企事业单位支出现金，如向职工发放工资、收购农副产品和发放救济款等付出的钱。本节主要介绍企业中常见的现金支出业务，如备用金支出、员工报账支出和工资发放等。

备用金的管理

备用金是企业、机关、事业单位或其他经济组织等拨付给非独立核算机构或工作人员备作差旅费、零星采购及零星开支等用途的款项。备用金有两种管理形式，具体如下。

◆ **不固定金额的管理**：不固定金额指一些临时借款，比如行政部门的人员接到了电力公司的通知，需要缴纳369.29元电费，相关人员从单位借出400元现金去交费。这类支出就属于不固定金额的临时借款。

◆ **固定金额的管理**：固定金额指根据单位的规定，事先将一定数额的备用金预借给某人用于开展日常工作，事后定期凭发票报账，由出纳将用款人持有的现金差额补足。显然，这部分不由出纳掌管的现金数额不会很大，否则会有较大风险。这种情况下的数额支出审批需要由单位加以具体规定。

无论哪种管理形式，备用金都是以预借的形式从出纳转到用款人的手中。因此，用款人和出纳都应按照单位的规定办理预借和报账的相关手续。出纳要管理好公司的备用金，关键在于对每笔支出的数额进行控制。下面通过具体案例来学习备用金的账务处理。

【实账处理】——销售部小陈借备用金

2019年8月20日，良木公司销售部小陈到外地出差，向财务部申请备用金1 500元。小陈根据公司财务管理制度的规定填制了如图3-20所示的借款单。

部　　门		销售部		姓名	陈勇
借 款 事 由		到外地出差			
借 款 金 额		（大写）零拾零万壹仟伍佰零拾零元零角零分			
预计还款报销日期	2019年8月26日		￥ 1500.00		
审 批 意 见	同意借款。李良		借款人		
			陈勇　2019 年 8 月 20 日		

借款单　No.3000153

日期：　2019 年　8 月　20 日

发据单位盖章　　　　　会计：王伍　　　　　出纳：张义

① 存根（白）② 收据（红）③ 记账（蓝）

图3-20

出纳根据借款人提供的审批后的借款单付款，会计分录如下。

借：其他应收款——备用金——陈勇　　1 500

贷：库存现金　　　　　　　　　　　　　1 500

常见的报账类型

在公司的正常运转中，每个月都会有一些固定或临时的费用发生。本节主要讲述了经济活动中常见费用的报账，如购买办公用品的费用、差旅费、职工培训费、会务费、生活费、车辆使用费、通信费和水电费等的报销。

（1）办公费用的报销

办公费是指生产和管理部门耗用的文具、印刷、邮电、办公用品及报纸杂志等办公费用。办公费的核算内容包括：生产和管理部门用文具、纸张印刷品（包括各种规程、制度、报表、票据和账簿等的印刷费和购置费）、报纸杂志费以及图书资料费等。

【实账处理】——办公室王文购买办公用品

2019年7月10日，良木公司王文购买办公用品一批，价税共计700元，销售商已开具正规发票（如图3-21所示），王文根据发票明细内容填制好费用报销单（如图3-22所示），并已通过领导的审批，遂向账务部申请报账款700元。相关会计分录如下。

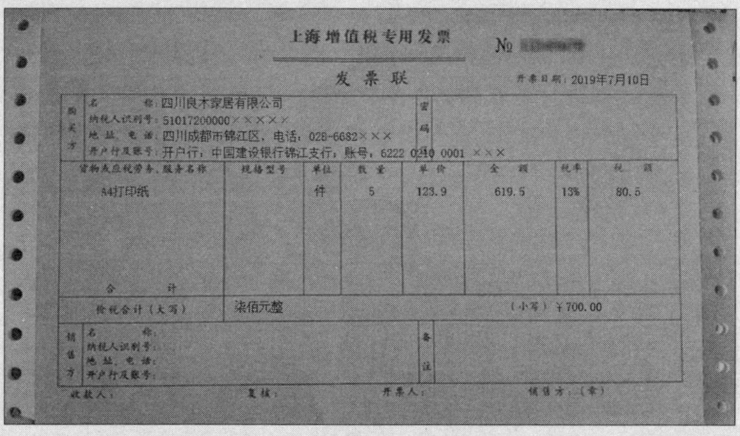

上海增值税专用发票　№

发票联　　开票日期：2019年7月10日

购买方　名称：四川良木家居有限公司
纳税人识别号：51017200000××××
地址、电话：四川成都市锦江区，电话：028-6682×××
开户行及账号：开户行：中国建设银行锦江支行，账号：6222 0210 0001 ×××

密码区

货物或应税劳务、服务名称	规格型号	单位	数量	单价	金额	税率	税额
A4打印纸		件	5	123.9	619.5	13%	80.5
合计							
价税合计（大写）	柒佰元整				（小写）￥700.00		

销售方　名称：
纳税人识别号：
地址、电话：
开户行及账号：

备注

收款人：　复核：　开票人：　销售方：（章）

图3-21

费 用 报 销 单　　№4001141

报销部门：办公室　　日期：2019 年 7 月 10 日　　单据及附件共 1 页

报销项目	摘要	金额 十	万	千	百	十	元	角	分	备注
办公用品	A4打印纸5件			￥	7	0	0	0	0	
										领导审批
合计				￥	7	0	0	0	0	
金额大写：零拾零万零仟柒佰零拾零元零角零分		原借款：0 元								应退（补）款：700元

发据单位盖章　　会计：王伍　　出纳：张义　　报销人：王文

图3-22

借：管理费用——办公费　　700

　　贷：库存现金　　700

（2）差旅费用的报销

差旅费是行政事业单位或企业的一项重要的经常性支出，主要包括因公出差期间产生的交通费、住宿费、伙食费和公杂费等各项费用。

财政部要求，各单位应严格按照差旅费管理制度和"厉行节约、反对浪费"的原则，加强出差审批管理，从严控制出差人数、天数以及差旅费预算管理和报销审核程序，控制差旅费支出规模。对违反差旅费管理规定的行为，有关部门应依法、依规追究相关单位和人员的责任。

【实账处理】——销售部陈勇报销差旅费

2019年8月26日，良木公司销售部陈勇出差回来，出差途中，车费、住宿费、伙食费共花费1 000元，他根据各类票据填制好如图3-23所示的差旅费报销单，并由财务部审核无误，领导审批完成。陈勇将报销单交给出纳。由于8月20日陈勇借备用金1 500元，本次差旅费报销将冲销其备用金，最后还要向出纳上交剩余的备用金500元。

差 旅 费 报 销 单

报销部门：销售部   2019年 8月 26日

姓 名		职 别				出差事由					
出差地点	日 期	区 间	人数	天 数	其中：途中天数	局内/局外	补贴项目	人数	天数	标准	金 额
	8月20日-8月26日	成都-上海	1	5			伙食补贴	1	5	80	400
	月 日- 月 日	-					交通费补贴				
	月 日- 月 日	-					司机出车补贴				
	月 日- 月 日	-					卧补贴				
	月 日- 月 日	-					小 计	1	5	80	400
项 目		报销数		审核数		说明：					
		单据张数	报销金额	单据张数	审核金额						
住 宿 费		1	450	1	450	主（分）管领导审批：					
车 船 票		4	150	4	150						
飞 机 票											
小 计		5	600	5	600						
合计金额大写：壹仟元整						合计金额小写：1000.00					
单位盖章		会计：王伍		出纳：张义					报销人：陈勇		

图3-23

出纳根据审核后的差旅费报销单和其他单据，编制如下会计分录。

借：管理费用——差旅费   1 000

    库存现金   500

    贷：其他应收款——备用金——陈勇   1 500

（3）职工教育经费的报销

职工教育经费是指企业按工资总额的一定比例提取，用于职工教育事业的一项费用，是企业为职工学习先进技术和提高文化水平而支付的款项。单位职工不但有取得劳动报酬和享有集体福利等权利，还有接受岗位培训及后续教育的权利，为此，需要企业投入一定的教育经费。下面这个实例讲解职工教育经费的账务处理。

【实账处理】——财务部王伍报销财务培训费

自2019年4月1日起，我国全面实施增值税新税率政策，原适用16%税率的项目改为适用13%税率，适用10%税率的改为适用9%税率，除此之外，还有一些其他与税相关的政策变动。为了适应新的政策，2019年5月8日，良木公司组织财务人员集体培训新政策的内容。此次培训共计3天，共有两名财务人员参加培训，共发生培训费2 600元。王伍根据票据填制了如图3-24所示的费用报销单。

费用报销单　　　　No4001142

报销部门：财务部　　　日期：2019 年 5 月 8 日　　　单据及附件共 5 页

报销项目	摘　要	金额 十万千百十元角分	备注
培训费	报财务培训费	￥2 6 0 0 0 0	财务部2人参加培训
			领导审批
合　　计		￥2 6 0 0 0 0	

金额大写：零拾零万贰仟陆佰零拾零元零角零分　　原欠款：0 元　　应退（补）款：2600元

发据单位盖章　　　会计：王伍　　　出纳：张义　　　报销人：王伍

图3-24

出纳员根据审批完成的费用报销单，付给报销人审核后的金额，且以现金付讫。会计分录如下。

借：应付职工薪酬——职工教育经费　　　　2 600
　　贷：库存现金　　　　　　　　　　　　　　2 600

（4）企业会务费的报销

会务费，顾名思义是因为召开会议所发生的一切合理费用，包括租用会议场所费用、会议资料费、交通费、茶水费、餐费及住宿费等。各单位应严格控制会务费的支出，一般情况下不予以报销，但特殊情况需要报销的，必须办理相关手续，且满足以下3个条件。

◆ 主管部门召开的工作会议。

◆ 公司有下达正式的会议通知。

◆ 与会议有关的费用都取得合法票据。

下面通过一个实例，讲解遇到会务费应该如何进行账务处理工作。

【实账处理】——某建筑单位报销会务费

2019年5月30日，某建筑公司下达正式文件，定于2019年6月3日在某酒店召开2019年半年度工作总结会，要求各下属单位负责人准时参加，不得缺席。由单位办公室文某负责此次会议的正常进行，共计发生会务费2 150元。

2019年6月5日，文某根据会议当天的各项支出填制了如图3-25所示的费用报销单，并收到现金2 150元。出纳人员编制了如下会计分录。

图3-25

借：管理费用——会务费 2 150
　　贷：库存现金 2 150

（5）职工生活费的报销

公司为了给职工的生活提供方便，减轻生活负担，可以根据实际情况设立食堂解决职工的生活问题，也可以在工资表中增加生活补助（以现金的方式发放）。下面通过一个实例，讲解公司设立食堂时的生活费的报销问题。

【实账处理】——良木公司2019年7月发生的生活费

良木公司在郊区建立了一个厂房，有员工50人。为了解决职工的生活问题，同时提高公司生产效率，公司建造了职工食堂，由厨师小何负责采购菜品，办公室王文负责生活费的报销。2019年8月1日，王文根据小何提供的7月份的菜品采购清单，知道了菜品采购共花费1 000元，据以填制了如图3-26所示的费用报销单，并编制了如下会计分录。

费用报销单

报销部门：办公室　　　　日期：2019 年 8 月 1 日　　　　单据及附件共　2　页　№ 4001144

报销项目	摘　要	金额 十万千百十元角分	备
职工福利费	2019年7月职工生活费	￥100000	注
			领导审批
合　　计		￥100000	

金额大写：零拾零万壹仟零佰零拾零元零角零分　　　原借款：0 元　　　应退（补）款：1000元

发据单位盖章　　会计：王伍　　　　出纳：张义　　　　报销人：王文

图3-26

借：应付职工薪酬——职工福利费　　　　　1 000

　　贷：库存现金　　　　　　　　　　　　　　　1 000

（6）车辆使用费的报销

为了更好地实现会计明细核算，对于公司使用的公车所发生的各项费用，应设立"车辆使用费"明细科目进行核算。车辆使用费主要包括公车使用时发生的各种保险费、车辆保养和维修费、车辆加油费、车辆过路费及车辆停车费等。

为保证公司资产的完整性，维护好机动车辆的使用性能，控制和降低机动车辆各项费用，公司可以根据实情制定车辆使用管理办法，从而规范公车使用人员的驾驶行为，避免造成不必要的经济损失。比如，由于驾驶不慎而人为造成机动车损坏的，扣除保险公司赔偿部分的修理费用后，可由驾驶人员全额赔偿；由于违反交通法规造成的损失，公司一概不予报销；车辆因自然磨损造成的机械故障与车辆负责人无关的，费用由公司承担等。

【实账处理】——驾驶员李尚报销车辆使用费

良木公司的公车驾驶员李尚，于2019年6月21日去车站接李总，发生洗车费10元，停车费20元，加油费320元，过路费48元，共计398元。李尚根据各类票据填制了如图3-27所示的费用报销单，经财务部门审核后，再由领导李良审批完成，交由出纳员张义并领取报账款398元。相关会计分录如下。

借：管理费用——车辆使用费　　　　　398

　　贷：库存现金　　　　　　　　　　　　398

费 用 报 销 单 No.4001145

| 报销部门：办公室 | 日期：2019 年 6 月 21 日 | 单据及附件共__4__页 |

报销项目	摘　要	金额 十万千百十元角分	备注
车辆使用费	洗车费	￥1000 0	
	停车费	￥2000 0	
	过路费	￥4800 0	
	加油费	￥3200 0	领导审批
	合　计	￥3980 0	
金额大写：零拾零万零仟叁佰玖拾捌元零角零分	原借款： 0 元	应退（补）款：398元
发据单位盖章　　会计：王伍　　出纳：张义　　报销人：李尚

图3-27

（7）职工通信费的报销

通信费是在公司联系业务时发生的必要开支，包括职工电话费、办公室座机费、邮寄费和网络费用等。这几类费用的处理都是在收到发票后直接计入管理费用，并设置"通信费"明细科目进行核算。

【实账处理】——报销通信费

2019年8月，良木公司业务不断扩张，职工电话费开支也成正比增加，共发生270元电话费，预缴网络费500元，邮寄费30元。2019年8月30日，办公室王文根据发票填制了如图3-28所示的费用报销单，并收到现金。出纳人员根据审核后的报销单，编制了如下会计分录。

费 用 报 销 单 No.4001146

| 报销部门：办公室 | 日期：2019 年 8 月 30 日 | 单据及附件共__3__页 |

报销项目	摘　要	金额 十万千百十元角分	备注
通信费	电话费	￥2700 0	
	网费	￥5000 0	注
	邮寄费	￥3000 0	
			领导审批
	合　计	￥8000 0	
金额大写：零拾零万零仟捌佰零拾零元零角零分	原借款： 0 元	应退（补）款：800元
发据单位盖章　　会计：王伍　　出纳：张义　　报销人：王文

图3-28

借：管理费用——通信费　　　　　　800

　　　贷：库存现金　　　　　　　　　　　　800

（8）公司水电费的报销

在公司的经营过程中，水电费是一项最基本的开支，一般情况下，公司在收到水费的缴纳通知后，都必须按时缴费。而缴纳的水电费通常在"管理费用"科目下设置"水电费"明细科目进行核算，下面通过案例讲解水电费的会计处理。

【实账处理】——良木公司8月份水电费报销

2019年8月份，良木公司发生水费480元，电费300元，共计780元。2019年8月30日，办公室王文根据发票填制了如图3-29所示的费用报销单，并收到现金。出纳人员根据相关凭证编制了如下会计分录。

费用报销单													No.	
报销部门：办公室		日期：2019 年 8 月 30 日									单据及附件共 2 页			
报销项目	摘　要	金额									备			
		十万千百十元角分									注			
水电费	水费		¥	4	8	0	0	0						
	电费		¥	3	0	0	0	0			领导审批			
	合　计		¥	7	8	0	0	0						
金额大写：零拾零万零仟柒佰捌拾零元零角零分										原借款：　　0 元	应退（补）款：780元			
发据单位盖章	会计：王伍	出纳：张义									报销人：王文			

图3-29

借：管理费用——水电费　　　　　　780

　　　贷：库存现金　　　　　　　　　　　　780

几种专用报销单的类型

根据行业性质的不同，费用报销的处理会有差别。除了上节内容所讲的常见费用报销类型外，还有一些报账类型是针对固定行业设置的。本节主要讲述了几种不常见的特殊的费用报销的处理，比如安全生产费的处理、购买小物件的处理、销售费用的处理以及文明施工费的处理等。

（1）安全生产费

安全生产费用（简称安全费用）是指企业按照规定标准提取的，在成本中列支，专门用于完善和改进企业安全生产条件的资金。安全费用按照"企业提取、政府监管、确保需要、规范使用"的原则进行财务管理。

【实账处理】——提取和使用安全生产费

某开矿企业的生产工作因涉及人身安全问题，公司根据开采的原矿产量按月提取安全生产费，提取标准为：井下矿山为8元/吨，原矿产量为20万吨/月。2019年6月使用安全生产储备支付生产检查等费用性支出3万元。报账人填写了如图3-30所示的费用报销单。

费 用 报 销 单

No.40001168

报销部门：安全部　　　　　　日期：2019 年 6 月 28 日　　　　单据及附件共 _2_ 页

报销项目	摘　　要	金额 十万千百十元角分	备注
安全生产费	支付生产检查费用	￥3 0 0 0 0 0 0	领导审批
合　　计		￥3 0 0 0 0 0 0	

金额大写：零 拾 叁 万 零 仟 零 佰 零 拾 零 元 零 角 零 分	原借款： 0元	应退（补）款：30000元

发据单位盖章　　　　会计：王伍　　　　出纳：张义　　　　报销人：李某

图3-30

2019年6月提取安全生产费用＝200 000×8＝1 600 000（元）

　　借：制造费用　　　　　　1 600 000

　　　　贷：专项储备　　　　　　1 600 000

使用安全生产费支付生产检查费用的会计分录如下。

　　借：专项储备　　　　　　30 000

　　　　贷：库存现金　　　　　　30 000

（2）购买小物件的费用

企业为生产产品、提供劳务、出租或经营管理而持有的、使用时间超过12个月，价值达到一定标准的非货币性资产，包括房屋、建筑物、机器、机械、运输工具以及其他与生产经营活动有关的设备、器具和工具等，在会计核算中，可以认定为固定资产。但对于一些小物件或小设备，使用时间长，但价值不高，可以当作低值易耗品处理。低值易耗品是指不作为固定资产核算的各种用具物品，如工具、管理用具、玻璃器皿以及在经营过程中使用的包装容器等。

【实账处理】——低值易耗品的处理

2019年5月6日，某网络公司采购了一些内存条、硬盘等与计算机相关的产品，共3 500元。其中内存条20条，共800元，硬盘10个，共2 700元。根据公司财务制度的规定，单个设备金额超过3 000元的作为固定资产处理。而内存条等单个价值不足3 000元，所以按规定将内存条和硬盘作为低值易耗品处理。采购员根据发票填制了如图3-31所示的费用报销单，并已完成审批流程，交与财务部出纳员后领取报账款3 500元。

费用报销单

No.0001149

报销部门：　　　　　　　日期：2019 年 5 月 6 日　　　　　　单据及附件共 1 页

报销项目	摘　要	金额 十万千百十元角分	备注
低值易耗品	内存条20条	￥8 0 0 0 0	
	硬盘10个	￥2 7 0 0 0 0	
			领导审批
合　　计		￥3 5 0 0 0 0	

金额大写：零 拾 叁 万 叁 仟 伍 佰 零 拾 零 元 零 角 零 分　　原借款：0 元　　应退（补）款：3500元

发据单位盖章 ×× 　　会计：×× 　　出纳：×× 　　　　报销人：××

图3-31

低值易耗品有两种处理方法。

【方法一，一次转销法的会计处理】

购买低值易耗品时的会计分录。

借：周转材料——低值易耗品　　　　　　3 500
　　　贷：库存现金　　　　　　　　　　　　　3 500

使用低值易耗品时的会计分录。

借：管理费用　　　　　　　　　　　　　3 500
　　　贷：周转材料——低值易耗品　　　　　　3 500

【方法二，五五摊销法，也就是在使用时摊销50%，在报废时摊销余下的50%】

购买低值易耗品时的会计分录。

借：周转材料——低值易耗品　　　　　　3 500

　　贷：库存现金　　　　　　　　　　　　　　3 500

使用低值易耗品时先计入待摊费用，再将应摊销的50%计入当期损益，会计分录如下。

借：待摊费用　　　　　　　　　　　　　3 500

　　贷：低值易耗品　　　　　　　　　　　　　3 500

借：管理费用　　　　　　　　　　　　　1 750

　　贷：待摊费用　　　　　　　　　　　　　　1 750

低值易耗品报废时的会计分录。

借：管理费用　　　　　　　　　　　　　1 750

　　贷：待摊费用　　　　　　　　　　　　　　1 750

（3）销售费用

销售费用是指企业销售产品、自制半成品和提供劳务等的过程中发生的各种费用，包括由企业负担的包装费、运输费、广告费、装卸费、保险费、委托代销手续费、展览费、租赁费（不含融资租赁费）、销售服务费、销售部门人员工资和职工福利费、差旅费、折旧费、修理费、物料消耗、低值易耗品摊销及其他经费等，是企业销售成本的组成部分。

【实账处理】——销售部陈勇报销销售费用

良木公司为了推广公司的产品，于2019年7月3日委托某广告公司印刷宣传单，发生印刷费650元。销售部收到发票后填制了如图3-32所示的费用报销单。

费用报销单经财务部审核无误后，再经领导审批完成，陈勇将报销单交给账务部出纳员张义，并领取报账款650元。出纳员根据报销单填制付款凭证，涉及的会计分录如下。

借：销售费用——广告费　　　　　　　650

　　贷：库存现金　　　　　　　　　　　　　650

费 用 报 销 单　　No.4001150

报销部门：销售部　　日期：2019 年 7 月 3 日　　单据及附件共 1 页

报销项目	摘　要	金额						备注
		十	万	千	百	十 元	角 分	
销售费	广告费			￥6	5	0 0	0	备注
								领导审批
合　计				￥6	5	0 0	0	
金额大写：零 拾 叁 万 零 仟 陆 佰 伍 拾 零 元 零 角 零 分	原借款： 0 元				应退（补）款：650 元			
发据单位盖章　　会计：王伍　　出纳：张义　　报销人：陈勇								

图3-32

（4）文明施工费

文明施工费即文明施工措施费，是指按照国家现行的建筑施工安全、施工现场环境与卫生标准等有关规定，购置和更新施工防护用具及设施、改善安全生产条件和作业环境所需要的费用。

发生文明施工费时，建设单位和施工单位的会计处理是不同的。建设单位表现为支出，计入"工程施工——合同成本——文明施工费"科目的借方，贷方登记"库存现金"或"银行存款"等科目；施工单位表现为收入，计入"预收账款——文明施工费"科目的贷方，借方登记"库存现金"或"银行存款"等科目。下面通过具体案例了解文明施工费。

如果是建筑单位自行施工，则无须用到"预收账款——文明施工费"科目，且在实际支付文明施工费时，借记"工程施工——文明施工费"科目，贷记"银行存款"或"库存现金"科目。

【实账处理】——文明施工费的处理

某建筑企业于2019年6月3日开工修建房屋，为了积极响应国家建筑工程施工要求和提升企业形象，企业于2019年6月5日购买大量标识、标牌和各类条幅，建设良好的文明施工场所，共花费 2 750 元。相关负责人根据采购物资时收到的票据，填制了如图3-33所示的费用报销单。而出纳员在收到报销单时，编制了如下会计分录。

借：工程施工——文明施工费　　　　　　2 750

　　贷：库存现金　　　　　　　　　　　　　2 750

No████ ██

费 用 报 销 单

报销部门：　　　　　　　　日期：2019 年 6 月 5 日　　　　单据及附件共 __1__ 页

报销项目	摘　　要	金额 十万千百十元角分	备注
文明工地施工费	标识标牌	￥2 7 5 0 0 0	备
			注
			领导审批
合　　　　计		￥2 7 5 0 0 0	

金额大写：零拾零万贰仟柒佰伍拾零元零角零分　　　原借款：　0 元　　　应退（补）款：2750元

发据单位盖章　××　　　会计：××　　　出纳：××　　　报销人：××

图3-33

不得坐支现金

按照有关财务制度的规定：企业收入和支出应该是两条线操作，即收到的现金要存入银行，支出的现金要从日常备用金中支取。如果不按照财务收支两条线操作，将两者混淆，收入不存入银行而直接用于单位购货、费用开支及借款等业务，这些行为就是坐支现金。

简单地说，坐支现金就是收到现金后不送存银行，直接将收到的现金用于开支的行为。企业在支付现金时，可从本单位库存现金限额中支付，也可以从本单位的银行账户中提取，但不得用本单位收到的现金直接支付。因特殊情况需要坐支现金的，应事先报经单位的开户银行审查批准，并核定坐支范围和限额。坐支单位应定期向开户银行报送坐支金额和使用情况，同时，收支的现金必须入账。按照有关规定，允许坐支的单位主要包括如下一些。

◆ 基层供销社、粮店、食品店和委托商店等兼营收购业务的单位向个人收购而支付的款项。

◆ 邮局以汇兑收入款支付个人汇款。

◆ 医院以收入款项退还病人支付的住院押金、伙食费及输血费等。

◆ 饮食店等服务行业的营业找零款项等。

◆ 其他有特殊情况而需要坐支的单位或情况。

允许坐支的单位应严格按照开户银行核定的坐支范围和坐支限额坐支现金，不得超过该范围和限额，同时要在单位的现金账上如实反映。坐支现金的情况关系着企业的会计核算和国家对企业经营状况的监督，如果收入不入账就直接作为现金支付了，国家就很难对企业经营情况进行有效监督。

【实账处理】——坐支现金的实例

某网吧在日常经营中，规定每日收银员负责将营业款存入网吧的开户银行中，老板根据存入金额核算每日收入情况。2019年10月3日，当天营业还未结束，营业额就已达到8 000元，但因客人较多，出现零售断货情况。为了不影响正常营业，收银员直接用收到的部分营业款向供货方进货一批，共980元。假设当日在支付进货款后又收到营业款1 500元，最终，当日存入银行的营业款就为8 520元。

解析：此例中，收银员的这种做法不正确。收银员未经过老板的同意，私自用营业款付购货款，是典型的坐支现金。原本当日存入银行的营业款应为9 500元，结果只有8 520元，这样就不能真实地反映当天的收入情况。按规定，当天的营业款应及时入银行，所发生的支出应单独申请备用金，且从日常的备用金中支出。这样既能准确地反映出每日的营业收入状况，也能更好地核算营业成本，从而达到控制成本的作用。

工资类的结算

工资是工钱（即工作、劳动的报酬）的一种类型，即员工的薪资，是固定工作关系中员工应得的薪酬，是雇主或法定用人单位依据法律规定、行业规定或与员工之间的约定，以货币形式对员工的劳动给予的报酬。一般情况下，工资是公司直接通过银行转入个人银行账户中的，但有些临时工的工资可直接以现金发放。下面我们来看一个案例，了解临时工资的会计处理。

【实账处理】——临时工资的发放

良木公司为了推广公司的产品，2019年7月3日，在委托了某广告公司印刷宣传单后，招聘了5位临时工于2019年7月5日发放宣传单，为期两天，工资60元/天/人。销售部陈勇编制了如图3-34所示的工资表。

出纳员根据审核后的工资表，编制了如下会计分录。

借：应付职工薪酬——临时工资   500

　　贷：库存现金   500

临时工工资表

编制部门：销售部　　2019年7月5日　　单位：元

序号	姓名	标准（元/天）	天数	应发数	实发数	领款人签字
1	张 燕	60	2	120	120	
2	李 婷	60	2	120	120	
3	张中良	60	2	120	120	
4	赵 飞	60	2	120	120	
5	邓 乐	60	2	120	120	
合 计				600	600	

单位领导：李良　　复核：王伍　　编制:陈勇

图3-34

核算良木家居公司2019年10～12月现金收付款业务

本章主要讲述了现金管理和现金收付方面的具体内容。下面通过良木公司2019年10～12月的具体业务进一步了解现金收付款业务。

2019年10月有关现金收付的业务如下。

1．2019年10月3日，记5号凭证。办公室购入办公用品一批，共花费540元，以现金付讫。

借：管理费用——办公费　　540

　　贷：库存现金　　540

2．2019年10月5日，记7号凭证。营业收入15 000元，以现金收讫。该批商品实际成本为10 000元。

主营业务收入=15 000÷（1＋3%）=14 563.11（元）

增值税税额=15 000－14 563.11=436.89（元）

借：库存现金　　15 000

　　贷：主营业务收入　　14 563.11

　　　　应交税费——应交增值税　　436.89

借：主营业务成本   10 000

    贷：库存商品   10 000

3．2019年10月7日，记10号凭证。出纳张义到开户行取现30 000元。

借：库存现金   30 000

    贷：银行存款   30 000

4．2019年10月7日，记11号凭证。销售部赵英出差借备用金2 000元。

借：其他应收款——备用金——赵英   2 000

    贷：库存现金   2 000

5．2019年10月8日，记12号凭证。以库存现金支付国庆期间发生的广告宣传费2 500元。

借：销售费用——广告宣传费   2 500

    贷：库存现金   2 500

6．2019年10月9日，记13号凭证。报销办公室王文购买办公用品一批，现金付款1 380元。

借：管理费用——办公费   1 380

    贷：库存现金   1 380

7．2019年10月9日，记14号凭证。出售一张椅子，收到现金2 400元。这张椅子的实际成本为1 600元。

主营业务收入=2 400÷（1＋3%）=2 330.1（元）

增值税税额=2 400－2 330.1=69.9（元）

借：库存现金   2 400

    贷：主营业务收入   2 330.10

        应交税费——应交增值税   69.90

借：主营业务成本   1 600

    贷：库存商品   1 600

8．2019年10月12日，记15号凭证。赵英出差回来，报销差旅费共2 150元，出纳用现金支付150元。

借：管理费用——差旅费   2 150

    贷：其他应收款——备用金——赵英   2 000

        库存现金   150

9．2019年10月20日，记18号凭证。办公室王文报销通信费450元，职工生活费1 000元。

借：管理费用——通信费   450

  应付职工薪酬——职工福利费   1 000

   贷：库存现金   1 450

10．2019年10月23日，记19号凭证。驾驶员报销车辆使用费324元。

借：管理费用——车辆使用费   324

   贷：库存现金   324

11．2019年10月25日，记21号凭证。销售部赵勇突发疾病住院，良木公司为其垫付医药费共计2 000元，以现金支付。

借：其他应收款——赵勇   2 000

   贷：库存现金   2 000

12．2019年10月31日，记24号凭证。用现金付10月水电费2 595元。

借：管理费用——水电费   2 595

   贷：库存现金   2 595

13．2019年10月31日，记25号凭证。收到营业款5 600元，现金收讫。该批商品的实际成本为3 733元。

主营业务收入=5 600÷（1＋3%）=5 436.89（元）

增值税税额=5 600－5 436.89=163.11（元）

借：库存现金   5 600

   贷：主营业务收入   5 436.89

     应交税费——应交增值税   163.11

借：主营业务成本   3 733

   贷：库存商品   3 733

2019年11月有关现金收付的业务如下。

1．2019年11月2日，记2号凭证。销售部李雪出差借备用金3 000元，出纳以现金付讫。

借：其他应收款——备用金——李雪   3 000

   贷：库存现金   3 000

2．2019年11月5日，记4号凭证。报销财务部门的继续教育费300元。

借：应付职工薪酬——职工教育经费　　　　　　　　　　　300

　　贷：库存现金　　　　　　　　　　　　　　　　　　　　　300

3．2019年11月6日，记5号凭证。收到营业款5 600元，现金收讫。该批商品的实际成本为3 733元。

主营业务收入=5 600÷（1+3%）=5 436.89（元）

增值税税额=5 600−5 436.89=163.11（元）

借：库存现金　　　　　　　　　　　　　　　　　　　　　5 600

　　贷：主营业务收入　　　　　　　　　　　　　　　　　5 436.89

　　　　应交税费——应交增值税　　　　　　　　　　　　163.11

借：主营业务成本　　　　　　　　　　　　　　　　　　　3 733

　　贷：库存商品　　　　　　　　　　　　　　　　　　　3 733

4．2019年11月7日，记6号凭证。李雪报差旅费2 150元，退回850元。

借：库存现金　　　　　　　　　　　　　　　　　　　　　850

　　管理费用——差旅费　　　　　　　　　　　　　　　　2 150

　　　　贷：其他应收款——备用金——李雪　　　　　　　3 000

5．2019年11月13日，记9号凭证。付广告宣传费720元，现金付讫。

借：销售费用——广告宣传费　　　　　　　　　　　　　　720

　　贷：库存现金　　　　　　　　　　　　　　　　　　　720

6．2019年11月17日，记12号凭证。赵勇以现金形式退还企业为其垫付的医疗费2 000元。

借：库存现金　　　　　　　　　　　　　　　　　　　　　2 000

　　贷：其他应收款——赵勇　　　　　　　　　　　　　　2 000

7．2019年11月20日，记14号凭证。付办公费572元，现金付讫。

借：管理费用——办公费　　　　　　　　　　　　　　　　572

　　贷：库存现金　　　　　　　　　　　　　　　　　　　572

8．2019年11月20日，记15号凭证。办公室王文报销通信费470元，职工生活费1 105元。

借：管理费用——通信费　　　　　　　　　　　　　　　　470

　　应付职工薪酬——职工福利费　　　　　　　　　　　　1 105

　　　　　贷：库存现金　　　　　　　　　　　　　　　　　　　　1 575

　　9. 2019年11月25日，记16号凭证。收到营业款7 250元，现金收讫。该批商品的实际成本为4 833元。

　　　主营业务收入=7 250÷（1＋3%）=7 038.83（元）

　　　增值税税额=7 250－7 038.83=211.17（元）

　　　借：库存现金　　　　　　　　　　　　　　　　　　　　　7 250

　　　　　贷：主营业务收入　　　　　　　　　　　　　　　　　7 038.83

　　　　　　　应交税费——应交增值税　　　　　　　　　　　　211.17

　　　借：主营业务成本　　　　　　　　　　　　　　　　　　　4 833

　　　　　贷：库存商品　　　　　　　　　　　　　　　　　　　4 833

　　10. 2019年11月28日，记17号凭证。驾驶员报销车辆使用费370元。

　　　借：管理费用——车辆使用费　　　　　　　　　　　　　　370

　　　　　贷：库存现金　　　　　　　　　　　　　　　　　　　　370

　　11. 2019年11月28日，记18号凭证。报销业务招待费1 528元。

　　　借：管理费用——业务招待费　　　　　　　　　　　　　　1 528

　　　　　贷：库存现金　　　　　　　　　　　　　　　　　　　1 528

　　12. 2019年11月29日，记20号凭证。购买一台3 000元的笔记本电脑。

　　　借：固定资产　　　　　　　　　　　　　　　　　　　　　3 000

　　　　　贷：库存现金　　　　　　　　　　　　　　　　　　　3 000

　　13. 2019年11月30日，记21号凭证。用现金付11月水电费2 870元。

　　　借：管理费用——水电费　　　　　　　　　　　　　　　　2 870

　　　　　贷：库存现金　　　　　　　　　　　　　　　　　　　2 870

2019年12月有关现金收付的业务如下。

　　1. 2019年12月4日，记3号凭证。报销邮寄费70元。

　　　借：管理费用——通讯费　　　　　　　　　　　　　　　　70

　　　　　贷：库存现金　　　　　　　　　　　　　　　　　　　　70

　　2. 2019年12月8日，记5号凭证。收到营业款8 100元，现金收讫。该批商品的实际成本为5 400元。

主营业务收入=8 100÷（1＋3%）=7 864.08（元）

增值税税额=8 100－7 864.08=235.92（元）

借：库存现金   8 100

  贷：主营业务收入   7 864.08

    应交税费——应交增值税 235.92

借：主营业务成本   5 400

  贷：库存商品   5 400

3．2019年12月11日，记6号凭证。报销广告费1 920元。

借：销售费用——广告费   1 920

  贷：库存现金   1 920

4．2019年12月11日，记7号凭证。提取现金20 000元。

借：库存现金   20 000

  贷：银行存款   20 000

5．2019年12月11日，记8号凭证。驾驶员报销车辆使用费812元。

借：管理费用——车辆使用费   812

  贷：库存现金   812

6．2019年12月11日，记9号凭证。收到营业款24 500元，现金收讫。该批商品的实际成本为16 333元。

主营业务收入=24 500÷（1＋3%）=23 786.41（元）

增值税税额=24 500－23 786.41=713.59（元）

借：库存现金   24 500

  贷：主营业务收入   23 786.41

    应交税费——应交增值税 713.59

借：主营业务成本   16 333

  贷：库存商品   16 333

7．2019年12月12日，记11号凭证。收到营业款21 000元，现金收讫。该批商品的实际成本为12 000元。

主营业务收入=21 000÷（1＋3%）=20 388.35（元）

增值税税额=21 000－20 388.35=611.65（元）

借：库存现金   21 000

　　　　　　贷：主营业务收入　　　　　　　　　　　　　　　20 388.35

　　　　　　　　应交税费——应交增值税　　　　　　　　　　611.65

　　　　借：主营业务成本　　　　　　　　　　　　12 000

　　　　　　贷：库存商品　　　　　　　　　　　　　　　　　12 000

　　8. 2019年12月12日，记12号凭证。报销办公费1 550元。

　　　　借：管理费用——办公费　　　　　　　　　1 550

　　　　　　贷：库存现金　　　　　　　　　　　　　　　　　1 550

　　9. 2019年12月15日，记14号凭证。办公室王文借备用金2 700元。

　　　　借：其他应收款——备用金——王文　　　　2 700

　　　　　　贷：库存现金　　　　　　　　　　　　　　　　　2 700

　　10. 2019年12月17日，记15号凭证。报销业务招待费1 075元。

　　　　借：管理费用——业务招待费　　　　　　　1 075

　　　　　　贷：库存现金　　　　　　　　　　　　　　　　　1 075

　　11. 2019年12月28日，记20号凭证。报销会务费2 140元。

　　　　借：管理费用——会务费　　　　　　　　　2 140

　　　　　　贷：库存现金　　　　　　　　　　　　　　　　　2 140

　　12. 2019年12月30日，记21号凭证。办公室王文报销通讯费465元，职工生活费1 065元。

　　　　借：管理费用——通讯费　　　　　　　　　　465

　　　　　　应付职工薪酬——职工福利费　　　　　1 065

　　　　　　贷：库存现金　　　　　　　　　　　　　　　　　1 530

　　13. 2019年12月31日，记24号凭证。用现金付12月水电费2 500元。

　　　　借：管理费用——水电费　　　　　　　　　2 500

　　　　　　贷：库存现金　　　　　　　　　　　　　　　　　2 500

　　14. 2019年12月31日，记32号凭证。将现金90 000元存入银行。

　　　　借：银行存款　　　　　　　　　　　　　　90 000

　　　　　　贷：库存现金　　　　　　　　　　　　　　　　　90 000

2019年10~12月良木公司其他业务如下。

　　1. 2019年10月1日，记1号凭证。良木公司收到上海光明家具厂投资AX设备一台作为投资款，价值为75 000元。

        借：固定资产   75 000

            贷：实收资本——上海光明家具厂   75 000

2．2019年10月6日，记9号凭证。良木公司向德惠木材公司购进原材料46 800元，暂未付款。

        借：原材料   46 800

            贷：应付账款——德惠木材公司   46 800

3．2019年12月25日，记19号凭证。良木公司向A公司销售货物，共计30 000元，未收到货款。双方约定，A公司10日内付款就享受现金折扣3%。该批货物的实际成本为13 500元。

        主营业务收入=30 000÷（1+3%）=29 126.21（元）

        增值税税额=30 000－29 126.21＝873.79（元）

        借：应收账款——A公司   30 000

            贷：主营业务收入   29 126.21

                应交税费——应交增值税   873.79

        借：主营业务成本   13 500

            贷：库存商品   13 500

银行账户要分立——银行业务处理

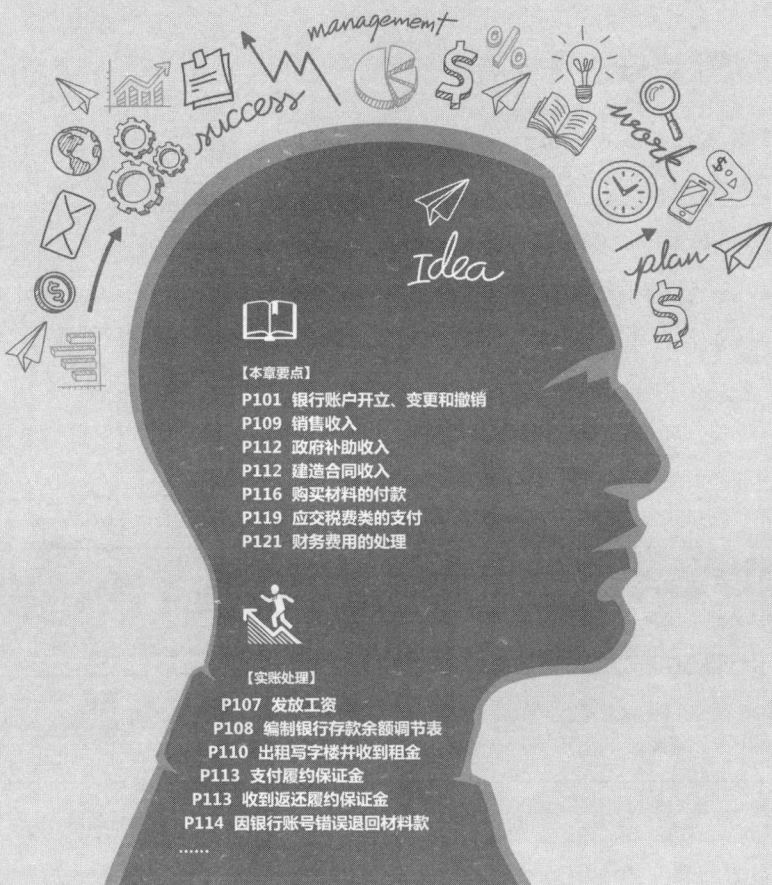

Idea

【本章要点】
P101　银行账户开立、变更和撤销
P109　销售收入
P112　政府补助收入
P112　建造合同收入
P116　购买材料的付款
P119　应交税费类的支付
P121　财务费用的处理

【实账处理】
P107　发放工资
P108　编制银行存款余额调节表
P110　出租写字楼并收到租金
P113　支付履约保证金
P113　收到返还履约保证金
P114　因银行账号错误退回材料款
......

银行账户管理概述

公司的日常经营活动中会涉及大量的资金往来，除了规定范围内可支取现金的业务外，其他超过现金结算起点的大额支出、异地或不能当面支付现金的业务等，都要使用银行账户结算款项，保证资金安全和使用方便，也能更好地管理资金。企业应结合实际情况在所在地的某银行开立单位银行结算账户。本节主要从银行结算账户的概念出发，详细讲解账户的开立程序和常见的银行存款业务。

银行结算账户概念与特点

银行结算账户（bank settlement accounts）是指存款人在经办银行开立的办理资金收付结算的人民币活期存款账户。

（1）银行结算账户的分类

不同单位所需的银行结算账户类型是不相同的，因此，了解账户类型对处理业务很有帮助。下面就根据不同的分类依据认识银行结算账户的种类。

◆ 存款人不同

根据不同的存款人，银行结算账户可分为个人银行结算账户和单位银行结算账户。具体如表4-1所示。

表 4-1

分类	概念	说明
个人银行结算账户	自然人以身份证或相应的证件开立的银行结算账户	用于办理个人转账收付和现金支取等业务，而储蓄账户仅限于办理现金存取业务，不得办理转账结算
单位银行结算账户	存款人以单位名义开立的银行结算账户	单位从其银行结算账户支付给个人银行结算账户的款项，每笔超过5万元（不含）的，应向其开户银行提供相关付款依据

◆ 开户地不同

根据不同的开户地，银行结算账户可分为本地银行结算账户和异地银行结算账户。本地银行结算账户是指存款人符合法定条件，在营业执照注册地开立的银行账户，如基本存款账户和一般存款账户等。异地银行结算账户是指存款人符合法定条件，根据需要在异地开立的账户。存款人有如图4-1所示的情形之一的，可以在异地开立有关银行结算账户。

① 营业执照注册地与经营地不在同一行政区域（跨省、市或县），需要开立基本存款账户的。

② 办理异地借款和其他结算需要开立一般存款账户的。

③ 存款人因附属的非独立核算单位或派出机构发生的收入汇缴或业务支出需要开立专用存款账户的。

④ 异地临时经营活动需要开立临时存款账户的。

⑤ 自然人根据需要在异地开立个人银行结算账户的。

图4-1

◆ 用途不同

根据不同的用途，银行结算账户可分为基本存款账户、一般存款账户、专用存款账户和临时存款账户。具体内容如表4-2所示。

表 4-2

分类	概念	说明
基本存款账户	存款人因办理日常转账结算和现金收付业务需要开立的银行结算账户	基本存款账户是单位的主办账户，其他银行结算账户的开立必须以基本存款账户的开立为前提，可办理日常转账结算和现金支取
一般存款账户	存款人在基本存款账户的开户银行以外的银行营业机构开立的银行结算账户	一般存款账户可以办理现金缴存，但不得办理现金支取
专用存款账户	存款人对其特定用途资金进行专项管理和使用而需要开立的银行结算账户	特定用途资金主要包括基本建设资金、更新改造资金和证券交易结算资金等需专户管理的资金
临时存款账户	存款人因临时需要并在规定期限内使用而需要开立的银行结算账户	临时存款账户应根据有关开户证明文件确定的期限或存款人的需要确定有效期限，最长不得超过两年

（2）银行结算账户的使用原则

单位在开立和使用银行结算账户时，必须遵守《人民币银行结算账户管理办法》的有关规定和原则，具体有以下几个方面。

◆ 一个单位只能开立一个基本存款账户

当一个单位已经在某银行开立了一个基本存款账户，且已经办妥相关备案手续，则不能再在同一个银行重复开立基本存款账户，但可以根据需要开立除基本存款账户以外的账户。

◆ 存款人可自主选择开户银行

存款人可根据单位的地理位置、发生的经济业务类型以及款项支付方式等自由选择开户银行，没有规定必须在某个银行开立账户。但单位在办理银行账户开立手续时要提供真实、有效的文件。

◆ 严格遵守法律法规

根据有关法律法规的规定，除了基本存款账户可以支取现金外，其他类别的存款账户不得支取现金，但专用存款账户中的基本建设资金、更新改造资金和政策性房地产开发资金账户需要支取现金的，在开户时报中国人民银行当地分支行批准后也可支取现金。注意，不合法的收入不能存入银行结算账户。对于这些规定，我们应严格遵守并执行，不得违背，否则要承担相应的责任。

◆ 单位结算账户不得任意向个人银行结算账户划转资金

根据《人民币银行结算账户管理办法》的规定，只有合法的收入才能通过单位结算账户转入个人银行结算账户，单位转账支付给个人的款项必须向银行提供合法的（收）付款依据，款项达到应纳税标准的，税收代扣单位付款时应向其开户银行提供完税证明。

（3）银行结算账户的管理

银行结算账户直接关系着单位的资金安全，所以出纳人员有义务和责任对结算账户进行妥善管理。银行结算账户的管理主要包括实名制管理、账户变更事项的管理、存款人预留银行签章的管理以及对账管理这4个基本内容。

◆ **实名制管理**：存款人应按账户管理规定使用银行结算账户办理结算业务，不得出租、出借或利用银行结算账户套取银行信用或进行洗钱。

◆ **账户变更事项管理**：存款人申请临时存款账户展期，或变更、撤销单位银行结算账户，可由法定代表人或单位负责人办理，也可授权他人办理。

◆ **存款人预留银行签章的管理**：存款人预留的银行签章是日后办理业务的重要依据，所以在预留印章时要根据开户行的具体规定做到如表4-3所示的一些要求。

表4-3

预留印章的管理	说明
单位遗失或更换预留公章或财务专用章	单位遗失预留公章或财务专用章时，应向开户银行出具书面申请及营业执照等相关证明文件；更换预留公章或财务专用章时，应向开户银行出具书面申请及原预留公章或财务专用章等相关证明文件

续表

预留印章的管理	说明
个人遗失或更换预留个人印章、更换签字人	应向开户银行出具经签名确认的书面申请及原预留印章或签字人的个人身份证件

◆ **对账管理**：银行结算账户的存款人应按规定与银行及时核对账目。各单位根据实际情况和业务量可以每月末到开户行打印对账单，然后与单位的银行存款账面余额进行核对；如果发生的业务量较多，可以每日终了后与开户银行进行核对，以免发生漏记和重记。

银行账户开立、变更和撤销

各单位都应在注册地或单位法人住所地开立银行结算账户，符合规定可以在异地开立银行结算账户的除外。随着业务的不断变化和扩张，单位名称或法人名称发生变更的，账户的信息也要及时变更；当单位注销或银行账户不再使用时，要根据开户行的要求办理撤销银行账户业务。

（1）银行账户的开立

单位开立银行结算账户的名称应与提供的申请开户的证明文件的名称全称一致。如果单位的名称过长，可使用规范化简称，但必须与预留银行的印章一致，并与银行在管理协议上明确约定。

有字号的个体工商户开立银行结算账户的，名称应与其营业执照上的字号一致；无字号的个体工商户开立银行结算账户的，名称由"个体户"字样和营业执照记载的经营者姓名组成。无论是哪种企业、组织开立银行结算账户，步骤是相同的，具体如表4-4所示。

表 4-4

步骤	操作
第一步	根据开户银行具体要求填写开户申请表，具体格式根据各银行提供的为准
第二步	提供开户行要求的资料，并送交盖有存款人印章的"印鉴卡"
第三步	开户银行审核存款人提供的所有资料
第四步	开户银行审核资料后，在 5 个工作日内将申请材料送交中国人民银行当地分支机构审核
第五步	审核无误后，中国人民银行当地分支机构确定账号，由开户申请单位或个人协助办理银行结算账户开立的备案登记手续

开户申请表一般有两页，表中的内容按开户行的要求填写，所填写的内容必

须和单位的基本信息一致，并且提供相关证明材料，加盖公章，不得伪造、变造材料，否则，单位负责人要承担相应的法律责任。

有关人员在办理业务时，银行要审核申请人的印鉴是否和印鉴卡上预留的一致，以免被人盗用。印鉴卡格式如图4-2所示。

图4-2

当银行审核资料无误后，银行给开户单位发放开户许可证，如图4-3所示。

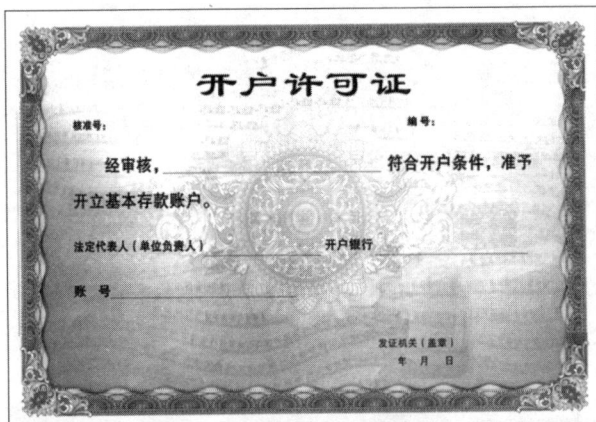

图4-3

注意，中国人民银行在2018年5月发布了《关于试点取消企业银行账户许可证核发的通知》，自2018年6月11日起，在试点地区企业开立基本存款账户的由核准制改为备案制，不再核发基本存款账户开户许可证，且要求2018年底前完成试点工作，2019年修订《人民币银行结算账户管理办法》及相关配套制度，尽快在全国范围内将银行开户核准制改为备案制。

◆ 基本存款账户的开立

具有民事权利能力和民事行为能力，并依法独立享有民事权利、承担民事义务的法人和其他组织都可申请开立基本存款账户。有些单位虽不是法人组织，但具有独立核算资格且有自主办理资金结算需要，也允许开立基本存款账户。申请开立基本存款账户时应出具的证明文件如表4-5所示。

表 4-5

存款人类别	开户资料	共同所需资料
企业法人	五证合一后的企业法人营业执照正本	1. 法人（负责人）身份证复印件； 2. 经办人身份证原件及复印件
机关和实行预算管理的事业单位	政府人事部或编制委员会的批文或登记证书（即《事业单位法人登记证书》）和财政部门同意其开户的证明；因年代久远或批文丢失等不能提供这些证明的，凭上级单位或主管部门出具的证明及财政部门同意其开户的证明开立基本存款账户	
非预算管理的事业单位	政府人事部门或编制委员会的批文或登记证书（即《事业单位法人登记证书》）	
非法人企业	企业营业执照正本	
社会团体	社会团体登记证书，宗教组织还应出具宗教事务管理部门的批文或证明	
民办非企业组织	民办非企业登记证书	
个体工商户	个体工商户营业执照	
单位附属独立核算的食堂、招待所和幼儿园	其主管部门的基本存款账户的开户证明和批文	
军队、武警团级（含）以上单位及有关边防、分散执勤的支（分）队	军队军级以上单位财务部门、武警总队财务部门的开户证明	
异地常设机构	其驻在地政府主管部门的批文，对于已经取消对外地常设机构审批的省（市），应出具派出地政府部门的证明文件	
居民、村民、社区等委员会，以及按现行法律法规规定可成立的业主委员会和村民小组	政府主管部门的批文或证明	
其他组织	有权部门的批文	
外国驻华机构	国家有关主管部门的批文或证明，外资企业驻华代表、办事处等，应出具国家登记机关颁发的登记证	

◆ 其他存款账户的开立

除了基本存款账户外，企业还可以根据业务需要和银行要求开立其他存款账户。不同账户所需的资料如表4-6所示。

表 4-6

账户类型	开户资料	共同所需资料
一般存款账户	因向银行借款需要，出具借款合同；因其他结算需要，出具有关证明	基本存款账户的开户资料，有开户许可证的还应提供开户许可证
专用存款账户	1. 有权部门对资金需要专项管理和使用的法规、规章、批文或证明文件	
	2. 存款人因其他结算需要出具的主管部门批文或相关证明	
临时存款账户	1. 临时机构：驻在地主管部门同意设立临时机构的批文	
	2. 异地从事临时经营活动的单位：临时经营地工商行政管理部门的批文和其营业执照正本	
	3. 异地建筑施工及安装单位：营业执照正本或其隶属单位的营业执照正本，以及施工及安装地建设主管部门核发的许可证或建筑施工及安装合同。外国及港、澳、台地区的建筑施工及安装单位，应出具行业主管部门核发的资质准入证明	
	4. 境内单位在异地从事临时活动的以及外国和港、澳、台地区的机构在境内从事经营活动的：政府有关部门批准其从事该项活动的证明文件	
	5. 军队、武警单位因执行作战、演习、抢险救灾和应对突发事件等任务需要开立银行账户时，出具军队、武警团级以上单位后勤（联勤）部门出具的批件或证明	
	6. 注册验资：工商行政管理部门核发的《企业名称预先核准通知书》或有关部门批文	
	7. 增资验资：股东会或董事会增资决议等证明文件	

（2）银行结算账户的变更

变更是指存款人的账户信息或资料发生变化或改变。根据银行结算账户管理的要求，存款人变更账户名称、单位的法定代表人或主要负责人及地址等其他开户资料后，应及时向开户银行办理变更手续，填写变更银行结算账户申请书。属于申请变更单位银行结算账户的，应加盖单位公章；属于申请变更个人银行结算账户的，应加盖个人签章。

在变更时，根据变更内容的重要性和办理手续的简易程度，银行对于变更事项所需提供的资料和期限也有不一样的要求，具体规定如下。

◆ 存款人更改名称，但不改变开户银行及账号的，应于5个工作日内向开户银行提出银行结算账户的变更申请，并出具有关部门的证明文件。

◆ 单位的法定代表人或主要负责人、住址以及其他开户资料发生变更时，应于5个工作日内书面通知开户银行并提供有关证明。

◆ 属于变更开户许可证记载事项的，存款人办理变更手续时，应上交开户许可证（实行银行开户备案制的除外），由中国人民银行当地分支机构换发新的开户许可证。变更申请表如图4-4所示。

中国人民银行

变更银行结算账户申请书

账户名称				
开户银行代码			账号	
账户性质	基本（　）一般（　）专用（　）临时（　）个人（　）			
开户许可证核准号				
变更事项及变更后的内容如下：				
账户名称				
地址				
邮政编码				
电话				
注册资金规模				
证明文件种类				
证明文件编号				
经营范围				
法定代表人或单位负责人	姓　名			
	证件种类			
	证件号码			
关联企业	变更后的关联企业信息列在"关联企业登记表"中			
上级法人或主管单位的基本存款账户核准号				
上级法人或主管单位的名称				
上级法人或主管	姓　名			

图4-4

（3）银行结算账户的撤销

撤销是指存款人因开户资格或其他原因终止银行结算账户使用的行为。存款人申请撤销银行结算账户时，应填写撤销银行结算账户申请书。属于申请撤销单位银行结算账户的，应加盖单位公章；属于申请撤销个人银行结算账户的，应加盖个人签章。银行在收到存款人撤销银行结算账户的申请后，对于符合销户条件的，应在两个工作日内办理撤销手续。银行结算账户撤销申请表如图4-5所示。

撤销银行结算账户申请表

账户名称	
开户银行名称	
开户银行代码	账 号
账户性质	基本（ ） 专用（ ） 一般（ ） 临时（ ） 个人（ ）
开户许可证核准号	
销户原因	
本存款人申请撤销上述银行账户，承诺所提供的证明文件真实、有效。 存款人（签章） 年 月 日	开户银行审核意见： 经办人（签章）　　　　　开户银行（签章） 　　　　　　　　　　　　年 月 日

填表说明：
1、带括号的选项填"√"。
2、本申请书一式三联，一联存款人留存，一联开户银行留存，一联中国人民银行当地支行留存。

图4-5

存款人撤销银行结算账户前，必须与开户银行核对银行结算账户的存款余额，交回各种重要空白票据、结算凭证和开户许可证（实行银行开户备案制的不提供），银行核对无误后方可办理销户手续。如有下列所示情形之一的，存款人应向开户银行提出撤销银行结算账户的申请。

◆ 被撤并、解散、宣告破产或关闭的。

◆ 注销或被吊销营业执照的。

◆ 因迁址需要变更开户银行的。

撤销银行结算账户时，应先撤销一般存款账户、专用存款账户和临时存款账户，将这些账户中的资金转入基本存款账户后，方可办理基本存款账户的撤销。银行得知存款人有以上第1、2条情形的，存款人超过规定期限未主动办理撤销银行结算账户手续的，银行有权停止其银行结算账户的对外支付。存款人因以上第3条情形撤销基本存款账户后，需重新开立基本存款账户的，应在撤销其原基本存款账户后10日内申请重新开立基本存款账户。

存款人尚未清偿其开户银行债务的，不得申请撤销该银行的结算账户。对于按照账户管理规定应撤销而未办理销户手续的单位银行结算账户，银行通知该单位银行结算账户的存款人，自发出通知之日起30日内办理销户手续，逾期视同自愿销户，未划转款项将列入久悬未取专户管理。存款人撤销核准类银行结算账户时，应交回开户许可证；备案类银行结算账户没有开户许可证，也就无须交回。

银行回单要及时拿回

银行存款账面余额要定期与开户行的银行对账单进行核对，以检查银行存款收付及结存情况，防止单位漏记、错记或重记款项，保证存款账目的正确性。单位应及时核算与银行存款相关的账目，并按期对银行存款进行清查。

（1）银行存款的会计核算

银行存款的会计核算分为总分类核算与序时核算，具体内容如下。

◆ 银行存款的总分类核算

总分类核算就是总账中的核算。为了核算企业的银行存款收、付、存情况，企业在总账中必须设置"银行存款"账户，该账户属于资产类账户。根据银行回单，借方登记银行存款的增加额，贷方登记银行存款的减少额，余额一般在借方，反映企业银行存款的余额数。

【实账处理】——发放工资

2019年7月8日，某企业准备发放6月的职工工资，出纳填制一张现金支票，从银行提取现金80 000元，支票存根联如图4-6所示，并根据支票存根联填制了付款凭证，会计分录如下。

中国建设银行
现金支票存根

附加信息
＿＿＿＿＿＿＿＿＿＿＿＿＿＿＿＿＿
＿＿＿＿＿＿＿＿＿＿＿＿＿＿＿＿＿

出票日期	2019年	7 月	8 日
收款人：	某企业		
金　额：	80000.00		
用　途：	发放职工工资		
单位主管		会计	

图4-6

　借：库存现金　　　　　　　　　　　　　80 000

　　　贷：银行存款　　　　　　　　　　　　　80 000

◆ 银行存款的序时核算

银行存款的序时核算就是对银行存款日记账的登记。为了及时反映企业的银行存款的收付情况，企业必须设置"银行存款日记账"账簿。银行存款日记账由出纳人员根据银行存款的有关记账凭证，收一笔记一笔，付一笔记一笔，每日结出余额，并定期与银行对账单和总账进行核对。

（2）银行存款的清查

由于企业和银行之间存在时间性记账差异，可能引起企业银行存款的账面余额与开户行所提供的银行对账单的银行存款余额不一致，这时就需要将银行存款日记账和银行流水一笔一笔地核对，同时编制银行存款余额调节表进行未达账项的查找，直至找到余额不一致的原因，并及时进行相应的处理，使两者数额相等。银行提供的对账单必须要加盖业务章。注意，银行存款余额调节表并不是记账依据，它只是一种对账工具。

【实账处理】——编制银行存款余额调节表

2019年5月31日，甲公司银行存款的账面余额为890 563.45元，而在银行打印的银行对账单上显示余额为884 321.59元。出纳根据银行流水明细和银行存款日记账逐笔核对，发现出纳少记了一笔付款业务，银行流水显示，2019年5月28日付零星材料款6 241.86元。出纳员编制了如图4-7所示的银行存款余额调节表。

银行存款余额调节表

编制单位：甲公司　　　　　　　　　　2019年5月份　　　　　　　　金额单位：元

银行账号：5100 4321 2456 ××××　　　开户行：　　　　　　　　　币种：人民币

项　　目	金　额	银行对账单余额	金　额
企业银行存款账面余额	890563.45	银行对账单余额	884321.59
加：银行已收而企业未收的款项	0.00	加：企业已收而银行未收的款项	0.00

序号	记账日期	票据号码	摘　　要		序号	记账日期	票据号码	摘　　要	

减：银行已付而企业未付的款项	6241.86	减：企业已付而银行未付的款项	0.00

序号	记账日期	票据号码	摘　　要	金额	序号	记账日期	票据号码	摘　　要	
1	2016.5.28		付零星材料款	6241.86					

调节后的存款余额：	884321.59	调节后的存款余额：	884321.59

财务主管：×× 　　　复核：×× 　　　　　出纳：×× 　　　　××年 　×× 月 ×× 日

图4-7

经过调整，银行存款的账面余额和银行对账单余额一致，该余额是企业当前可支配的银行存款数额。

现金多了存银行

企业之间的业务往来导致资金流动频繁，为了保证资金安全，除了在规定的库存现金限额范围内的现金留在公司内部，其余现金均要存入企业的银行账户。而且大额的营业收入一般直接通过银行转账、汇款等方式转入企业的银行账户。

销售收入

销售收入是指企业在一定时期内销售产品的货币收入总额，也称营业收入。营业收入按经济业务发生的重要性，一般可分为主营业务收入和其他业务收入。用公式表示等量关系为：销售收入＝产品销售数量×产品单价。

（1）主营业务收入

主营业务收入指企业经常性的、主要业务产生的基本收入，如工业、制造业等销售产品、半成品和提供工业性劳务作业取得的收入；商品流通企业的商品销售收入；旅游服务业的门票收入、客户收入及餐饮收入等。主营业务收入发生时计入贷方，月末从借方转入本年利润的贷方，故"主营业务收入"科目月末没有余额。主营业务收入可以记录当月发生额，也可设置累计发生额栏，累计栏填写本会计年度截止到当期的累计发生额。

【实账处理】——销售商品一批

某造纸厂主要生产办公用的打印纸，是小规模纳税人，适用税率为3%。2019年8月12日，销售一批A3、A4打印纸，销售额为50 000元。当天收到银行存款价税合计51 500元，并打印出如图4-8所示的银行回单。

中国建设银行客户专用回单

币别：人民币　　　　　　　　　　　　2019年8月12日

付款人	全　称	得胜办公用文具店	收款人	全　称	好帮手造纸厂
	账　号	2100 3452 7908 0984 ××××		账　号	5100 2345 5150 4321 ××××
	开户行	中国工商银行		开户行	中国建设银行
金额		伍万壹仟伍佰元整		小写	51500.00
凭证种类			凭证号码		
结算方式			用途		购货款
摘要					

图4-8

增值税税额=50 000×3%=1 500（元），开具如图4-9所示的发票。

四川增值税普通发票							
发 票 联						开票日期：2019年8月12日	
购买方	名称：得胜办公文具店 纳税人识别号：××××× 地址、电话：028-××××× 开户行及账号：6252×××××			密码区			
货物或应税劳务、服务名称	规格型号	单位	数量	单价	金额	税率	税额
A3纸、A4纸		箱	400	125	50000	3%	1500
合　计							
价税合计（大写）	伍万壹仟伍佰元整			（小写）￥51500.00			
销售方	名称：好帮手造纸厂 纳税人识别号：××××× 地址、电话：028-××××× 开户行及账号：6234×××××			备注			
复核：　××		开票人：××				销售方：××	

图4-9

根据发票和银行回单编制以下会计分录。

借：银行存款　　　　　　　　　　　　51 500

　　贷：主营业务收入　　　　　　　　　　　50 000

　　　　应交税费——应交增值税　　　　　　 1 500

（2）其他业务收入

其他业务收入是指企业主营业务收入以外的所有销售商品、提供劳务及让渡资产使用权等日常活动中形成的经济利益的流入，如材料物资及包装物销售、转让无形资产使用权、固定资产和包装物出租以及废旧物资出售等取得的收入。其他业务收入是企业从事除主营业务以外的其他业务活动所取得的收入，具有不经常发生的特点，每笔业务金额一般较小，占收入的比重较低。

【实账处理】——出租写字楼并收到租金

2019年5月20日，甲公司将自有的一幢写字楼出租给乙公司，并签订租赁合同。合同中约定乙公司于每月20日支付下月房租，租金每月为80 000元。5月20日，甲公司收到乙公司汇到单位账户的租金，并打印出如图4-10所示的银行回单，会计分录如下。

借：银行存款　　　　　　　　　　　　80 000

　　贷：其他业务收入——出租写字楼租金收入　80 000

中国建设银行客户专用回单

币别：人民币   2019年5月20日

付款人	全　称	乙公司			收款人	全　称	甲公司	
	账　号	××××				账　号	××××	
	开户行	中国建设银行				开户行	××银行	
金额	捌万元整				小写：80000.00			
凭证种类					凭证号码			
结算方式					用途	房屋租金		
摘要：收到乙公司支付的房租。								

图4-10

（3）营业外收入

营业外收入是指企业确认与其生产经营活动没有直接关系的各种收入。营业外收入并不是由企业经营资金耗费所产生的，不需要企业付出代价，实际上是一种纯收入，不需要与有关费用进行配比，它主要包括非流动资产处置利得、非货币性资产交换利得、债务重组利得、政府补助、盘盈利得和捐赠利得等。

【实账处理】——核对银行存款，盘盈所得

月末，出纳人员与单位开户行核对银行存款，发现对账单的金额大于账面余额，经过逐笔核对，发现2019年5月15日收到一笔销售款，销售价款合计共50 980元，实际收到51 000元。与客户沟通后最终将多收入的20元作为营业外收入处理。开具了如图4-11所示的收据，同时在5月15日确认多收销售价款为营业外收入，会计分录如下。

收　据   No.××××××

日期：　2019　年　5　月　15　日

收　　到　银行盘盈所得

备注：银行存款收入

金额（大写）零拾零万零仟零佰贰拾零元零角零分　¥20.00

附　注：

发据单位盖章　　会计 王伍　　出纳 张义　　经手人 张义

①存根（白）②收据（红）③记账（蓝）

图4-11

借：银行存款   20

  贷：营业外收入——流动资产盘盈   20

如果是原材料盘盈，则需要通过"待处理财产损溢"科目进行过渡核算，最终根据报经审批意见，将盘盈的原材料计入"管理费用"科目。如果是固定资产盘盈，则需通过"以前年度损益调整"科目进行过渡核算，最终根据报经审批意见，将盘盈的固定资产计入"资产处置损益"科目或营业外收支科目。

政府补助收入

这里所称的政府补助收入是指民间非营利组织接受政府拨款或者政府机构给予的补助而取得的收入，通常直接以银行存款转账，应按照实际收到的金额入账。它与营利性企业获得政府补助的会计处理不同。

如果民间非营利组织接受政府补助所获得的资产为非现金资产，则其计量方式与接受捐赠的非现金资产的计量方式是一致的。

【实账处理】——取得政府补贴30万元

甲企业为非营利组织企业，近期资金困难，为了安置职工就业，2019年6月5日，甲企业按照国家有关规定申请财政补贴资金30万元，并办理了补贴资金的申请手续。2019年6月25日，甲企业实际收到了30万元的政府补助，应做如下的会计分录。

借：银行存款   300 000

  贷：政府补助收入——限定性收入   300 000

民间非营利组织的政府补助收入应视相关资产提供者对资产的使用是否设置了限制，分为限定性收入和非限定性收入进行核算。

建造合同收入

建造合同是指为了一项或数项在设计、技术、功能和最终用途等方面密切相关的资产而订立的合同。其中，所建造的资产主要包括房屋、道路、桥梁和水坝等建筑物，以及船舶、飞机和大型机械设备等。建造合同收入包括合同规定的初始收入和因合同变更、索赔或奖励等形成的收入。

【实账处理】——支付履约保证金

2019年5月14日，某施工单位甲与高速公路公司乙签订建造合同，合同约定由甲单位承建某段高速公路，2019年6月3日开工，合同工期为两年，合同金额为400万元。乙公司要求甲单位在开工日前缴纳5万元履约保证金，在质保期满后予以返还。乙公司承诺在开工之日支付预付账款10万元，从第二次计价款中扣除。

2019年5月23日，甲单位向乙公司支付履约保证金，银行付讫。甲单位应编制如下会计分录。

借：其他应收款——履约保证金　　　50 000
　　贷：银行存款　　　　　　　　　　　50 000

【实账处理】——收到工程款

承接上一个案例，2019年5月15日，甲单位根据施工进度进行第一次计价，金额为859 872元，2019年5月22日，收到乙公司第一次计价款859 872元。甲单位在5月22日收到工程款时应做如下会计分录。

借：银行存款　　　　　　　　　　　859 872
　　贷：应收账款——应收工程款　　　859 872

【实账处理】——收到返还履约保证金

承接上述两个案例，2019年5月24日，乙公司返还甲单位履约保证金50 000元。甲单位在收到返还的履约保证金时应编制如下会计分录。

借：银行存款　　　　　　　　　　　50 000
　　贷：其他应收款——履约保证金　　50 000

其他应收款的收入

其他应收款通常包括暂付款，是指企业在商品交易业务以外发生的各种应收、暂付款项。该科目核算企业除了买入返售金融资产、应收票据、应收账款、预付账款、应收股利、应收利息、应收代位追偿款、应收分保账款、应收分保合同准备金和长期应收款等以外的其他各种应收及暂付款项。

【实账处理】——收取职工返还的医疗费

丙公司职工小张于2019年5月21日突发疾病，昏迷不醒，同事紧急送往医院进行抢救，丙公司垫付了全部的医疗费。经过一段时间的休养，小张身体恢复健康并能正常上班。2019年7月12日，小张将公司为其垫付的1万元医疗费汇入公司账户，丙公司收到小张返还的医疗费时应编制的会计分录如下。

借：银行存款   10 000

  贷：其他应收款——垫付款   10 000

【实账处理】——向职工收取生活费

某建筑企业在外地有一个项目，项目上规定职工每天的生活费标准为15元，其中，项目部承担10元，职工个人根据考勤每天承担5元并从每月的工资中代收。2019年7月，项目部共发生生活费3 219元，其中，项目部应承担生活费2 146元，全体职工应承担1 073元。计提当月应收职工生活费的会计分录如下。

借：银行存款   1 073

  贷：其他应收款——职工生活费 1 073

银行退款的收入

为了保证付款的及时性，通过银行付款业务向其他银行账户付款时，出纳人员应核对收款人的账户信息，确认收款人名称、银行及账号等无误后再支付。如果有错写、漏写的信息，都会导致银行退款。

【实账处理】——因银行账号错误退回材料款

2019年7月18日，甲公司向乙公司购买材料一批，通过网上银行支付材料款25 400元。2019年7月19日，因甲公司将乙公司账户写错，款项未支付成功，退回甲公司账户。甲公司应编制如下会计分录。

借：银行存款   25 400

  贷：应付账款——乙公司   25 400

银行利息收入

单位将钱存入银行时，根据开户行和单位的协议规定，在每个月月末或每个季度末结算并支付一次银行利息，利率以结算当天公布的银行存款活期利率为准，银行自动付给单位的银行账户。利息收入属于企业的一项财务费用，可以与发生的银行手续费等财务费用进行冲减。

【实账处理】——收到银行利息

2019年9月27日，甲公司单位结算账户余额为650 000元，当期活期存款的年利率为0.3%。已知公司与银行约定每季度末结算并支付一次利息，当天收到银行自动划转的利息487.5元（650 000×0.3%÷4）。甲公司收到银行利息时应编制的会计分录如下。

借：银行存款　　　　　　　　　　487.5

　　贷：财务费用——利息收入　　487.5

银行借款收入

银行借款是指企业向银行或其他非银行金融机构借入的、需要还本付息的款项，包括偿还期限不足一年的短期借款和超过一年的长期借款，主要用于企业购建固定资产和满足流动资金周转的需要。

（1）短期借款

短期借款是指企业用来维持正常生产经营所需的资金或为抵偿某项债务而向银行或其他金融机构等外单位借入的、还款期限在一年或一年以内的一个经营周期的各种借款。进行账务处理时，财务人员直接根据借入的金额入账。

【实账处理】——短期借款的账务处理

A公司因资金周转困难，2019年6月21日，向某商业银行借入10万元，借款期限不超过一年。会计分录如下。

借：银行存款　　　　　　　　　　100 000

　　贷：短期借款　　　　　　　　100 000

（2）长期借款

长期借款是指企业向银行或其他金融机构借入的期限在一年以上（不含一年）或超过一年的一个营业周期以上的各项借款。我国企业的长期借款主要是向金融机构借入的各项长期性借款，如从各专业银行、商业银行取得的贷款、向财务公司或投资公司等金融企业借入的款项等。长期借款以借款金额的现值进行计算，且利息费用要分月摊销，期末计算出摊余成本。

【实账处理】——借入长期借款时的账务处理

2019年9月，某企业建造一座厂房，向银行借入两年期的长期借款500 000元，款项已存入公司的银行账户，年利率为4.75%，每年付息一次，期满后一次还清本金。

2019年9月借入长期借款时编制的会计分录如下。

借：银行存款　　　　　　　　500 000

　　贷：长期借款　　　　　　　　　500 000

银行各类付款业务的处理

当单位发生大额费用支出时，可以通过网上银行或到开户行办理支付手续，这样可以保证资金的安全，同时明确义务的承担情况。本节主要介绍企业中的银行支出常见事项，如应交税费、社会保险费、财务费用和偿还银行借款等。

购买材料的付款

生产性企业在经营过程中往往要购买大量的材料，为了资金的安全，一般用银行转账方式支付货款。根据和供应商签订的供销合同，可以在收到货物和发票时及时付款，也可以几个月或季度后进行一次性的结算付款。

（1）见票付款

购货方在确认货物数量无误后，出纳员根据发票上的价税金额将款项直接转给供应商，同时通过入库单增加原材料的库存数。

【实账处理】——直接支付货款

某建筑企业与材料供应商甲公司签订钢材供销合同，合同约定建筑企业在收到甲公司提供的材料和发票后立即付款。2019年9月16日，建筑企业向甲公司购入钢材20吨，单价为4 760元/吨，增值税税率为13%，收到甲公司如图4-12所示的发票，建筑企业验收钢材并确认无误后开具如图4-13所示的入库单，并通过网上银行转账，打印出如图4-14所示的银行回单。增值税进项税额为12376元（20×4760×13%）。

四川增值税专用发票

发　票　联　　　　　开票日期：2019年9月16日

| 购买方 | 名称：××建筑公司
纳税人识别号：×××××××
地址、电话：×××××××
开户行及账号：×××××× | 密码区 | | | | | | |

货物或应税劳务、服务名称	规格型号	单位	数量	单价	金额	税率	税额
螺纹钢		T	20	4760	95200	13%	12376
合　计							

| 价税合计（大写） | 壹拾万柒仟伍佰柒拾陆元整　　（小写）107576.00 |

| 销售方 | 名称：甲公司
纳税人识别号：×××××××
地址、电话：×××××××
开户行及账号：×××××× | 备注 |

复核：　××　　　　开票人：　××　　　　销售方：××

图4-12

入　库　单　　　　No.4244 23

单位：　　　　　　　　2019　年　　　9　月　　16　日

编号	名称	规格	单位	数量	单价	金额	备注
	螺纹钢		吨	20	4760	95200	
金额（大写）	零拾玖万伍仟贰佰零拾零元零角零分				¥95200.00		

主管：××　　仓库：××　　记账：××　　经手人：××

图4-13

中国建设银行客户专用回单

币别：人民币　　　　2019年9月16日

付款人	全　称	某建筑企业	收款人	全　称	甲公司
	账　号	6278×××××		账　号	6254×××××
	开户行	××银行		开户行	××银行
金额		壹拾万柒仟伍佰柒拾陆元整	小写：107576.00		
凭证种类			凭证号码		
结算方式			用途	付钢材款	
摘要：					

图4-14

根据以上原始凭证，会计人员应编制如下会计分录。

借：原材料——螺纹钢　　95 200

　　应交税费——应交增值税（进项税额）　　12 376

　　贷：银行存款　　107 576

（2）月结或分期付款

某些单位如果购进货物比较频繁，在购进货物前可以和供应商约定分期付款或是几个月汇总后一起结算付款。这样可避免频繁付款而发生重复付款的情况。

【实账处理】——汇总付款

某建筑企业与材料供应商甲公司签订钢材供销合同，因建筑企业购买钢材比较频繁，为了提高工作效率，双方在合同中约定甲公司提供材料后及时提供发票，而甲公司3个月后一起付款。2019年9月16日，建筑企业向甲公司购入钢材20吨，单价为4 760元/吨。增值税税率为13%，收到甲公司如图4-12所示的发票，建筑企业验收钢材确认无误后立即开具如图4-13所示的入库单，先登记入账，3个月后再统一付款给甲公司。假设后续又购进价值23 800元的钢材，增值税额3 094元。2019年12月16日，建筑企业将两笔款项一次性付给甲公司。

首先，根据发票和入库单分别对两批钢材登记入账，在收到发票时分别编制如下会计分录。

借：原材料——螺纹钢　　95 200

　　应交税费——应交增值税（进项税额）　　12 376

　　贷：应付账款——甲公司　　107 576

借：原材料——螺纹钢　　23 800

应交税费——应交增值税（进项税额）　　　3 094

　　贷：应付账款——甲公司　　　26 894

3个月后付款的会计分录如下。

借：应付账款——甲公司　　　134 470

　　贷：银行存款　　　134 470

应交税费类的支付

应交税费是指企业根据一定时期内取得的营业收入和实现的利润等，按照现行税法规定，采用一定的计税方法计提的应缴纳的各种税费。应交税费包括企业依法缴纳的增值税、消费税、企业所得税、资源税、土地增值税、城市维护建设税、房产税、土地使用税、车船税、教育费附加和矿产资源补偿费等税费，以及在上缴国家之前，由企业代收代缴的个人所得税等。

【实账处理】——计算并缴纳增值税

某建筑企业2019年9月购入钢材，收到发票如图4-12所示。2019年9月确认主营业务收入409 000元，增值税率为13%。计算并缴纳2019年9月的增值税。

2019年9月应交增值税销项税额=409 000×13%=53 170（元）

2019年9月应交增值税进项税额=12 376（元）

2019年9月应交增值税额=应交增值税销项税额－应交增值税进项税额=53 170－12 376=40 794（元）

付款后根据税务机关的税款缴纳发票编制以下会计分录。

借：应交税费——应交增值税　　　40 794

　　贷：银行存款　　　40 794

【实账处理】——计算并缴纳附加税费

A公司2019年10月实际缴纳的增值税为43 500元，不涉及消费税。根据增值税计算税金及附加并缴纳，已知城市维护建设税税率为7%，教育费附加税率为3%，地方教育附加税率为2%。

城市维护建设税=43 500×7%=3 045（元）

教育费附加=43 500×3%=1 305（元）

地方教育附加=43 500×2%=870（元）

计提附加税费的会计分录如下。

借：税金及附加 5 220

  贷：应交税费——城市维护建设税 3 045

     ——教育费附加 1 305

     ——地方教育附加 870

2019年11月5日缴纳附加税费的会计分录如下。

借：应交税费——城市维护建设税 3 045

   ——教育费附加 1 305

   ——地方教育附加 870

  贷：银行存款 5 220

社会保险费的缴纳

社会保险费是指在社会保险基金的筹集过程中，雇员和雇主按照规定的数额和期限向主管部门缴纳的费用，它是社会保险基金的最主要来源，可理解为社会保险的保险人（国家）为了承担法定的社会保险责任而向被保险人（雇员和雇主）收缴的费用。下面通过案例学习企业为员工代扣代缴社会保险费的账务处理。

【实账处理】——缴纳5月份社会保险费

甲企业共有员工100人，2019年6月7日计提了2019年5月单位和职工应缴的社会保险费共计321 630.56元，计提表如图4-15所示。

计提2019年5月社会保险费

序号	社保类别	单位金额	代缴个人金额	合计
1	基本养老	144,477.60	72,239.15	216,716.75
2	基本医疗	58,694.31	18,059.79	76,754.09
3	失业保险金	5,417.94	3,611.96	9,029.90
4	工伤保险	2,876.02		2,876.02
5	生育保险	7,223.91		7,223.91
6	大病医疗	9,029.89		9,029.89
	合计	227719.67	93,910.89	321,630.56

图4-15

单位缴纳部分，生产工人社保共91 087.87元，生产车间管理人员社保共22 771.97元，销售人员社保共68 315.9元，管理人员社保共45 543.93元。出纳于2019年6月10日缴纳费用。根据计提表编制以下会计分录。

借：生产成本   91 087.87
  制造费用   22 771.97
  销售费用   68 315.9
  管理费用   45 543.93
 贷：应付职工薪酬——社会保险费 227 719.67

付社保费用时编制以下会计分录，且为职工代缴。

借：应付职工薪酬——社会保险费 227 719.67
  其他应收款——代缴个人社会保险费 93 910.89
  贷：银行存款   321 630.56

银行退款重付

在上节收款中讲到了因收款人账户信息填写错误会导致银行退款，支付不能成功。那么款项退回后再次支付的业务又怎么做账呢？下面通过一个例子来说明。

【实账处理】——退款后重付

2019年7月18日，甲公司向乙公司购买材料一批，通过网上银行支付材料款25 400元。2019年7月19日，因甲公司将乙公司账户写错，未支付成功，退回甲公司账户。2019年7月22日，出纳人员核对账户后再次支付材料款。

借：应付账款——乙公司   25 400
 贷：银行存款   25 400

财务费用的处理

财务费用指企业在生产经营过程中为筹集资金而发生的筹资费用，包括企业生产经营期间发生的利息支出（减利息收入）、汇兑损益（有的企业如商品流通企业和保险企业等进行单独核算的，不计入财务费用）、金融机构手续费、企业发生的现金折扣或收到的现金折扣等。

【实账处理】——现金折扣计入财务费用

甲公司在2019年9月2日向乙公司销售一批商品，开出的增值税专用发票上注明销售价格为20 000元，增值税税额2 600元。为及早收回货款，甲公司和乙公司约定现金折扣条件为：2/10，1/20，n/30。假定计算现金折扣时不考虑增值税税额。

2019年9月10日，乙公司付清货款。根据甲公司和乙公司的付款规定，10日内付清货款可按销售总价20 000元的2%享受现金折扣，即400元（20 000×2%），乙公司实际付款22 200元（20 000+2 600-400）。会计分录如下。

借：银行存款　　　　　　　　　　22 200

财务费用　　　　　　　　　　　400

贷：应收账款——乙公司　　　　　22 600

【实账处理】——银行手续费计入财务费用

2019年6月10日，甲公司向在外地的丙公司购入材料一批，通过银行转账付清货款，因为是跨地支付，银行收取手续费10.5元。会计分录如下。

借：财务费用——金融手续费　　　10.5

贷：银行存款　　　　　　　　　　10.5

借款利息的支付

企业向银行借款时，银行按当期贷款利率收取一定利息。企业应按合同规定的日期偿还利息，那么账务该怎么处理呢？来看下面这个例子。

【实账处理】——支付银行借款利息

甲公司因资金周转困难，于2019年6月3日向银行借款10万元，贷款年利率4.35%，借款期限为一年，并于每月1日支付利息。2019年7月1日向银行支付借款利息362.5元（100 000×4.35%÷12），会计分录如下。

借：应付利息　　　　　　　　　　　362.5

　　贷：银行存款　　　　　　　　　　362.5

偿还银行借款

俗话说，"有借有还，再借不难。"企业资金周转困难时，可以通过借贷的方式进行周转，当借款到期或资金充裕时应及时归还借款本金和利息，以便日后再次借款时能顺利通过审核。

【实账处理】——归还银行借款

承接上一个案例，2019年6月3日，甲公司向银行借得的款项已经到期，按照规定，应归还借款本金和最后一个月的利息共计100 362.5元（100 000+362.5）。会计分录如下。

借：短期借款　　　　　　　　100 000

　　财务费用　　　　　　　　　362.5

　　贷：银行存款　　　　　　　　100 362.5

一般来说，企业在向银行归还本金和最后一个月的利息时，最后一个月的利息直接计入财务费用，而不再计提为"应付利息"。

固定资产清理费用

固定资产的清理是指固定资产的处置，包括出售、报废、毁损、对外投资、非货币性资产交换和债务重组等。在清理固定资产时，通常会发生固定资产清理费用，企业在支付清理费用时，将其计入"固定资产清理"科目的借方，贷方登记"银行存款"科目。

【实账处理】——支付固定资产清理费用

乙公司报废一批机器设备，发生清理费用2 500元。会计分录如下。

借：固定资产清理	2 500	
贷：银行存款		2 500

年末分红

分红是股份公司在赢利情况下每年按股票份额的一定比例支付给投资者的红利，是上市公司对股东的投资回报。分红是在按规定提取法定公积金和公益金等以后向股东发放的当年收益。

【实账处理】——发放股利

甲公司2019年度净利润达到680 000元，年终，经董事会研究决定，将净利润中的10%用于发放年终股东股利。应发放的股利＝680 000×10%＝68 000（元）

发放股利的会计分录如下：

借：应付股利　　　　　　68 000
　　贷：银行存款　　　　　　68 000

核算良木家居公司2019年10～12月银行收付款业务

本章主要讲述了银行账户管理和银行存款收付方面的知识。下面通过良木公司2019年10～12月的具体业务进一步深入了解银行存款收付业务。

2019年10月良木公司涉及银行存款收付的业务如下。

1. 2019年10月1日，记2号凭证。良木公司开展国庆大酬宾活动，当日营业额为120 500元，税率3%，存入银行。卖出商品的实际成本为80 333元。

主营业务收入=120 500÷（1+3%）=116 990.29（元）

增值税税额=120 500−116 990.29=3 509.71（元）

借：银行存款 120 500

  贷：主营业务收入 116 990.29

   应交税费——应交增值税 3 509.71

借：主营业务成本 80 333

  贷：库存商品 80 333

2．2019年10月2日，记3号凭证。当日营业额为118 750元，税率3%，款项已存入银行。卖出商品的实际成本为79 167元。

主营业务收入=118 750÷（1+3%）=115 291.26（元）

增值税税额=118 750−115 291.26=3 458.74（元）

借：银行存款 118 750

  贷：主营业务收入 115 291.26

   应交税费——应交增值税 3 458.74

借：主营业务成本 79 167

  贷：库存商品 79 167

3．2019年10月2日，记4号凭证。购进原材料一批，共计36 050元，银行付讫。

借：原材料 36 050

  贷：银行存款 36 050

4．2019年10月4日，记6号凭证。当日营业额为55 000元，存入银行。卖出商品的实际成本为36 667元。

主营业务收入=55 000÷（1+3%）=53 398.06（元）

增值税税额=55 000−53 398.06=1 601.94（元）

借：银行存款 55 000

  贷：主营业务收入 53 398.06

   应交税费——应交增值税 1 601.94

借：主营业务成本 36 667

  贷：库存商品 36 667

5. 2019年10月5日，记8号凭证。当日营业额为64 800元，存入银行。卖出的商品实际成本为43 200元。

主营业务收入=64 800÷（1+3%）=62 912.62（元）

增值税税额=64 800－62 912.62=1 887.38（元）

借：银行存款   64 800

    贷：主营业务收入   62 912.62

        应交税费——应交增值税   1 887.38

借：主营业务成本   43 200

    贷：库存商品   43 200

6. 2019年10月7日，记10号凭证。出纳员张义到银行取现30 000元。

借：库存现金   30 000

    贷：银行存款   30 000

7. 2019年10月13日，记16号凭证。当日营业额45 000元，存入银行。卖出的商品实际成本为30 000元。

主营业务收入=45 000÷（1+3%）=43 689.32（元）

增值税税额=45 000－43 689.32=1 310.68（元）

借：银行存款   45 000

    贷：主营业务收入   43 689.32

        应交税费——应交增值税   1 310.68

借：主营业务成本   30 000

    贷：库存商品   30 000

8. 2019年10月15日，记17号凭证。向德惠木材公司支付前欠货款20 000元，银行付讫。

借：应付账款——德惠木材公司   20 000

    贷：银行存款   20 000

9. 2019年10月25日，记20号凭证。当日营业额为30 000元，出纳员将款项存入银行。卖出的商品实际成本为20 000元。

主营业务收入=30 000÷（1+3%）=29 126.21（元）

增值税税额=30 000－29 126.21=873.79（元）

借：银行存款　　　　　　　　　　　　　　　　30 000

　　贷：主营业务收入　　　　　　　　　　　　　　29 126.21

　　　　应交税费——应交增值税　　　　　　　　　873.79

借：主营业务成本　　　　　　　　　　　　　　20 000

　　贷：库存商品　　　　　　　　　　　　　　　20 000

10. 2019年10月31日，记22号凭证。计提员工10月工资，共227 800元。其中，管理部门工资96 000元，销售部门工资21 000元，生产车间工资110 800元。假设社保局核定企业承担的五险的总扣缴比例为28%，个人承担的五险的总扣缴比例为10%，则公司应承担的五险总额为63 784元，相关计算和账务处理如下。

公司应缴管理部门的社保=96 000×28%=26 880（元）

公司应缴销售部门的社保=21 000×28%=5 880（元）

公司应缴生产车间的社保=110 800×28%=31 024（元）

借：管理费用——工资　　　　　　　　　　　　122 880

　　销售费用　　　　　　　　　　　　　　　　26 880

　　生产成本　　　　　　　　　　　　　　　　141 824

　　贷：应付职工薪酬——工资　　　　　　　　　227 800

　　　　　　　　　　　——社会保险费　　　　　63 784

11. 2019年10月31日，记23号凭证。支付员工工资并代扣代缴2019年10月员工个人应缴的社保费用，共22 780元。

应付职工薪酬=227 800+63 784=291 584（元）

个人应缴社保=（96 000＋21 000＋110 800）×10%=22 780（元）

借：应付职工薪酬　　　　　　　　　　　　　　291 584

　　贷：其他应付款——代扣个人应交社保　　　　22 780

　　　　银行存款　　　　　　　　　　　　　　268 804

12. 2019年10月31日，记26号凭证。付2019年10月的手续费320元。

借：财务费用——金融机构手续费　　　　　　　320

　　贷：银行存款　　　　　　　　　　　　　　320

13. 2019年10月31日，记27号凭证。计提2019年10月的税金及附加（根据当地税务机关规定，该企业城市维护建设税适用税率为5%，教育费附加的税率为3%，地方教育附加的税率为2%）。结合第三章和第五章的综合案例业务及其数据，进行如下计算和账务处理。

10月实际缴纳增值税合计=436.89+69.9+163.11+3 509.71+3 458.74+1 601.94+1 887.38+1 310.68+873.79+1 427.18＝14 739.32（元），其中，1 427.18元是第5章综合案例涉及的10月份业务对应的增值税税额。

10月应交城市维护建设税=14 739.32×5%=736.97（元）

10月应交教育费附加=14 739.32×3%=442.18（元）

10月应交地方教育附加=14739.32×2%=294.79（元）

借：税金及附加　　　　　　　　　　　　　　　　1 473.94

　　贷：应交税费——应交城市维护建设税　　　　　　736.97

　　　　　　　　——应交教育费附加　　　　　　　　442.18

　　　　　　　　——应交地方教育附加　　　　　　　294.79

2019年11月良木公司涉及银行存款收付的业务如下。

1. 2019年11月2日，记1号凭证。当日营业额为30 000元，存入银行。该批商品的实际成本为20 000元。

主营业务收入=30 000÷（1＋3%）=29 126.21（元）

增值税税额=30 000－29 126.21=873.79（元）

借：银行存款　　　　　　　　　　　　　　　　　30 000

　　贷：主营业务收入　　　　　　　　　　　　　　29 126.21

　　　　应交税费——应交增值税　　　　　　　　　873.79

借：主营业务成本　　　　　　　　　　　　　　　20 000

　　贷：库存商品　　　　　　　　　　　　　　　　20 000

2. 2019年11月8日，记7号凭证。购入原材料25 000元，银行付讫。

借：原材料　　　　　　　　　　　　　　　　　　25 000

　　贷：银行存款　　　　　　　　　　　　　　　　25 000

3. 2019年11月9日，记8号凭证。付德惠木材公司的材料价款15 000元，银行付讫。

借：应付账款——德惠木材公司　　　　　　　　　15 000

　　贷：银行存款　　　　　　　　　　　　　　　　15 000

4．2019年11月13日，记10号凭证。计提并发放2019年10月的职工奖金，共计22 780元。

借：管理费用——奖金 9 600

销售费用 2 100

生产成本 11 080

贷：应付职工薪酬——奖金 22 780

借：应付职工薪酬——奖金 22 780

贷：银行存款 22 780

5．2019年11月15日，记11号凭证。当日营业额为28 000元，当日收到8 000元存入银行，剩余20 000元暂未付。该批商品的实际成本为18 667元。

主营业务收入＝28 000÷（1＋3%）＝27 184.47（元）

增值税税额＝28 000-27 184.47＝815.53（元）

借：银行存款 8 000

应收账款 20 000

贷：主营业务收入 27 184.47

应交税费——应交增值税 815.53

借：主营业务成本 18 667

贷：库存商品 18 667

6．2019年11月30日，记22号凭证。核算出11月所有员工的工资208 000元。其中，管理部门工资96 000元，销售部门工资15 000元，生产车间工资97 000元。另外，按照相同的社保缴费比例，可计算出公司应缴管理部门社保26 880元，销售部门社保4 200元，生产车间社保27 160元。而个人应缴社保为20 800元（20 800×10%）。

借：管理费用——工资 122 880

销售费用 19 200

生产成本 124 160

贷：应付职工薪酬——工资 208 000

——社会保险费 58 240

7．2019年11月30日，记23号凭证。良木公司向银行借入6个月期限的借款，共计120 000元，年利率为4.35%，约定每月末支付利息。

借：银行存款　　　　　　　　　　　　　　　　　　　120 000

　　贷：短期借款　　　　　　　　　　　　　　　　　　120 000

8．2019年11月30日，记24号凭证。付2019年11月工资并代扣代缴个人应缴纳的社保费用20 800元。

应付职工薪酬=208 000+58 240=266 240（元）

借：应付职工薪酬　　　　　　　　　　　　　　　　　266 240

　　贷：其他应付款——代扣个人应交社保　　　　　　　20 800

　　　　银行存款　　　　　　　　　　　　　　　　　245 440

9．2019年11月30日，记25号凭证。付银行手续费105元。

借：财务费用——金融机构手续费　　　　　　　　　　105

　　贷：银行存款　　　　　　　　　　　　　　　　　　105

10．2019年11月30日，记26号凭证。付2019年10月应交税费。

10月应交税费=应交增值税＋附加税=14 739.32+1 473.94=16 213.26（元）

借：应交税费——应交增值税　　　　　　　　　　　14 739.32

　　　　　　——应交城市维护建设税　　　　　　　　736.97

　　　　　　——应交教育费附加　　　　　　　　　　442.18

　　　　　　——应交地方教育附加　　　　　　　　　294.79

　　贷：银行存款　　　　　　　　　　　　　　　　16 213.26

11．2019年11月30日，记27号凭证。计提2019年11月的税金及附加。结合第3章和第5章综合案例中的经济业务数据，进行如下计算和账务处理。

11月实际缴纳的增值税合计=163.11+211.17+873.79+815.53+728.16+343.69=3 135.45（元），其中，728.16元和343.69元是第5章综合案例涉及的11月经济业务对应的增值税税额。

11月应交城市维护建设税=3 135.45×5%=156.77（元）

11月应交教育费附加=3 135.45×3%=94.06（元）

11月应交地方教育附加=3 135.45×2%=62.71（元）

借：税金及附加　　　　　　　　　　　　　　　　　　313.54

　　贷：应交税费——应交城市维护建设税　　　　　　156.77

　　　　　　　　——应交教育费附加　　　　　　　　94.06

　　　　　　　　——应交地方教育附加　　　　　　　62.71

2019年12月良木公司涉及银行存款收付的业务如下。

1．2019年12月2日，记1号凭证。购原材料30 000元。银行已付。

借：原材料　　　　　　　　　　　　　　　　30 000

　　贷：银行存款　　　　　　　　　　　　　　　30 000

2．2019年12月3日，记2号凭证。收到营业款38 000元，银行已收。该批商品的实际成本为22 500元。

主营业务收入=38 000÷（1+3%）=36 893.2（元）

增值税税额=38 000−36 893.2=1 106.8（元）

借：银行存款　　　　　　　　　　　　　　　38 000

　　贷：主营业务收入　　　　　　　　　　　　　36 893.2

　　　　应交税费——应交增值税　　　　　　　　1 106.8

借：主营业务成本　　　　　　　　　　　　　22 500

　　贷：库存商品　　　　　　　　　　　　　　　22 500

3．2019年12月8日，记4号凭证。收到营业款57 000元，银行已收。该批商品的实际成本为35 000元。

主营业务收入=57 000÷（1+3%）=55 339.81（元）

增值税税额=57 000-55 339.81=1 660.19（元）

借：银行存款　　　　　　　　　　　　　　　57 000

　　贷：主营业务收入　　　　　　　　　　　　　55 339.81

　　　　应交税费——应交增值税　　　　　　　　1 660.19

借：主营业务成本　　　　　　　　　　　　　35 000

　　贷：库存商品　　　　　　　　　　　　　　　35 000

4．2019年12月11日，记7号凭证。从银行提取现金20 000元。

借：库存现金　　　　　　　　　　　　　　　20 000

　　贷：银行存款　　　　　　　　　　　　　　　20 000

5．2019年12月11日，记10号凭证。收到营业款76 000元，银行已收。该批商品的实际成本为48 500元。

主营业务收入=76 000÷（1+3%）=73 786.41（元）

增值税税额=76 000−73 786.41=2 213.59（元）

借：银行存款	76 000
贷：主营业务收入	73 786.41
应交税费——应交增值税	2 213.59
借：主营业务成本	48 500
贷：库存商品	48 500

6. 2019年12月12日，记13号凭证。收到营业款83 900元，银行已收。该批商品的实际成本为50 100元。

主营业务收入=83 900÷（1+3%）=81 456.31（元）

增值税税额=83 900−81 456.31=2 443.69（元）

借：银行存款	83 900
贷：主营业务收入	81 456.31
应交税费——应交增值税	2 443.69
借：主营业务成本	50 100
贷：库存商品	50 100

7. 2019年12月22日，记16号凭证。王文报销差旅费3 250元，冲销备用金的同时，用银行存款支付其垫付的差旅费550元。

借：管理费用——差旅费	3 250
贷：银行存款	550
其他应收款——备用金——王文	2 700

8. 2019年12月25日，记17号凭证。收到营业款38 490元，银行已收。该批商品的实际成本为21 560元。

主营业务收入=38 490÷（1+3%）=37 368.93（元）

增值税税额=38 490−37 368.93＝1 121.07（元）

借：银行存款	38 490
贷：主营业务收入	37 368.93
应交税费——应交增值税	1 121.07
借：主营业务成本	21 560
贷：库存商品	21 560

9. 2019年12月25日，记18号凭证。银行存款付购买原材料价款32 000元。

借：原材料	32 000	
贷：银行存款		32 000

10. 2019年12月30日，记22号凭证。A公司向良木公司付货款。因为在10日内付款，A公司可享受3%的现金折扣。原价款为30 000元。

现金折扣=30 000×3%=900（元）

借：银行存款	29 100	
财务费用	900	
贷：应收账款		30 000

11. 2019年12月30日，记23号凭证。计提并支付11月30日借短期借款120 000元的第一个月利息435元（120 000×4.35%÷12）。

借：财务费用	435	
贷：应付利息		435
借：应付利息	435	
贷：银行存款		435

12. 2019年12月31日，记25号凭证。将一张25 000元的银行汇票贴现，贴现率为3%。

贴现费用=25 000×3%=750（元）

借：银行存款	24 250	
财务费用	750	
贷：应收票据		25 000

13. 2019年12月31日，记26号凭证。计提12月职工工资268 690元。其中，管理部门工资96 000元，销售部门工资35 890元，生产车间工资136 800元。另外，按照相同的社保缴费比例，可计算出公司应缴管理部门社保26 880元，销售部门社保10 049.2元，生产车间社保38 304元。而个人应缴社保为26 869元（268 690×10%）。

借：管理费用——工资	122 880	
销售费用	45 939.2	
生产成本	175 104	
贷：应付职工薪酬——工资		268 690
——社会保险费		75 233.2

14. 2019年12月31日，记27号凭证。付2019年12月工资并代缴个人应缴纳的社保费用26 869元。

应付职工薪酬=268 690+75 233.2=343 923.2（元）

借：应付职工薪酬　　　　　　　　　　　　　　343 923.2

　　贷：其他应付款——代扣个人应交社保　　　　　26 869

　　　　银行存款　　　　　　　　　　　　　　　317 054.2

15. 2019年12月31日，记28号凭证。付11月应交税费。

11月应交税费=应交增值税+应交附加税费=3 135.45+313.54=3 448.99（元）

借：应交税费——应交增值税　　　　　　　　　3 135.45

　　　　　　——应交城市维护建设税　　　　　　156.77

　　　　　　——应交教育费附加　　　　　　　　94.06

　　　　　　——应交地方教育附加　　　　　　　64.71

　　贷：银行存款　　　　　　　　　　　　　　　3 448.99

16. 2019年12月31日，记29号凭证。计提2019年12月的税金及附加。结合第3章和第5章综合案例中的经济业务数据，进行如下计算和账务处理。

12月实际缴纳增值税合计=235.92+713.59+611.65+873.79+1 106.8+1 660.19+2 213.59+2 443.69+1 121.07=10 980.29（元）

12月应交城市维护建设税=10 980.29×5%=549.01（元）

12月应交教育费附加=10 980.29×3%=329.41（元）

12月应交地方教育附加=10 980.29×2%=219.61（元）

借：税金及附加　　　　　　　　　　　　　　　1 098.03

　　贷：应交税费——应交城市维护建设税　　　　549.01

　　　　　　　　——应交教育费附加　　　　　　329.41

　　　　　　　　——应交地方教育附加　　　　　219.61

17. 2019年12月31日，记30号凭证。付银行手续费135元。

借：财务费用——金融机构手续费　　　　　　　135

　　贷：银行存款　　　　　　　　　　　　　　　135

18. 2019年12月31日，记31号凭证。收到第四季度利息1 031.77元。

借：银行存款   1 031.77

    贷：财务费用——利息收入   1 031.77

19. 2019年12月31日，记32号凭证。将现金90 000元存入银行。

借：银行存款   90 000

    贷：库存现金   90 000

2019年10月份结转业务的会计分录如下。

结合第3章、本章和第5章的综合案例中的经济业务，进行如下账务处理。

1. 将10月生产成本141 824元结转到库存商品中。

借：库存商品   141 824

    贷：生产成本   141 824

2. 核算2019年10月总的主营业务成本。

主营业务成本=10 000+1 600+3 733+80 333+79 167+36 667+43 200+30 000+20 000+32 667=337 367（元）

3. 结转2019年10月主营业务收入491 310.68元。

主营业务收入=14 563.11+2 330.1+5 436.89+116 990.29+115 291.26+53 398.06+62 912.62+43 689.32+29 126.21+47 572.82=491 310.68（元），其中，47 572.82元是第5章涉及的10月的经济业务对应的主营业务收入。

    借：主营业务收入   491 310.68

      贷：本年利润   491 310.68

4. 结转2019年10月的成本、费用。

管理费用=540+1 380+2 150+450+324+2 595+122 880=130 319（元）

销售费用=2 500+26 880=29 380（元）

    借：本年利润   498 859.94

      贷：主营业务成本   337 367

          税金及附加   1 473.94

          管理费用   130 319

          销售费用   29 380

          财务费用   320

5. 结转2019年10月的本年利润。

净利润=491 310.68-498 859.94=-7 549.26（元）

借：利润分配——未分配利润　　　　　　　　　　　　7 549.26

　　贷：本年利润　　　　　　　　　　　　　　　　　　　7 549.26

暂时不考虑法定盈余公积等的计提。

2019年11月份结转业务的会计分录如下。

结合第3章、本章和第5章的综合案例中的经济业务，进行如下账务处理。

1. 将11月生产成本结转到库存商品中。

生产成本=11 080+124 160=135 240（元）

借：库存商品　　　　　　　　　　　　　　　　　　135 240

　　贷：生产成本　　　　　　　　　　　　　　　　　　135 240

2. 核算2019年11月的主营业务成本。

主营业务成本=3 733+4 833+20 000+18 667+16 667+7 867=71 767（元）

3. 结转2019年11月的主营业务收入104514.55元。

主营业务收入=5 436.89+7 038.83+29 126.21+27 184.47+24 271.84+11 456.31=104 514.55（元），其中，24 271.84元和11 456.31元是第5章涉及的11月经济业务对应的主营业务收入。

借：主营业务收入　　　　　　　　　　　　　　　　104 514.55

　　贷：本年利润　　　　　　　　　　　　　　　　　　104 514.55

4. 结转2019年11月的成本、费用。

管理费用=2 150+572+470+370+1 528+2 870+9 600+122 880=140 440（元）

销售费用=720+2 100+19 200=22 020（元）

借：本年利润　　　　　　　　　　　　　　　　　　234 645.54

　　贷：主营业务成本　　　　　　　　　　　　　　　　71 767

　　　　税金及附加　　　　　　　　　　　　　　　　　313.54

　　　　管理费用　　　　　　　　　　　　　　　　　　140 440

　　　　销售费用　　　　　　　　　　　　　　　　　　22 020

　　　　财务费用　　　　　　　　　　　　　　　　　　105

5．结转2019年11月的本年利润。

本年利润借方余额=234 645.54−104 514.55=130 130.99（元），表现为亏损。

借：利润分配——未分配利润   130 130.99

    贷：本年利润   130 130.99

暂时不考虑法定盈余公积等的计提。

2019年12月份结转业务的会计分录如下。

结合第3章、本章和第5章的综合案例中的经济业务，进行如下账务处理。

1．将12月生产成本175 104元结转到库存商品中。

借：库存商品   175 104

    贷：生产成本   175 104

2．核算2019年12月的主营业务成本。

主营业务成本=5 400+16 333+12 000+13 500+22 500+48 500+50 100+21 560=189 893（元）

3．结转2019年12月的主营业务收入366 009.71元。

主营业务收入=7 864.08+23 786.41+20 388.35+29 126.21+36 893.2+55 339.81+73 786.41+81 456.31+37 368.93=366 009.71（元）

借：主营业务收入   366 009.71

    贷：本年利润   366 009.71

4．结转2019年12月份成本、费用。

管理费用=70+812+1 550+1 075+2 140+465+2 500+3 250+122 880=134 742（元）

销售费用=1 920+45 939.2=47 859.2（元）

财务费用=900+435+750+135−1 031.77=1 188.23（元）

借：本年利润   409 780.46

    贷：主营业务成本   224 893

        税金及附加   1 098.03

        管理费用   134 742

        销售费用   47 859.2

财务费用   1 188.23

5．结转2019年12月的本年利润。

本年利润借方余额=409 780.46-366 009.71=43 770.75（元），表现为亏损。

借：利润分配——未分配利润   43 770.75

　　贷：本年利润   43 770.75

暂时不考虑法定盈余公积等的计提。

外汇货币要算清——银行票据要规范

【本章要点】

P142 票据的管理要求

P149 票据抗辩

P150 票据的丧失及补救

P152 票据的时效

P153 汇票概述

P161 信用卡

【实账处理】

P146 票据的无权代理

P147 超越代理权代理

P147 代理权终止后继续代理的情况

P148 自己代理

P150 对物抗辩

P151 公示催告

......

银行票据概述

企业在日常经营活动中，除了使用现金或银行存款支付货款和相关费用外，还会使用商业票据进行支付，如商业承兑汇票、银行汇票等。为了规范票据的使用行为，进而有效管理票据，我国制定了《票据法》和相应的票据使用规范。

票据的概念

票据是指在商业上由出票人签发的、承诺由本人或委托他人在见票时或指定日期无条件支付一定金额给持票人的一种有价证券。广义的票据包括各种有价证券和凭证，如股票、国库券、企业债券、发票及提单等；狭义的票据仅指《票据法》规定的票据，即以支付金钱为目的的有价证券，分别是汇票、本票和支票这3种。

（1）票据的特点

票据是在市场交换和流通中产生的，反映了当事人之间的债权债务关系。票据本身与票据权利具有紧密关系，它是有价证券的一种，具有独特的性质，具体特点如表5-1所示。

表 5-1

特　征	具体内容
债权金钱证券	债权证券：持票人可以根据票面所记载的金额向特定票据债务人行使其请求权，持票人使用的就是其债权的权利
	金钱证券：相对于持票人的权利，出票人就是见票付钱的权利
设权证券	指权利的发生必须首先作用在证券上。票据上所表示的权利是由出票这种票据行为而创设。没有票据就没有票据上的权利
文义证券	票据上的一切权利义务，都严格依据票据上记载的文义而定，文义之外的任何理由、事项都不得作为根据

（2）票据的职能

在实际工作中，特别是在商业活动中，票据发挥着各种不同的职能，具体有支付、汇兑、信用、结算和融资5个职能。内容如下所示。

◆ **支付职能：**票据具有金钱债权的特征，可以替代现金作为支付方式，避免了运送和清点现金的麻烦及大额现金流通的危险性。越来越多的企业以票据作为支付方式。

◆ **汇兑职能**：指一国货币具有的购买外国货币的能力。异地付款时不方便使用现金，应支付货款的一方可以签发或转让票据给异地的收款方。

◆ **信用职能**：指票据当事人可凭借自己的信誉，将未来才能获得的金钱作为现在的金钱使用。这也是远期票据可以发挥的职能。

◆ **结算职能**：也可以称为债务抵销职能。互负票据债务的双方当事人，可以不必分别支付票据金额，而是在金额相同的范围内进行抵销。这样就可简化程序，减少交易过程中不必要的费用。

◆ **融资职能**：即融通资金或调度资金。票据权利拥有者可以在票据到期前，在法律允许的范围内将票据权利转让给他人，从而立即获得票据的对价，或者用票据权利为他人设定质押。

（3）票据的分类

票据的性质独特，且具有多种职能，所以，对于不同的使用者来说，票据的分类标准是不同的，且根据不同的标准，票据可以分为不同的类别。

◆ 根据出票人是否直接根据票据付款，可以分为委托票据和自付票据。具体区别如图5-1所示。

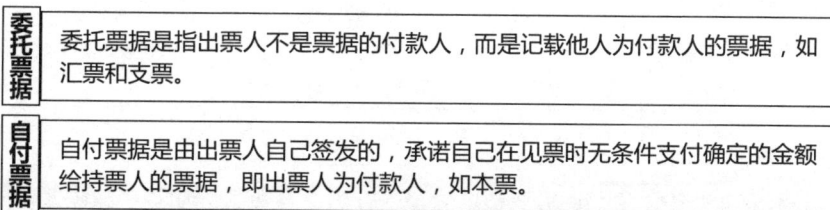

委托票据	委托票据是指出票人不是票据的付款人，而是记载他人为付款人的票据，如汇票和支票。
自付票据	自付票据是由出票人自己签发的，承诺自己在见票时无条件支付确定的金额给持票人的票据，即出票人为付款人，如本票。

图5-1

◆ 根据票据所记载的到期日不同，可以分为即期票据和远期票据。具体内容如图5-2所示。

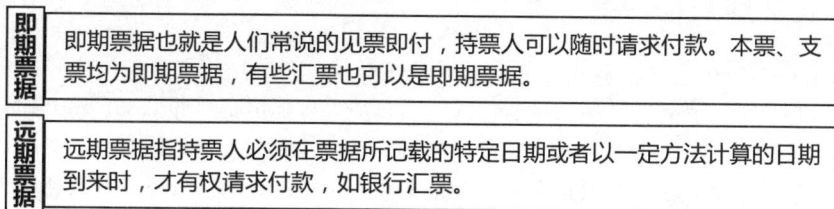

即期票据	即期票据也就是人们常说的见票即付，持票人可以随时请求付款。本票、支票均为即期票据，有些汇票也可以是即期票据。
远期票据	远期票据指持票人必须在票据所记载的特定日期或者以一定方法计算的日期到来时，才有权请求付款，如银行汇票。

图5-2

票据的管理要求

票据的管理体现在持票人应享有什么权利、如何合法合理地行使权利、怎样取得合法票据以及票据出票人和付款人等应承担什么样的责任等方面。除此之外，票据持有人的合法权利受到损害时如何进行维护也是票据管理的重要内容。

（1）票据法上的关系和票据基础关系

票据法上的关系与票据基础关系是两个不同的概念，具体介绍如下。

◆ 票据法上的关系

票据法上的关系是指因票据行为及与票据行为有关的行为而产生的票据当事人之间的法律关系。票据法上的关系可以分为票据法上的票据关系和票据法上的非票据关系，如表5-2所示。

表 5-2

票据法上的关系	特征
票据法上的票据关系	票据关系是指当事人基于票据行为而产生的票据权利义务关系。其中，票据的持有人享有票据权利，对在票据上签名的票据债务人可以主张行使票据法规定的权利。票据上签名的票据债务人负担票据责任，依照自己在票据上的签名，按照票据上记载的文义承担债务人义务
票据法上的非票据关系	非票据关系是指由票据法直接规定的，不基于票据行为而发生的票据当事人之间与票据有关的法律关系。如票据上的正当权利人对于因恶意而取得票据的人行使票据返还请求权而发生的关系，或因时效届满或手续欠缺而丧失票据上权利的持票人对于出票人或承兑人行使利益偿还请求权而发生的关系以及票据付款人付款后请求持票人交还票据而发生的关系等

◆ 票据基础关系

票据基础关系的发生是基于票据的授受行为，当事人之间授受票据是基于一定的原因或前提，这种授受票据的原因或前提关系即是票据基础关系。比如基于购买货物或返还资金而授受票据，该购货关系和返还资金关系即是票据基础关系。在法理上，票据基础关系往往都是民法上的法律关系。

（2）票据权利与责任

票据权利是指持票人基于票据行为所取得的、向票据债务人请求支付票据金额的权利。票据权利的性质是金钱债权，它包括了付款请求权和追索权两方面。票据责任是指票据债务人基于其票据行为而发生的向持票人支付票据金额的义务。票据责任就是票据关系上的票据义务。票据义务人可以区分为主债务人和次债务人。主要内容和特征如表5-3所示。

表 5-3

分类	内容	特征
主债务人	指本票的出票人、汇票的承兑人	是最终的偿还义务人，不再享有再追索权
次债务人	指票据关系上除了主债务人之外的其他债务人	汇票上的出票人、背书人及保证人；本票上的背书人和保证人；支票上的出票人、背书人及保证人

◆ 票据权利的取得

票据权利主要是根据票据行为的发生而取得的，但在实际业务中，票据权利还可能通过其他方式取得，比如法律规定直接取得的票据权利。这两类取得票据权利的途径又可分为不同的情形，如表5-4所示。

表 5-4

票据权利取得途径	具体情形
依票据行为而取得票据权利	根据票据行为取得票据权利是最直接、最简便的方法，通过票据的行为形成不同的票据权利。票据法规定的、依据行为取得票据权利的情形有这 4 种： 1. 依出票行为而取得：出票行为是票据上的第一个票据行为，有效的出票可以使票据发生第一次票据权利； 2. 依让与而取得：是依照票据法上的让与方式而为的让与，一般是指让与背书，在例外情况下也可以是空白票据的单纯交付。善意取得是让与取得的特殊方式； 3. 依票据保证而取得：票据保证人提供了票据保证，票据权利人即可向保证人行使票据权利； 4. 依票据质押而取得：票据质押行为虽然在严格意义上并未使得票据质权人取得票据权利，但质权人可像票据权利人一样直接行使票据权利
依法律规定而直接取得票据权利	在某些特殊情形下，当事人并非基于他人的票据行为而取得票据权利，而是基于法律规定直接取得票据权利，主要有这两种情形，如图 5-3 所示。

因票据上的规定而取得

其中最主要的是，被追索人（含票据保证人）向持票人偿还票据金额、利息和费用，持票人可以取得票据权利。

因其他法律规定而取得

其中主要的是，因为继承、法人合并或者分立、税收等原因而取得票据权利。

图5-3

◆ 票据权利的消灭

经过时间的推移或者发生票据行为，票据的权利会随着票据行为的发生而有不同的变化，甚至是消灭，直至持票人丧失其权利。票据权利消灭的原因有如图5-4所示的3点。

承兑付款	
票据债务人向票据权利人主张付款，或者当票据债权人主张追索权时，被追索人向其履行债务后，其债权人的票据权利消灭。	

未进行票据保全	
如果票据权利人没有按照规定期限提示承兑或者提示付款，或者在遭到拒绝付款时没有依法取证，其追索权消灭。	

消灭时效期已过	
票据权利人没有在法定的消灭时效期间内行使权利的，其票据权利因此而消灭。	

图5-4

（3）票据的伪造、变造

票据权利的合法性基于票据的真实性。票据上所填写的信息和签章等必须严格按照票据法的规定填写并加盖印章，不得伪造、变造信息。而伪造和变造又有什么不同呢？如表5-5所示。

表 5-5

分类	定义	内容
票据的伪造	指假冒他人名义或以虚构人的名义而进行的票据行为，包括票据的伪造和票据上签章的伪造	伪造背书签章、承兑签章或保证签章等
票据的变造	指无权更改票据内容的人，对票据上签章以外的记载事项加以变更的行为	变更票据上的到期日、付款日、付款地或金额等

◆ 票据伪造的责任

票据的伪造行为是一种扰乱社会经济秩序、损害他人利益的行为，在法律上不具有任何票据行为的效力，所以其票据权利一开始就无效，故持票人即使是善意取得，对被伪造人也不能行使票据权利。对伪造人而言，由于票据上没有以自己名义所做的签章，因此也不承担票据责任。但如果伪造人的行为给他人造成损害的，应承担民事责任；构成犯罪的，还应承担刑事责任。

根据《票据法》的规定，票据上有伪造签章，但不影响票据上其他真实签章的效力的，持票人依法提示承兑、提示付款或行使追索权时，在票据上的真实签章人不能以票据伪造为由而进行抗辩。

◆ 票据变造的责任

当事人是在票据变造前签章还是变造后签章，决定票据变造所应承担的责任。如果当事人在票据变造前签章，则应按一般票据处理；如果当事人在票据变造后签章，则按变造前的票据效力承担相应的责任。同时，尽管被变造的票据仍然有效，但票据的变造是一种违法行为，所以变造人的变造行为给他人造成经济损失的，变造人应对此承担赔偿责任；构成犯罪的，应承担刑事责任。

另外，银行出于善意且按规定和正常操作程序的要求，对伪造、变造的票据的签章及需要交验的个人有效身份证件进行审查，未发现异常情况而支付金额的，对出票人或付款人不再承担受托付款责任，对持票人或收款人不再承担付款责任。

票据基本制度

票据在流通过程中的出票、转让和付款等行为都有严格的规定，票据当事人必须按照票据法的规定办理。本节内容主要讲述票据的一些行为。

票据行为

票据行为是票据法律行为的简称，是指票据当事人以发生票据债务为目的、以在票据上签章为权利义务成立而发生的法律行为。我国票据法上的票据行为包括出票、背书、承兑和保证这4种。

（1）票据行为成立的条件

票据行为是一种民事法律行为，必须符合民事法律行为成立的一般条件。同时，票据行为又是特殊的要式民事法律行为，必须具备《票据法》规定的特别要件。据有关规定可知，票据行为的成立必须符合如下条件。

◆ **具备行为能力**：只要具备民事主体资格，公民（自然人）、法人和其他组织都具有票据权利。

◆ **意思表示真实**：以欺诈、偷盗或胁迫等手段取得票据的，或者明知有前列情形，出于恶意而取得票据的，不得享有票据权利。

◆ **行为内容合法**：票据活动应遵守法律和行政法规，不得损害社会公共利益。凡违背法律的规定而进行的票据行为，将不能取得票据行为的法律效力。

◆ **符合法定形式**：票据上的签章是票据行为表现形式中的绝对记载事项，如果无签章，票据行为无效。我国《票据法》规定，票据上的签章为签名、盖章或者签名加盖章。

票据行为只有同时满足以上4个条件，才能发生法律效力，达到行为人预期的目的，否则票据行为无效。

（2）票据行为的代理

票据行为可以由代理人进行，其法律效果归属于被代理人。《票据法》规定，票据当事人可委托其代理人在票据上签章，并应在票据上表明其代理关系。

◆ 票据代理行为的有效要件

票据行为若由代理人完成，除了要满足票据行为的成立要件和其他生效要件外，还必须满足票据代理行为的生效要件。这些要件包括如表5-6所示的一些。

表5-6

票据代理的要件	具体情形
须明示本人的名义，并表明代理的意思	《票据法》规定，代理人应在票据上表明其代理关系。假如未作记载，而是以自己的名义进行票据行为，那么不论其是否确有使他人承受票据行为的法律效果的真实意思，均不承担代理的效果，而由"代理人"自己承担票据行为的法律效果
代理人签章	代理人签章的方式适用票据行为人签章的一般规定。可以签名、盖章或者签名加盖章
代理人有代理权	只有代理人有代理权，其以本人名义所为的票据行为的法律效果才能归属于本人。代理人的代理权可能基于法律规定（如无民事行为能力的人或限制民事行为能力人的监护人等情况），但在绝大多数情形下，都是基于本人的授权而取得代理权。如果代理人欠缺代理权，则构成无权代理

◆ 票据行为的无权代理

无权代理是指在没有代理权的情况下以他人名义实施票据行为的现象。一般指没有代理权、超越代理权和代理权终止后进行的代理。《票据法》规定，没有代理权而以代理人名义在票据上签章的，应由签章人承担票据责任；代理人超越代理权限的，应就其超越权限的部分承担票据责任。

【实账处理】——票据的无权代理

甲公司是一家批发零售公司，公司业务不断扩大。2019年5月14日，甲公司委托员工刘静代理公司在本市一个区的销售工作，并准备了盖有公司公章的空白销售合同。

解析：此例中，甲公司授权给员工刘静代理销售业务，所以除了刘静以外的人都没有权利代办甲公司在该区域的销售业务，视为无权代理。

【实账处理】——超越代理权代理

A公司授权给公司员工张维，向B公司购入甲材料10件。当张维到B公司购买时，B公司甲材料降价，于是，在未经A公司领导同意的情况下，张维私自多买了5件。

解析：此例中，A公司员工张维对于多买的5件甲材料就属于超越代理权进行代理。如果公司认可，则张维不用负责；如果公司以张维超越代理权为由拒绝多买的5件材料，则张维需要承担相应的费用。

【实账处理】——代理权终止后继续代理的情况

乙公司是销售纯牛奶的公司，公司员工刘慧从2018年3月开始一直代理乙公司与A客户的订购业务。2019年9月，刘慧辞职，但未归还盖有乙公司公章的空白订购合同，乙公司也未向A客户说明刘慧已从公司辞职，而代理权已经终止。2019年10月，刘慧又与A客户签订了订购合同。

解析：此例中，刘慧在2019年10月与A客户签订订购合同的行为属无权代理，但A客户见到了刘慧出示的代理合同，可以认定为A客户为善意第三人。若A客户要求乙公司履行义务，乙公司不得拒绝，不得损害相对人的利益。在乙公司履行合同义务后，可以要求刘慧进行赔偿。

◆ 滥用票据代理权

滥用代理权是指代理人行使代理权时，违背代理权的设定宗旨和代理行为的基本准则，有损被代理人利益的行为。主要有自己代理、双方代理及代理人和第三人恶意串通3种方式。

- ◆ **自己代理**：是指代理人以被代理人名义与自己进行民事行为。在这种情况下，代理人同时为代理关系中的代理人和第三人，双方的交易行为实际上只由一个人实施。

- ◆ **双方代理**：又称同时代理，是指一个人同时代理交易双方当事人的民事行为的情形。

- ◆ **代理人和第三人恶意串通**：是指代理人和第三人恶意串通，进行损害被代理人利益的行为。代理人的职责是替被代理人进行一定的民事行为，维护被代理人的利益。代理人与第三人恶意串通，违背了代理关系中被代理人对代理人的信任，属于滥用代理权的极端表现。

【实账处理】——自己代理

自然人甲有一台YR设备，自然人乙委托甲购入一台YR设备，且乙并不知道甲自己有一台这样的设备。而甲代表乙与自己签订了购销合同。

解析：此例中，甲代表乙与自己签订了合同，将设备卖给了乙，构成了滥用代理权，可能会损害乙的利益。被代理人乙知道情况后可以申请撤销代理权，且签订的购销合同无效。

【实账处理】——双方代理

甲受乙的委托购买冰箱，又受丙的委托销售冰箱，甲此时以乙、丙双方的名义订立购销冰箱的合同。

解析：在代理人进行双方代理的情况下，由于没有第三人参加进来，交易由一人包办，一个人同时代表交易双方的利益，难免顾此失彼，难以达到利益平衡，从而损害交易一方或双方的利益。但在有些情况下，这种"一手托两家"的双方代理行为，也有可能满足两个被代理人的利益，甚至及时实现他们的利益。

【实账处理】——代理人和第三人恶意串通

甲为乙的代理人，从丙处购买了水泥50袋，甲丙串通，实际只装了48袋，却向乙谎称购买了50袋水泥。

解析：甲与丙恶意串通损害了乙的利益，而损害被代理人的利益的行为是无效民事行为，所以，被代理人不承担其代理行为的后果。

（3）票据行为的种类

票据的种类不一样，票据行为也不完全相同，对于票据法规定的出票、背书、承兑和保证这4种票据行为，其具体内容如表5-7所示。

表5-7

行为	定义
出票	是指票据创立和交付行为，即出票人依照法定格式制作票据，并交付收款人的行为
背书	是指持票人将票据权利转让给他人时在票据上进行的行为
承兑	是指汇票的付款人承诺负担票据债务的行为
保证	是指票据保证人以担保票据债务的履行为目的而进行的票据行为。票据保证的目的是担保票据债务的履行，适用于汇票和本票，不适用于支票

（4）票据行为无效

票据行为无效是指票据行为本身因不符合票据法规定的要件而不产生票据效力。具体来说，指出票、背书、承兑和保证等行为中的单个或数个行为无效。根据票据行为独立性原则，某一票据行为无效并不影响其他票据行为的效力。除出票时的形式欠缺这一情形会使整个票据无效外，其他票据行为无效的，不会影响整个票据的效力。票据无效的原因主要有如下所示的3点。

- ◆ 被保证的票据债务一开始就不存在。
- ◆ 被保证的票据债务，因其赖以发生的票据行为在形式上不完备而无效。
- ◆ 票据保证行为本身在形式上不完备。

票据抗辩

票据抗辩是票据债务人可以对票据权利人的权利主张提出对抗，从而拒绝履行票据债务的情形。比如，本票的收款人向出票人请求付款时，出票人主张付款日未到而拒绝其请求的行为就是一种票据抗辩。

（1）票据抗辩的特点

票据抗辩是一种债务人拒绝履行债务的行为，当债务人觉得债务有问题或对票据本身有疑问时，可以提出抗辩，但是要以法律事由为依据。票据抗辩主要有如图5-5所示的3个特点。

拒绝履行债务

为了维护票据流通的安全，票据法赋予票据债务人抗辩权，规定抗辩事由，允许票据债务人遇有法定抗辩事由时，可据此对抗持票人，不履行票据上记载的债务。

目的明确

票据法规定，抗辩制度的目的是由票据债务人依照法定事由对抗持票人的请求，拒不履行票据债务以保护债务人的正当权利。

以法律事由为依据

因为票据抗辩有拒绝履行票据债务的效力，所以如果票据债务人任意或滥用抗辩，必然会影响票据的安全性、简便性和信用性，最终阻碍票据在流通领域内的流通。所以，抗辩要以法律事由为依据。

图5-5

（2）票据抗辩的种类

票据债务人用以对抗票据权利主张的事由，被称为抗辩原因；其依法提出抗辩，阻止票据权利人行使票据权利的权利，称为票据抗辩权。根据票据抗辩原因及抗辩效力的不同，票据抗辩可分为如下两种类别。

◆ **对物抗辩**：对物的抗辩是基于票据本身的内容发生的事由而进行的抗辩。由于这种抗辩是来自于票据本身，所以不论持票人是谁，也不论债务人是谁，都能成立。这种抗辩又称为绝对抗辩。

◆ **对人抗辩**：对人的抗辩是指可用以对抗特定持票人的抗辩。当票据的持票人发生变更后，票据债务人的这种抗辩将受到影响。对人的抗辩是以特定的法律关系而产生和存在的，所以对人的抗辩又称为相对抗辩。

【实账处理】——对物抗辩

甲公司从乙公司购买了一批材料，2019年6月向乙公司开具了3个月期限的银行承兑汇票，但汇票上没有出票人签名，由于乙公司经办人员粗心大意，所以未发现汇票的问题。2019年9月汇票到期，乙公司持汇票向甲公司提示付款。但甲公司以票据上没有出票人签名为由进行抗辩。

解析：甲公司向乙公司开具了银行承兑汇票，是债务人，当乙公司向甲公司提示付款时，由于汇票上没有出票人签名，所以债务人甲公司可以对乙公司进行票据的对物抗辩。

【实账处理】——对人抗辩

甲公司从乙公司购买了一批材料，2019年6月向乙公司开具了3个月期限的银行承兑汇票，乙公司确认汇票填写完整无误。但乙公司在2019年9月票据到期时都还未向甲公司发货，而乙公司向甲公司提示付款，甲公司以未收到材料为由进行抗辩。

解析：甲公司向乙公司开具了银行承兑汇票，是债务人，当乙公司向甲公司提示付款时，由于乙公司还未向甲公司发货，所以债务人甲公司可以对乙公司进行票据的对人抗辩。

票据的丧失及补救

票据在流通过程中，由于种种原因可能遗失，有些票据需要付款人见到票据才可以付款，如本票，如果遗失票据，很可能给票据持有人带来巨大的损失。所以，财务人员平时应该妥善保管票据，当票据不慎遗失时，也要及时采取补救措施，尽量减小损失。

（1）票据丧失

票据丧失是指持票人并非出于本意而丧失对票据的占有。票据丧失包括绝对丧失与相对丧失，前者又称票据的灭失，指票据从物质形态上的丧失，如被火烧毁、被洗化或被撕成碎片等；后者又称票据的遗失，是指票据在物质形态上没有发生变化，只是脱离了原持票人的占有状态，如持票人不慎丢失或被人盗窃或抢夺。

（2）票据丧失的补救

汇票、支票和本票的持票人在发生票据被盗、遗失或丧失后应采取哪些补救措施呢？根据我国《票据法》及1997年中国人民银行发布的《支付结算办法》的规定，票据丧失后可以采取的补救措施主要有挂失止付、公示催告和普通诉讼。详细内容如下所示。

- ◆ **挂失止付**：是指失票人将丧失票据的情况通知付款人，并由接收通知的付款人暂停支付的一种方式。
- ◆ **公示催告**：公示催告的申请人是票据的最后持有人，申请人必须向票据支付地的基层人民法院提出申请。公示催告期间转让票据的行为是无效行为，受让人的权利不予保护。
- ◆ **普通诉讼**：失票人应在通知挂失止付后3日内，或在票据丧失后，依法向人民法院申请公示催告，或向人民法院提起诉讼。

【实账处理】——公示催告

2019年5月3日，甲公司出纳小张不慎遗失一张支票，小张立即根据规定进行公示催告。2019年5月4日，甲公司遗失的支票被乙捡到，随后到丙商场购物，并用该支票进行了付款，丙商场找到甲公司开户行要求付款被拒付。

解析：由于甲公司在2019年5月3日遗失支票后已经立即进行了公示催告，根据规定，在公示催告期间进行转让的票据行为是无效的行为。因此，甲公司有权拒付该支票，而丙的损失只能向乙进行追索。

票据的时效

票据时效是指持票人可以有效地行使票据权利的期间，既包括付款请求权和追索权的行使，也包括请求承兑和请求做出拒绝证明书等。

（1）票据期间

《中华人民共和国票据法》规定，我国票据时效的期间分3种：两年、6个月和3个月。这3种期间分别适用于不同的票据权利。详细内容如下所示。

◆ **3个月时效**：持票人对其前手的再追索权，应自清偿日或者被提起诉讼之日起3个月内行使。

◆ **6个月时效**：支票的持票人对出票人的权利和对前手的追索权均应在6个月内行使。

◆ **两年时效**：汇票的持票人对出票人和承兑人的权利以及本票的持票人对出票人的权利均应在两年内行使。

（2）票据时效的计算

持票人在票据有效时间内不行使其合法权益的，其票据权利会随着票据时效结束而丧失。债务人可以时效已过为由进行票据抗辩而拒绝付款，这会给持票人带来损失。所以，持票人应时刻关注如下所示的一些票据时效，防止票据权利消灭。

◆ 持票人对票据的出票人和承兑人的权利，自票据到期日起两年。见票即付的汇票、本票，自出票日起两年。

◆ 持票人对支票出票人的权利，自出票日起6个月。

◆ 持票人对前手的追索权，自被拒绝承兑或被拒绝付款之日起6个月。

◆ 持票人对前手的再追索权，自清偿日或被提起诉讼之日起3个月。

【实账处理】——支票时效已过，无法提现

甲公司出纳小张在2019年5月3日收到了一张30 000元的支票，随手放在笔记本中，由于当时外地的分公司业务较多，需要过去帮忙，所以当天立即赶往分公司，于是将此事遗忘。当2019年12月20日，换新办公室收拾东西时才发现该支票，于是到银行提现，银行以支票过期为由进行拒付。

解析：2019年5月3日收到的支票，根据票据时效性的规定，支票应在6个月内行使其权利。而此例中，小张于2019年12月20日才去提现，已经过了票据时效期，银行有权拒付。

银行票据种类"三票一卡"

在实际经济业务中，银行票据多种多样，但常见的有汇票、本票和支票，涉及汇兑、托收承付、委托收款和银行转账等付款方式。本节主要通过票据的特点和业务处理，详细介绍这几种常用的票据。

汇票概述

汇票是出票人签发的，委托付款人在见票时，或者在指定日期无条件支付确定的金额给收款人或持票人的票据。汇票在国际结算中的使用最为广泛，也是最常见的信用工具。

（1）汇票的分类

汇票是一种委付证券，具有3个基本的法律关系人物：出票人、持票人和付款人。根据其特有的性质可分为不同类型。详细内容如表5-8所示。

表5-8

分类方式	种类	内容
出票人	银行汇票	是指汇票的出票人和付款人相同，都是银行
	商业汇票	是指出票人为企业法人、公司或者个人，付款人为其他个人或者银行的汇票
有无附属单据	光票汇票	是指见到符合要求的汇票可以直接付款，无须附上单据。银行汇票一般属于光票汇票
	跟单汇票	是指需要附带提单、仓单、保险单、装箱单或商业发票等单据才能进行付款的汇票。商业汇票一般属于跟单汇票
付款时间	即期汇票	又称见票即付汇票，指持票人向付款人提示付款后，付款人立即付款的汇票
	远期汇票	是指汇票在出票后一定期限内，或者在汇票上记载的特定日期，付款人在此日期前付款的汇票
承兑人	商业承兑汇票	指汇票的承兑人为银行以外的任何商号或个人
	银行承兑汇票	指汇票的承兑人为银行，银行承兑汇票也属于远期汇票
流通地域	国内汇票	只能在国内流通的汇票
	国际汇票	国内国外都可以使用的汇票

汇票的种类繁多，一般企业间用得较多的是银行汇票和银行承兑汇票。前者是要求企业在银行有存款才能申请开出相应金额的汇票；后者要看银行给企业的授信额度，一般情况是企业向银行交一部分保证金，余额可以使用抵押等手段支付。

（2）汇票的特点

汇票使用起来具有自己的特点，具体如下所示。

◆ **信用好，承兑性强**：银行承兑汇票经银行承兑，到期无条件付款，把企业之间的商业信用转化为银行信用，收到银行承兑汇票就如同收到了现金。

◆ **流通性强，灵活性高**：银行承兑汇票可以背书转让，也可以申请贴现，不会占用企业的资金。

◆ **节约资金成本**：对于实力较强、信誉较高的企业来说，只需缴纳规定的保证金就能办理汇票。

（3）汇票的使用原则

除了要了解以上所说的特点外，在汇票的使用过程中，我们还必须注意遵循签发、承兑和使用汇票的原则，具体内容如下。

◆ 使用汇票的单位必须是在银行开立账户的法人。

◆ 签发汇票必须以合法的商品交易为基础，禁止签发无实质性商品交易行为的汇票。

◆ 汇票经承兑后，承兑人（付款人）负有无条件支付票款的责任。

◆ 汇票除了向银行贴现外，不准流通转让。

【实账处理】——汇票的业务处理

2019年7月1日，甲公司销售一批货物给乙公司，总价值为300 000元，经两公司友好协商约定，乙公司签出一张由其承兑的300 000元商业承兑汇票，如图5-6所示。到期日为2019年10月1日。

2019年7月1日，甲公司收到乙公司签发的商业承兑汇票时的会计分录如下。

借：应收票据   300 000

 贷：应收账款   300 000

2019年9月25日，甲公司提示乙公司付款后，收到货款并存入银行，会计分录如下。

借：银行存款　　　　　　　　　　　　　　300 000

　　贷：应收票据　　　　　　　　　　　　　　300 000

<table>
<tr><td colspan="6" align="center">商业承兑汇票</td></tr>
<tr><td colspan="6" align="center">出票日期　贰零壹玖　年　零柒　月　零壹　日</td></tr>
<tr><td rowspan="3">付款人</td><td>全　　称</td><td>乙公司</td><td rowspan="3">收款人</td><td>全　　称</td><td>甲公司</td></tr>
<tr><td>账　　号</td><td>620231×××××</td><td>账　　号</td><td>625347×××××</td></tr>
<tr><td>开户银行</td><td>××银行</td><td>开户银行</td><td>××银行</td></tr>
<tr><td colspan="2">出票金额</td><td>人民币　叁拾万元整
（大写）</td><td colspan="3">千百十万千百十元角分
¥ 3 0 0 0 0 0 0 0</td></tr>
<tr><td colspan="2">汇票到期日
（大写）</td><td>贰零壹玖年零拾月零壹日</td><td rowspan="2">付款人开户行</td><td>行号</td><td>×××××</td></tr>
<tr><td colspan="2">交易合同号码</td><td></td><td>地址</td><td>××市××路×号</td></tr>
<tr><td colspan="3">本汇票已经承兑，到期无条件支付票款。

　　　　　　　　　　承兑人签章

承兑日期　　2019 年 7 月 1 日</td><td colspan="3">本汇票请予以承兑，并于到期日付款。

　　　　　　　　　　出票人签章</td></tr>
</table>

图5-6

本票概述

根据我国《票据法》的规定，本票主要是指银行本票，是出票人签发的，承诺自己在见票时无条件支付确定金额给收款人或者持票人的票据。

（1）本票的特征

与其他票据相比，本票主要有如下所示的3个特点。

◆ **自付票据**：本票是由出票人本人（即银行）对持票人进行付款。

◆ **基本当事人少**：本票的基本当事人只有出票人和收款人两个。

◆ **无须承兑**：本票由出票人本人承担付款责任，无需委托他人付款。所以，本票无须承兑就能保证付款。

（2）本票的作用

根据本票的特征，经济业务中常常使用本票进行支付，也具有积极的作用，详细内容如图5-7所示。

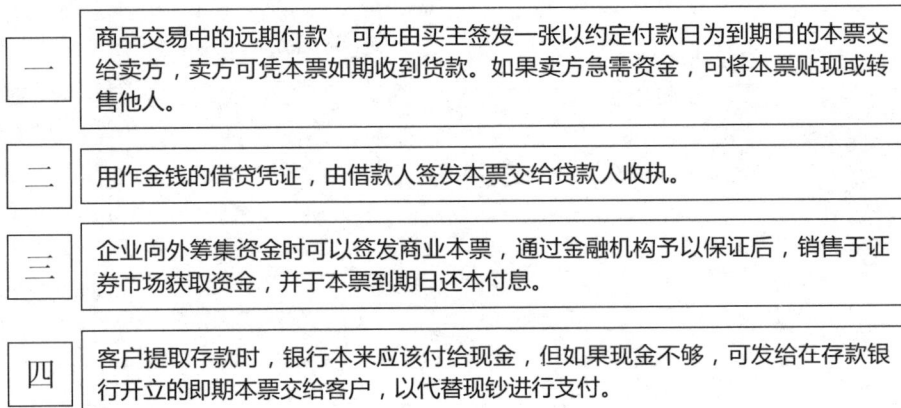

一	商品交易中的远期付款，可先由买主签发一张以约定付款日为到期日的本票交给卖方，卖方可凭本票如期收到货款。如果卖方急需资金，可将本票贴现或转售他人。
二	用作金钱的借贷凭证，由借款人签发本票交给贷款人收执。
三	企业向外筹集资金时可以签发商业本票，通过金融机构予以保证后，销售于证券市场获取资金，并于本票到期日还本付息。
四	客户提取存款时，银行本来应该付给现金，但如果现金不够，可发给在存款银行开立的即期本票交给客户，以代替现钞进行支付。

图5-7

（3）本票必须记载事项

拿到一张本票后，如何确定这张本票是否生效？根据《中华人民共和国票据法》规定，本票需要具备以下的必要项目才算有效。

◆ 表明"银行本票"的字样。

◆ 无条件支付的承诺。

◆ 有出票人签字或盖章。

◆ 有出票日期和地点。

◆ 有确定的金额。

◆ 有收款人或其指定人姓名。

另外，对本票责任承担的地点也应做出明确的约定，未记载付款地点的，以出票人的营业场所为付款地；未记载出票地的，以出票人的营业场所为出票地。

【实账处理】——本票的业务处理

　　甲公司为取得商品交易时所需的银行本票，2019年6月24日将单位账户的5 000元存入银行本票中，填制了如图5-8所示的银行本票，并到银行办理相关业务，根据银行回单编制了如下会计分录。

借：其他货币资金——银行本票　　　　　5 000

贷：银行存款　　　　　　　　　　　　　　　5 000

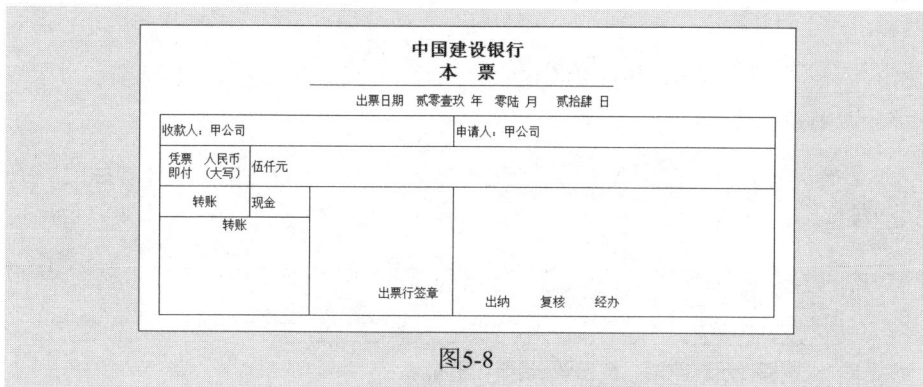

中国建设银行

本 票

出票日期 贰零壹玖 年 零陆 月 贰拾肆 日

收款人：甲公司		申请人：甲公司	
凭票 即付	人民币 （大写）伍仟元		
转账	现金		
	转账		
		出票行签章	出纳　复核　经办

图5-8

支票概述

支票是指出票人签发的、委托银行等金融机构于见票时支付一定金额给收款人或其他指定人的一种票据，可看作是汇票中的一种即期汇票。签发人不得签发空头支票（即支票出票人签发的支票金额，超出其在付款人处的存款金额），如果存款低于支票金额，银行将拒付给持票人，且出票人要负法律上的责任。

企业开立支票存款账户和领用支票都必须有可靠的资信，且存入一定资金。支票一经背书即可流通转让，具有通货作用，成为替代货币发挥流通职能和支付职能的信用流通工具。用支票进行货币结算，可减少现金流通量，节约货币流通费。

（1）支票的记载事项

对于支票上所填的内容，根据其重要性可分为绝对记载事项、相对记载事项和非法定记载事项。其主要内容如表5-9所示。

表 5-9

分类	概念	内容
绝对记载 事项	是票据法规定必填的记载事项，若欠缺某一项绝对记载事项，则该票据无效	1. 表明"支票"的字样；2. 无条件支付的委托；3. 确定的金额；4. 付款人名称；5. 出票日期；6. 出票人签章
相对记载 事项	是指票据法规定应当记载而没有记载，若未记载，可以通过法律规定进行推定而不会导致票据无效的事项	1. 付款地；2. 出票地
非法定记 载事项	是指对支票没有法律效力的事项	1. 支票的用途；2. 合同编号；3. 约定的违约金；4. 管辖法院等

其中，根据我国《票据法》和《支付结算办法》的规定，支票金额、收款人

名称，在支票使用前，出票人可以授权补记，未补记前不得背书转让和提示付款。对于某些未记载事项，银行可以拒绝付款。

（2）支票的特点

在经济业务中，出纳常使用支票进行取现，使用比较便捷，具体有如图5-9所示的特点。

一	支票使用方便，手续比较简便，方式灵活。
二	支票有提示付款期，自出票日起10日内。
三	支票可以背书转让，但用于支取现金的支票不得背书转让。

图5-9

（3）支票的分类

因为支票使用方便且灵活，所以其使用往往比较频繁。通常，支票可分为现金支票、转账支票和普通支票。但因为划分依据不同，支票还可分为其他类型，具体有如表5-10所示的一些。

表 5-10

名称	含义
记名支票	指具有特定的收款人，在支票的"收款人"一栏写明收款人姓名，取款时必须由此人签章，方可支取
不记名支票	指支票上不记载收款人姓名的支票。取款时持票人无须在支票背后签章即可支取款项，这种支票仅凭交付而转让
划线支票	是指在普通支票左上角划两条平行线的支票，且只能委托银行代收票款入账。使用划线支票的目的是为了在支票遗失或被人冒领时，还有可能通过银行代收的线索追回票款
保付支票	是指为了避免出票人开出空头支票，保证支票提示付款，支票的收款人或持票人可要求银行对支票进行"保付"的支票
现金支票	是支票上印有"现金"字样且专门用于支取现金的一种支票。当客户需要使用现金时，随时签发现金支票，向开户银行提取现金，银行在见票时无条件支付给收款人确定金额的现金的票据
银行支票	是由银行签发，并由银行付款的支票，也是银行即期汇票。银行代客户办理票汇汇款时，可以开立银行支票
旅行支票	银行或旅行社为旅游者发行的一种固定金额的支付工具，是旅游者用现金从出票机构处购买的一种支票

（4）支票的使用

支票的使用较频繁，为了提高使用效率，就要了解支票的使用规范，如下所示。

- ◆ 支票一律采用记名制，转账支票可以背书转让，现金支票不能背书转让。
- ◆ 支票签发的日期、大小写金额和收款人名称等不得更改，其他内容有误的，可以划线更正，并加盖预留银行印鉴之一证明。
- ◆ 支票发生遗失时，可以向付款银行申请挂失止付；挂失前已经支付款项的，银行不予受理。
- ◆ 出票人签发的空头支票及印章与银行预留印鉴不符的支票等，银行除将支票做退票处理外，还要按票面金额处以5%但不低于1 000元的罚款，而持票人有权要求出票人赔偿支票金额2%的赔偿金。

【实账处理】——支票的业务处理

甲公司于2019年5月17日填制了如图5-10所示的现金支票，并到银行提取30 000元现金作为备用金。

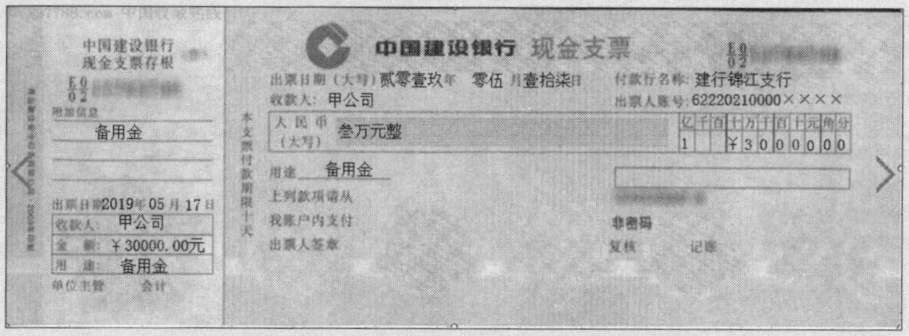
中国建设银行 现金支票存根
附加信息 备用金
出票日期2019年05月17日
收款人：甲公司
金额：¥30000.00元
用途：备用金
单位主管 会计

中国建设银行 现金支票
出票日期（大写）贰零壹玖年 零伍 月壹拾柒日　付款行名称：建行锦江支行
收款人：甲公司　出票人账号：62220210000××××
本支票付款期限十天
人民币（大写）叁万元整　¥3000000
用途 备用金
上列款项请从
我账户内支付
出票人签章
密码
复核 记账

图5-10

取现后根据支票存根联编制了如下的会计分录。

借：库存现金　　30 000

　贷：银行存款　　30 000

（5）汇票、本票和支票的联系与区别

常用的票据中，汇票、本票和支票在某些功能上具有一定的相同点，都是一种支付票据，而在具体的使用中会有不同的作用和使用方法。

- ◆ 汇票、本票、支票的联系

汇票、本票和支票这3种票据都是可以流通转让的有价证券，具有基本相同的格式，具体的相同点如表5-11所示。

表 5-11

相同点	内容
都是设权有价证券	即票据持票人凭票据上所记载的权利内容,证明其票据权利以取得财产
都是格式证券	票据的格式(其形式和记载事项)都是由法律(即票据法)严格规定的,不遵守格式对票据的效力有一定的影响
都是文字证券	票据权利的内容以及票据有关的一切事项都以票据上记载的文字为准,不受票据上文字以外事项的影响
都是可以流通转让的证券	作为流通证券的票据,可以经过背书或不作背书仅交付票据的简易程序而自由转让与流通
都是无因证券	即票据上权利的存在只依票据本身的文字确定,权利人享有票据权利只以持有票据为必要

除此之外,汇票、本票和支票都具有相同的票据功能,如汇兑、信用和支付功能,具体内容如表5-12所示。

表 5-12

功能	内容
汇兑	凭借票据的这一功能,解决两地之间现金支付在空间上的障碍
信用	票据本身不是商品,它是建立在信用基础上的书面支付凭证
支付	票据通过背书可作多次转让,在市场上成为一种流通、支付工具,减少现金的使用

◆ 汇票、本票和支票的区别

汇票、本票和支票都属于狭义的票据范畴,其构成要素大致相同,都具有出票、背书和付款等流通证券的基本票据行为,都是可以转让的流通工具,但它们之间也有区别,主要区别如表5-13所示。

表 5-13

不同点	汇票	本票	支票
基本当事人	3个,出票人、付款人和收款人	2个,出票人和收款人	3个,出票人、付款人和收款人
资金关系	出票人与付款人之间不必先有资金关系	出票人与付款人为同一个人,不存在所谓的资金关系	出票人与付款人之间必须先有资金关系,才能签发支票
主债务人	承兑前为出票人,承兑后为承兑人	主债务人为出票人	主债务人为出票人
是否需承兑	远期汇票需要承兑	见票即付,无需承兑	一般为即期支付,无需承兑
谁担保付款	出票人担保承兑付款,另有承兑人的,由承兑人担保付款	出票人自负付款责任	出票人担保支票付款

续表

不同点	汇票	本票	支票
追索权	汇票持有人在票据的有效期内，对出票人、背书人和承兑人都有追索权	本票持有人只对出票人有追索权	支票持有人只对出票人有追索权
有无复本	有复本	无复本	无复本
拒绝承兑证书	有拒绝承兑证书	没有拒绝承兑证书	没有拒绝承兑证书

信用卡

信用卡又叫贷记卡，是一种非现金交易付款的方式，是简单的信贷服务。信用卡由银行或信用卡公司依照用户的信用度与财务状况发给持卡人，持卡人持信用卡消费时无须支付现金，待账单日时再还款。

信用卡是商业银行向个人和单位发行的，凭此可向特约单位购物、消费和向银行存取现金，具有消费信用的特制载体卡片，其形式是一张正面印有发卡银行名称、有效期、号码和持卡人姓名等内容，背面有磁条、签名条的卡片。它具有如下特点。

◆ 信用卡是一种可在一定范围内替代传统现金流通的电子货币。

◆ 信用卡同时具有支付和信贷两种功能。持卡人可用其购买商品或享受服务，还可通过使用信用卡从发卡机构获得一定的贷款。

◆ 信用卡是集金融业务与电脑技术于一体的高科技产物，能减少现金货币的使用。

◆ 信用卡能提供结算服务，方便购物消费，增强资金安全感；能简化支付和收款手续，节约社会劳动力；能促进商品销售，刺激社会需求。

信用卡类型的划分方式有很多，如按发卡对象、发卡机构、持卡人的信誉与资信以及信用卡的流通范围等。各划分方式下的具体类型如表5-14所示。

表5-14

划分方式	种类	内容
发卡对象	公司卡	公司卡的发行对象为各类工商企业、科研教育等事业单位、国家党政机关、部队和团体等法人组织
	个人卡	个人卡的发行对象则为城乡居民个人，包括工人、干部、教师、科技工作者、个体经营户以及其他成年的、有稳定收入来源的城乡居民。个人卡以个人的名义申领并由其承担用卡的一切责任

划分方式	种类	内容
发卡机构	银行卡	这是银行发行的信用卡，持卡人可在发卡银行的特约商户购物消费，也可以在发卡行所有的分支机构或设有自动柜员机的地方随时提取现金
	非银行卡	这种卡又可以具体地分成零售信用卡和旅游娱乐卡。零售信用卡是商业机构发行的信用卡，如百货公司和石油公司等，专用于在指定商店购物或在加油站加油等，并定期结账；旅游娱乐卡是服务业发行的信用卡，如航空公司和旅游公司等，用于购票、用餐、住宿和娱乐等
持卡人信誉与资信	普通卡	普通卡是对经济实力、信誉和地位一般的持卡人发行的，对持卡人的各种要求并不高
	金卡	金卡是一种缴纳高额会费、享受特别待遇的高级信用卡。发卡对象为信用度较高、偿还能力较强及信用较好或有一定社会地位的人。金卡的授权限额起点较高，附加服务项目及范围也宽得多，因而对有关服务费用和担保金的要求也比较高
流通范围	国际卡	国际卡是一种可以在发行国之外使用的信用卡，全球通用。境外五大集团（万事达卡组织、维萨国际组织、美国运通公司、JCB信用卡公司和大来信用卡公司）分别发行的万事达卡（Master Card）、维萨卡（VISA Card）、运通卡（American Express Card）、JCB卡（JCB Card）和大莱卡（Diners Club Card）等多数属于国际卡
	地区卡	地区卡是一种只能在发行国国内或一定区域内使用的信用卡。我国商业银行发行的各类信用卡大多数属于地区卡

核算良木家居公司2019年10～12月票据业务

本章主要讲述了银行票据的具体内容。下面通过良木公司2019年10～12月的具体经济业务，进一步深入了解票据结算业务。

1．2019年10月31日，记28号凭证。销售收入49 000元，收到商业汇票一张，3个月后到期。该批商品的实际成本为32 667元。

主营业务收入=49 000÷（1+3%）=47 572.82（元）

增值税税额＝49 000-47 572.82=1 427.18（元）

借：应收票据 49 000
　　贷：主营业务收入 47 572.82
　　　　应交税费——应交增值税 1 427.18

借：主营业务成本 32 667
　　贷：库存商品 32 667

2．2019年11月4日，记3号凭证。销售收入25 000元，收到银行汇票一张，2019年1月4日到期。该批商品的实际成本为16 667元。

主营业务收入=25 000÷（1+3%）=24 271.84（元）

增值税税额=25 000-24 271.84=728.16（元）

借：应收票据 25 000
　　贷：主营业务收入 24 271.84
　　　　应交税费——应交增值税 728.16

借：主营业务成本 16 667
　　贷：库存商品 16 667

3．2019年11月17日，记13号凭证。销售收入11 800元，收到商业汇票一张，一个月后到期。该批商品的实际成本为7 867元。

主营业务收入=11 800÷（1+3%）=11 456.31（元）

增值税税额=11 800－11 456.31=343.69（元）

借：应收票据 11 800
　　贷：主营业务收入 11 456.31
　　　　应交税费——应交增值税 343.69

借：主营业务成本 7 867
　　贷：库存商品 7 867

4．2019年11月28日，记19号凭证。用商业汇票付德惠木材公司的材料款共计11 800元。

借：应付账款——德惠木材公司 11 800
　　贷：应付票据 11 800

5．2019年12月31日，记25号凭证。将一张25 000元的银行汇票贴现，贴现率为3%。

　　贴现金额=25 000×3%=750（元）

　　借：银行存款　　　　　　　　　　　　　　　24 250

　　　　财务费用　　　　　　　　　　　　　　　　750

　　　　贷：应收票据　　　　　　　　　　　　　　　　25 000

第 6 章

06

数字汇总报领导——登记账簿并编制报表

management

success

work

Idea

plan

【本章要点】

P166 账簿的基本内容、要求和意义

P168 了解账簿的种类和使用

P170 账簿的格式和登记方法

P173 现金日记账和银行存款日记账

P177 有价证券明细账

P178 备查账簿

【实账处理】

P174 登记2019年8月12日、13日
的现金日记账

P176 登记2019年8月12日、13日
的银行存款日记账

P177 登记有价证券明细账

P178 出纳盘点有价证券

会计账簿概述

会计账簿简称账簿，是由具有一定格式、相互联系的账页所组成，用来序时、分类且全面地记录一个企业或单位经济业务事项的会计簿籍。账簿的登记是重要的会计核算工作，是连接会计凭证和会计报表的中间环节，做好这项工作，对于加强企业的经济管理具有十分重要的意义。

账簿的基本内容、要求和意义

在会计核算中，会计人员通过取得和填制会计凭证来记录每一笔经济业务，然而这些账目是零散的，不便于查阅。为了全面、连续且系统地反映和监督一个经济单位在一定时期内某一类或全部经济业务的情况，各单位必须在凭证的基础上设置和运用账簿。这就需要先了解账簿的基本内容和要求。

（1）账簿的基本内容

各单位可结合自身经济业务的特点和经营管理的要求，按照会计核算的基本要求和会计规范的有关规定，设置必要的账簿并做好登记工作。虽然账簿类型很多，但其有最基本的组成内容，如表6-1所示。

表 6-1

基本内容	说明
封面	主要标明账簿的名称，如总分类账簿、现金日记账或银行存款日记账等
扉页	标明会计账簿的使用信息，如科目索引、账簿启用和经管人员一览表等
账页	用来记录经济业务事项的载体，主要包括账户的名称、日期栏、记账凭证的种类和编号栏、摘要栏、金额栏、总页次和分户页次栏等

尽管各单位的业务不可能完全一样，涉及的账簿信息也有所不同，但账簿的基本内容都是一样的，各单位应该严格按照会计核算的要求进行设置，且规定的基本内容必须要设置全面。

（2）账簿的基本要求

对于账簿的登记，《会计基础工作规范》对账簿中符号、文字颜色、字迹清晰度和金额等都做了明确的规定并提出了基本要求，具体内容如表6-2所示。

表 6-2

基本要求	内容
准确完整	登记会计账簿时，应将会计凭证日期、编号、业务内容摘要、金额和其他有关资料逐项记入账内，做到数字准确、摘要清楚、登记及时和字迹工整
注明记账符号	登记完毕后，要在记账凭证上签名或盖章，并注明已经登账的符号，表示已经记账。在记账凭证上设有专门的栏目供注明记账符号使用，以免发生重记或漏记现象
顺序连续登记	各种账簿按页次顺序连续登记，不得跳行、隔页。如果发生跳行、隔页，应将空行、空页划线注销，或者注明"此行空白""此页空白"等字样，并由记账人员签名或者盖章，不得随便更换账页或撤出账页，作废的账页也要留在账簿中
结出余额	凡需要结出余额的账户，结出余额后，应在"借或贷"栏内写明"借"或者"贷"等字样。没有余额的账户，应在"借或贷"栏内写"平"字，并在余额栏内用"0"表示
过次承前	每一张账页登记完毕并结转下页时，应结出本页合计数及余额，写在本页最后一行和下页第一行有关栏内，并在摘要栏内注明"过次页"和"承前页"字样；也可以将本页合计数及金额只写在下页第一行有关栏内，并在摘要栏内注明"承前页"字样

为了方便使用账簿，企业可根据业务特点制定设置账簿的要求，但必须是在《会计基础工作规范》的基本要求的前提下制定，不得与其相悖。规范地登记账簿既能使账簿使用者更直观地了解信息，也便于统一管理。

（3）账簿的主要意义

在实际业务中，账簿对财务工作起到了重要作用，通过登记账簿，汇总会计业务信息，能够全面地反映经济信息。因此，设置账簿主要有以下意义。

◆ 通过账簿的设置和登记，记载、储存会计信息

将会计凭证所记录的经济业务记入有关账簿，可以全面反映会计主体在一定时期内所发生的各项资金运动情况，储存所需要的各项会计信息。

◆ 通过账簿的设置和登记，分类、汇总会计信息

账簿由不同的相互关联的账户构成，通过账簿记录，一方面可以分门别类地反映各项会计信息，提供一定时期内经济活动的详细情况；另一方面可以通过发生额和余额的计算，提供各方面所需要的总括会计信息，反映财务状况及经营成果。

◆ 通过账簿的设置和登记，检查、校正会计信息

账簿记录是将零散的会计凭证信息进行汇总，分类，过程中可对会计信息做进一步的检查、校正，整理并登记会计信息。

◆ 通过账簿的设置和登记，编报表、输出会计信息

为了反映一定日期的财务状况及一定时期的经营成果，会计人员应定期进行结账工作，进行有关账簿之间的核对，计算出本期发生额和余额，据以编制会计报表，向有关各方提供所需要的会计信息。

了解账簿的种类和使用

各单位要根据自身的经济业务实情选择合适的账簿进行账目登记，从而更好地运用账簿。下面就来了解账簿的种类、设置和启用等知识要点。

（1）账簿的类别

为了适应各单位的经济业务和使用账簿的习惯，账簿根据不同的需求可分为不同的类别。

◆ 按用途分类

因为各单位所属行业不同，性质不同，有些业务繁杂，有些业务较少，所以，各企业可以使用的账簿类型有差别。按照账簿对于单位的用途，可以分为如表6-3所示的种类。

表 6-3

分类	说明	定义
序时账簿	普通日记账	又称日记账，是按照经济业务发生或完成时间的先后顺序逐日、逐笔进行登记的账簿
	特种日记账	
分类账簿	总分类账	对全部经济业务事项按照会计要素的具体类别而设置分类账户进行登记的账簿
	明细分类账	
备查账簿	又称辅助账簿，是对某些在序时账簿和分类账簿等主要账簿中都不予登记或登记不够详细的经济业务事项进行补充登记时使用的账簿	

◆ 按账页格式分类

根据账页格式的不同，主要分为两栏式、三栏式、多栏式、数量金额式和横线登记式等账簿，如表6-4所示。

表 6-4

分类	特征
两栏式账簿	只有借方和贷方两个基本栏目的账簿。各种收入、费用类账户都可以采用两栏式账簿
三栏式账簿	设有借方、贷方和余额3个基本栏目的账簿。比如，日记账、总分类账、资本和债权债务明细账簿

续表

分类	特征
多栏式账簿	在账簿的两个基本栏目（借方和贷方）中按需要分设若干专栏的账簿。比如收入和费用等明细账簿
数量金额式账簿	借方、贷方和金额3个栏目内都分设数量、单价和金额3小栏，借以反映财产物资的实物数量和价值量。比如，原材料、库存商品和产成品等明细账通常采用数量金额式账簿
横线登记式账簿	在同一张账页的同一行，记录某一项经济业务从发生到结束的相关内容

◆ 按外形特征分类

账簿是由账页一页一页组成并在使用前就已装订成册的，是订本式；当单位业务量较多时，可在发生业务时登记一张，有需要增加或减少的，可随时增减，这种叫活页账。所以，根据账簿的外形特征可分成如表6-5所示的种类。

表 6-5

分类	内容	特征
订本账	即订本式账簿，是在启用前将编有顺序页码的一定数量账页装订成册的账簿。这种账簿一般适用于重要的和具有统驭性的总分类账、现金日记账和银行存款日记账	优点：可以避免账页散失，防止账页被抽换，比较安全； 缺点：同一账簿在同一时间只能由一人登记，不便于会计人员分工协作记账，也不便于计算机打印记账
活页账	即活页式账簿，是将一定数量的账页置于活页夹内，可根据记账内容的变化而随时增加或减少部分账页的账簿。活页账一般适用于明细分类账	优点：可根据实际需要增添账页，不会浪费账页，使用灵活，且便于同时分工记账； 缺点：账页容易散失和被抽换
卡片账	即卡片式账簿，是将一定数量的卡片式账页存放于专设的卡片箱中，账页可以根据需要随时增添的账簿	卡片账一般适用于低值易耗品或固定资产等的明细核算。在我国一般只对固定资产明细账采用卡片账形式

（2）账簿的设置

任何单位，不论经济业务的多少，都应按照规定结合自身实际经济业务的特点和经营管理的需要，设置一定种类和数量的账簿。但最基本的要设置总账、明细账和出纳账簿等。而在设置账簿时有如下所示的原则。

◆ 账簿的设置要能保证全面、系统地反映和监督各单位的经济活动情况，为经营管理提供系统、分类的核算资料。

◆ 要在满足实际需要的前提下设置账簿，要考虑人力和物力的节约，力求避免重复记账。

◆ 账簿的格式要按照所记录的经济业务的内容和需要提供的核算指标进行设计，要力求简便实用，避免烦琐重复。

（3）账簿的启用

要启用一本新的账簿，首先应在账簿封面上写明单位名称和账簿名称，并填写扉页上的内容，注明启用日期、账簿起止页数以及记账人员、会计机构负责人和会计主管人员等的姓名，并加盖公章。

当记账人员、会计机构负责人或会计主管调动工作时，也要在启用表上注明交接日期、接办人员和监交人员姓名，并由交接双方签字或盖章。这是为了明确有关人员的责任，加强有关人员的责任感，维护会计账簿记录的严肃性和安全性。账簿的封面和扉页样本分别如图6-1和图6-2所示。

单位名称							
账簿册数	本年共	册	本册是第	册			
账簿页数	本册自	页至	页共	页			
会计年度	自	年	月	日至	年	月	日
单位负责人			财务负责人				

图6-1

<table>
<tr><th colspan="12">账 簿 启 用 表</th></tr>
<tr><td>单位名称</td><td colspan="10"></td><td>单位盖章</td></tr>
<tr><td>账簿名称</td><td colspan="10"></td><td rowspan="7"></td></tr>
<tr><td>账簿编号</td><td colspan="10">年 总 册 第 册</td></tr>
<tr><td>账簿页数</td><td colspan="10">本账簿共计 页 第 页</td></tr>
<tr><td>启用日期</td><td colspan="10">年 月 日至 年 月 日</td></tr>
<tr><td rowspan="3">经管人员</td><td colspan="3">负责人</td><td colspan="3">主办会计</td><td colspan="4">记账</td></tr>
<tr><td>职别</td><td>姓名</td><td>盖章</td><td>职别</td><td>姓名</td><td>盖章</td><td>职别</td><td>姓名</td><td colspan="2">盖章</td></tr>
<tr><td></td><td></td><td></td><td></td><td></td><td></td><td></td><td></td><td colspan="2"></td></tr>
<tr><td rowspan="4">交接记录</td><td rowspan="2">职别</td><td rowspan="2">姓名</td><td colspan="4">接管</td><td colspan="4">移交</td><td>印花税票粘贴处</td></tr>
<tr><td>年</td><td>月</td><td>日</td><td>盖章</td><td>年</td><td>月</td><td>日</td><td>盖章</td><td rowspan="3"></td></tr>
<tr><td></td><td></td><td></td><td></td><td></td><td></td><td></td><td></td><td></td><td></td></tr>
<tr><td></td><td></td><td></td><td></td><td></td><td></td><td></td><td></td><td></td><td></td></tr>
</table>

图6-2

账簿的格式和登记方法

账簿启用后，根据不同的账簿登记要求，要由不同的财务人员进行登记，比如，出纳人员只能登记现金日记账和银行存款日记账等出纳账簿，不能登记总账或明细账等账簿。对于不同的账簿类型，账簿的格式和登记要求有所不同。本节主要讲述几种主要账簿的格式和登记方法。

（1）普通日记账的登记

普通日记账是用来登记各单位全部经济业务的一种序时账簿。在账簿中，按照每日发生的经济业务的先后顺序进行登记，一般采用的是两栏式的账页格式，如图6-3所示。

普 通 日 记 账

年		凭证		会计科目	摘要	借方金额	贷方金额	转账
月	日	字	号					

图6-3

普通日记账对经济业务进行序时登记，可以完整地反映经济活动的情况，保证原始凭证的真实性。它主要有如下所示的3个优点。

◆ 每笔日记账的分录都列示了相应交易与事项的完整借贷记录。

◆ 日记账备有足够的空栏来补充说明每一项交易与事项。

◆ 日记账是序时记录每笔交易与事项的，是一份按时间顺序排列的企业经济活动的完整档案。

（2）总分类账的登记

总分类账简称总账，是根据总分类科目开设账户，用来登记全部经济业务，并进行总分类核算的分类账簿。它提供的核算资料是编制会计报表的主要依据，任何单位都必须设置总分类账。其样本格式如图6-4所示。

总 账

会计科目及编号名称：＿＿＿＿＿＿＿＿

年		记账凭证号数	摘要	页数	借方									贷方									借或贷	余额								
月	日				百	十	万	千	百	十	元	角	分	百	十	万	千	百	十	元	角	分		百	十	万	千	百	十	元	角	分

图6-4

总分类账一般采用订本式账簿，其账页格式一般采用"借方""贷方"和"余额"三栏式；也可采用多栏式格式，比如把序时记录和总分类记录结合在一起的联合账簿，即日记总账。

总分类账的登记依据和方法，主要取决于所采用的会计核算形式。它可以直接根据各种记账凭证逐笔登记，也可以先把记账凭证按照一定方式进行汇总，编制成科目汇总表或汇总记账凭证，再据以登记总分类账簿。

（3）明细分类账的登记

明细分类账是根据二级账户或明细账户开设账页，分类、连续地登记经济业务以提供明细核算资料的账簿，下面具体介绍其常见类型。

◆ 三栏式明细分类账

三栏式明细分类账是设有"借方""贷方"和"余额"3个栏目，用以分类核算各项经济业务，提供详细核算资料的账簿，其格式与三栏式总账格式相同，适用于只进行金额核算的账户，样本如图6-5所示。

明细账																																		
年		记账凭证号数	摘要	页数	借 方									贷 方									借或贷	余 额								
月	日				百	十	万	千	百	十	元	角	分	百	十	万	千	百	十	元	角	分		百	十	万	千	百	十	元	角	分

图6-5

◆ 多栏式明细分类账

多栏式明细分类账是将属于同一总账科目的各明细科目合并在一张账页上登记的账簿，适用于成本费用类科目的明细核算，样本如图6-6所示。

明细账																																	
年		记账凭证号数	摘要	借 方															贷 方												借或贷	余 额					
月	日			合 计							进 项 税 额						已 交 税 额						合 计						销 项 税 额			进 项 税 额 转					
				万	千	百	十	元	角	分	万	千	百	十	元	角	分	万	千	百	十	元	角	分	万	千	百	十	元	角	分		万	千	百	十	元	角	分

图6-6

◆ 数量金额式明细分类账

数量金额式明细分类账的"借方（收入）""贷方（发出）"和"余额（结存）"栏都分别设有"数量""单价"和"金额"3个专栏，适用于既要进行金额核算又要进行数量核算的账户，其样本如图6-7所示。

存货仓名：＿＿＿＿　　规格：＿＿＿＿　　单位：＿＿＿＿

明细账																														
年		记账凭证号数	摘要	页数	收 入											发 出											结 存				
月	日				数量	单价	金 额									数量	单价	金 额									数量	单价	金 额		
							百	十	万	千	百	十	元	角	分			百	十	万	千	百	十	元	角	分			百	十	万	千	百	十	元	角	分

图6-7

◆ 横线登记式明细分类账

横线登记式明细分类账将每一项业务分别登记在一行，从而依据每一行各栏目登记是否齐全来判断业务的进展情况。该明细分类账适用于登记材料采购、应收票据和一次性备用金等业务，样本如图6-8所示。

						借方				贷方	余额
年 月 日	记账凭证号数	摘要	计量单位	发票数量	实收数量	发票价格 十万千百十元角分	运杂费等 十万千百十元角分	合计 十万千百十元角分		十万千百十元角分	十万千百十元角分

明细账

图6-8

不同类型的经济业务，其明细分类账可根据管理需要，依照记账凭证、原始凭证或汇总原始凭证逐日逐笔或定期汇总登记。固定资产和债权债务等明细账应逐日逐笔登记；库存商品、原材料、产成品等收发明细账以及收入、费用明细账等可以逐笔登记，也可定期汇总登记。

出纳账簿运用

出纳账簿是会计账簿的一种，是出纳人员在工作中经常使用的，包括现金日记账、银行存款日记账、有价证券明细账及备查账簿等。本节主要对出纳账簿的基本知识和登记方法做详细讲解。

现金日记账和银行存款日记账

出纳人员经常使用现金和银行存款，应根据每日的业务及时登记现金日记账和银行存款日记账，它们的登记规则基本相同，具体如表6-6所示。

表 6-6

规则	做法
复核收、付款凭证	现金出纳人员在办理收、付款时，应对收款凭证和付款凭证进行仔细的复核，并将经过复核无误的收、付款凭证和其所附原始凭证作为登记现金日记账的依据。如果原始凭证上注明"代记账凭证"字样，在经有关人员签章后，也可作为记账的依据

规则	做法
内容全面，书写清楚	每一笔账都要记清楚记账凭证的日期、编号、摘要、金额和对应科目等内容。经济业务的摘要不能过于简略，应以能够清楚地表述业务内容为度，便于事后查对。日记账应逐笔分行记录，不得将收款凭证和付款凭证合并登记，也不得将收款付款相抵后以差额登记。登记完毕后应逐项复核，复核无误后在记账凭证上的"记账"一栏内标记过账符号"√"，表示已经登记入账
逐笔登记，日清月结	为了及时掌握现金收、付和结余情况，现金日记账必须实行"当日账务当日记录，当日结出余额"；有些现金收、付业务频繁的单位，还应随时结出余额，以掌握收、支计划的执行情况
连续登记，不得跳页	现金日记账采用订本式账簿，其账页不得以任何理由而撕去，作废的账页也应留在账簿中。在一个会计年度内，账簿尚未用完时不得以任何借口更换账簿或重抄账页。记账时必须按页次、行次和位次顺序登记，不得跳行或隔页登记，若不慎发生跳行、隔页时，应在空行或空页中划线注销，或注明"此行空白""此页空白"等字样，并由记账人员盖章，以示负责
使用蓝黑墨水书写	按照红字更正法冲销错误记录及会计制度中规定用红字登记的业务可以使用红色墨水记账外，其余账务均以蓝黑墨水书写
每日结出余额	每日必须按规定结出余额。现金日记账不得出现贷方余额（或红字余额），上日余额＋本日收入－本日支出＝本日余额，将账面余额与库存现金实存数核对，以检查每日现金收付是否有误

（1）现金日记账的登记

现金日记账是用来逐日反映库存现金的收入、付出及结余情况的特种日记账，企业可按币种设置现金日记账明细科目进行明细分类核算。现金日记账的格式一般有"三栏式""多栏式"和"收付分页式"3种。一般在实际工作中，最常使用的是"三栏式"账页格式。

【实账处理】——登记2019年8月12日、13日的现金日记账

2019年8月12日和13日，甲公司发生以下现金收支业务。

1．2019年8月12日，记第5号凭证。出纳取现50 000元作为备用金。

借：库存现金——备用金　　　　　　　50 000

　　贷：银行存款　　　　　　　　　　　　50 000

2．2019年8月12日，记第6号凭证。付员工报差旅费650元。

借：管理费用——差旅费　　　　　　　650

　　贷：库存现金　　　　　　　　　　　　650

3．2019年8月12日，记第8号凭证。付员工借备用金1 000元。

借：其他应收款——备用金——×× 　　　　1 000

　　贷：库存现金 　　　　　　　　　　　　　　1 000

4．2019年8月13日，记第10号凭证。买一批办公用品535元。

借：管理费用——办公费 　　　　　　535

　　贷：库存现金 　　　　　　　　　　　　　535

5．2019年8月13日，记第12号凭证。付7月电费890元。

借：管理费用——电费 　　　　　　　890

　　贷：库存现金 　　　　　　　　　　　　　890

6．2019年8月13日，记第15号凭证。收到员工归还的备用金500元。

借：库存现金 　　　　　　　　　　　500

　　贷：其他应收款——备用金——×× 　　　　500

出纳人员复核这两天的现金业务对应的所有附件与金额，逐笔登记现金日记账，如图6-9所示。

现 金 日 记 账

2019年 月	日	凭证 种类	号数	对方科目	摘要	借方	贷方	余额	核对
8					承前页余额			1 1 5 0 0 0 0 0	√
8	12	记	005	银行存款	取现作为备用金	5 0 0 0 0 0 0		6 1 5 0 0 0 0 0	√
8	12	记	006	管理费用	支付公司员工报差旅费		6 5 0 0 0 0	6 0 8 5 0 0 0 0	√
8	12	记	008	其他应收款	支付员工借备用金		1 0 0 0 0 0	5 9 8 5 0 0 0 0	√
8	12				本日合计	5 0 0 0 0 0 0	1 6 5 0 0 0 0	5 9 8 5 0 0 0 0	√
8	13	记	010	管理费用	支付办公用品费		5 3 5 0 0	5 9 3 1 5 0 0 0	√
8	13	记	012	管理费用	支付公司7月电费		8 9 0 0 0	5 8 4 2 5 0 0 0	√
8	13	记	015	其他应收款	收员工还备用金	5 0 0 0 0		5 8 9 2 5 0 0 0	√
8	13				本日合计	5 0 0 0 0	1 4 2 5 0 0	5 8 9 2 5 0 0 0	√

图6-9

（2）银行存款日记账的登记

银行存款日记账是专门用来记录银行存款收支业务的一种特种日记账，必须采用订本式账簿，其账页格式一般采用"收入（借方）""支出（贷方）"和"余额"三栏式。银行存款收入数额应根据有关的现金付款凭证登记，每日业务终了时，应计算并登记当日的银行存款收入合计数、支出合计数以及账面结余额，并定期同银行送来的对账单进行核对，以便检查和监督各项收入与支出款项，避免出现坐支现金的现象。

【实账处理】——登记2019年8月12日、13日的银行存款日记账

2019年8月12日、13日，甲公司发生以下关于银行存款收支的业务。

1．2019年8月12日，记第4号凭证，出纳取现50 000元作为备用金。

借：库存现金　　　　　　　　　　　　50 000

　　贷：银行存款　　　　　　　　　　　　50 000

2．2019年8月12日，记第7号凭证，收到营业款45 000元（不考虑增值税）。

借：银行存款　　　　　　　　　　　　45 000

　　贷：主营业务收入　　　　　　　　　　45 000

3．2019年8月12日，记第9号凭证，甲公司购入一批材料共计30 000元（不考虑增值税）。

借：原材料　　　　　　　　　　　　　30 000

　　贷：银行存款　　　　　　　　　　　　30 000

4．2019年8月13日，记第11号凭证，收到营业款64 000元（不考虑增值税）。

借：银行存款　　　　　　　　　　　　64 000

　　贷：主营业务收入　　　　　　　　　　64 000

5．2019年8月13日，记第16号凭证，付供应商前欠货款15 000元。

借：应付账款　　　　　　　　　　　　15 000

　　贷：银行存款　　　　　　　　　　　　15 000

出纳人员复核这两天的银行存款业务的所有附件与金额，逐笔登记银行存款日记账，如图6-10所示。

银行存款日记账

开户行　商业银行

账　号 6124099971[redacted]

2019年		凭证		对方科目	摘要	借方									贷方									余额									核对
月	日	种类	号数			百	十	万	千	百	十	元	角	分	百	十	万	千	百	十	元	角	分	百	十	万	千	百	十	元	角	分	
8					承前页余额																				4	5	8	7	0	0	0	0	√
8	12	记	004	库存现金	取现作为备用金												5	0	0	0	0	0	0		4	0	8	7	0	0	0	0	√
8	12	记	007	主营业务收入	收到营业款			4	5	0	0	0	0	0											4	5	3	7	0	0	0	0	√
8	12	记	009	原材料	购入原材料一批												3	0	0	0	0	0	0		4	2	3	7	0	0	0	0	√
8	12				本日合计			4	5	0	0	0	0	0			8	0	0	0	0	0	0		4	2	3	7	0	0	0	0	√
8	13	记	011	主营业务收入	收到营业款			6	4	0	0	0	0	0											4	8	7	7	0	0	0	0	√
8	13	记	016	应付账款	支付供应商欠款												1	5	0	0	0	0	0		4	7	2	7	0	0	0	0	√
8	13				本日合计			6	4	0	0	0	0	0			1	5	0	0	0	0	0		4	7	2	7	0	0	0	0	√
					过次页																												

图6-10

有价证券明细账

有价证券是指写明票面金额，用于证明持有人或该证券指定的特定主体对特定财产拥有所有权或债权的凭证。有价证券是虚拟资本的一种形式，它本身没有价值，但有价格。有价证券按其表明的财产权利的不同性质，可分为商品证券明细账、货币证券明细账及资本证券明细账3类。具体内容如图6-11所示。

商品证券明细账

商品证券是证明持券人有商品所有权或使用权的凭证，取得证券就等于取得商品所有权。这种证券代表的商品所有权受法律保护，主要有提货单、运货单和仓库栈单等。

货币证券明细账

货币证券是指本身能使持券人或第三者取得货币索取权的有价证券，它主要分为两大类：一是商业证券，主要是商业汇票；二是银行证券，主要包括银行汇票、银行本票和支票。

资本证券明细账

资本证券指由金融投资或与金融投资有直接联系的活动产生的证券。持券人对发行人有一定的收入请求权，主要有股票、债券及其衍生品，如基金证券和可转换证券等。

图6-11

出纳人员应分类保管单位的所有有价证券，设置有价证券账簿，逐笔登记有价证券的张数与金额，并定期与账面余额进行核对，如果有盘盈、盘亏等情况，要及时查找原因并填写盘点表。

【实账处理】——登记有价证券明细账

2019年5月13日，某公司收到商业汇票一张，到期日为2019年6月12日，票面金额9 700元。2019年5月14日，收到转账支票一张，到期日为2019年6月13日，票面金额143 00元。2019年5月20日，收到本票两张，到期日为2019年6月19日，票面金额1 500元，共3 000元。出纳员根据收到的有价证券逐笔登记有价证券明细账，如图6-12所示。

有价证券明细账

序号	有价证券	证券日期	到期日	证券金额	张数	合计金额	备注
1	汇票	2019年5月13日	2019年6月12日	10000	1	10000	
2	支票	2019年5月14日	2019年6月13日	15000	1	15000	
3	本票	2019年5月20日	2019年6月19日	1500	2	3000	
合计					4	28000	

图6-12

【实账处理】——出纳盘点有价证券

2019年7月1日，乙公司出纳员对公司的有价证券进行盘点，结果表明：有汇票一张，票面金额10 000元，共10 000元；转账支票一张，票面金额15 000元，共15 000元；本票两张，票面金额1 500元，共3 000元，经核对与账面相符。出纳员根据盘点情况填写了有价证券盘点报告表，如图6-13所示。

有价证券盘点报告表

经管部门   2019年7月1日

名称	发行年度期别	到期日	每张面值	账面张数	盘点张数	盘盈亏 张数	盘盈亏 金额	
汇 票	2019年5月13日	2019年6月12日	10000	1	1			差异原因说明
支 票	2019年5月14日	2019年6月13日	15000	1	1			
本 票	2019年5月20日	2019年6月19日	1500	2	2			
								处理对策
总经理	部门主管		主管	保管人				会点人

说明：1、适用盘点项目：股票、公债、金融票券。
2、用途：财务部门与经管部门共同盘点及共同签订。
经管部门说明差异原因及拟处理对策呈核。

图6-13

备查账簿

备查账簿是指对一些在序时账簿和分类账簿中不能记载或记载不全的经济业务进行补充登记的账簿，对序时账簿和分类账簿起补充作用。相对于序时账簿和分类账簿而言，备查账簿属于辅助性账簿，它可以为经营管理提供参考资料，如委托加工物资登记簿和租入固定资产登记簿等。备查账簿具有如下所示的特征。

- ◆ **根据需要设置**：不是每个企业都要设置备查账簿，具体可根据企业的管理需要来决定是否设置。

- ◆ **格式自由确定**：备查账簿没有固定格式，与其他账簿之间也没有太多的勾稽关系，其格式可根据企业内部管理的需要自行设定。

- ◆ **采用活页式**：备查账簿一般采用活页式，便于查账，但要注意妥善保管，保证账簿的安全和完整。

备查账簿根据不同的业务类型可分为很多种类，常用的几种备查账簿有：应收账款备查簿、分期收款发出商品备查簿、应收票据备查簿、委托加工来料备查簿及在用低值易耗品备查簿等。具体内容如表6-7所示。

表 6-7

名称	用法
应收账款备查簿	该备查簿用于登记财务报表内（或账内）需要说明原因的重要应收款项或表外（或账外）的应收款项
分期收款发出商品备查簿	该备查簿用于详细记录分期收款发出商品的数量、成本、售价、代垫运杂费、已收取的货款和尚未收取的货款等有关情况
应收票据备查簿	该备查簿用于逐笔登记每一应收票据的种类、号数、出票日期、票面金额、票面利率和交易合同号，付款人、承兑人、背书人的姓名或单位名称，到期日、背书转让日、贴现日期、贴现率、贴现净额和未计提的利息及收款日期、收回金额和退票情况等信息
委托加工来料备查簿	该备查簿用于登记企业对外进行来料加工装配业务而收到的原材料和零件等收发结存数额。收到的物资由于所有权不属于本企业，不应包括在"原材料"科目的核算范围内
在用低值易耗品备查簿	对于在用低值易耗品以及使用部门退回仓库的低值易耗品，在该备查簿上进行登记，加强实物管理
应付票据备查簿	该备查簿用于详细登记每一张应付票据的种类、号数、签发日期、到期日、票面金额、票面利率、合同交易号、收款人姓名或单位名称以及付款日期和金额等信息。应付票据到期结清时，应在备查簿内逐笔注销
应付债券备查簿	企业发行债券时，应将待发行债券的票面金额、票面利率、还本期限与方式、发行总额和发行日期等登记在应付债券备查簿中
递延税款备查簿	采用纳税影响会计法进行所得税会计处理的企业，应设置该备查簿，详细记录发生时间性差异的原因、金额、预计转回期限和已转回金额等情况
发票备查簿	该备查簿详细登记增值税专用发票和普通发票的领购、缴销及结存等情况

登记良木家居公司2019年10~12月的账簿

本章主要讲述了经济业务中与出纳有关的账簿及其登记方法，下面通过良木家居有限公司2019年10~12月中与出纳有关的业务来深入了解账簿的登记工作。

1. 根据良木公司2019年10～12月的现金业务，财务人员登记了现金日记账，如图6-14所示。

现 金 日 记 账

月	日	种类	号数	对方科目	摘要	借方	贷方	余额	核对
10					承前页			11 500 00	
10	3	记	005	管理费用	付办公室报购办公用品费		540 00	10 960 00	√
10	5	记	007	主营业务款	收到营业款	15 000 00		25 960 00	√
10	7	记	010	银行存款	取现	30 000 00		55 960 00	√
10	7	记	011	其他应收款	付赵英借备用金		2 000 00	53 960 00	√
10	8	记	012	销售费用	付广告宣传费		2 500 00	51 460 00	√
10	9	记	013	管理费用	付办公室报购办公用品费		1 380 00	50 080 00	√
10	9	记	014	主营业务收入	收到营业款	2 400 00		52 480 00	√
10	12	记	015	管理费用	付赵英报差旅费		150 00	52 330 00	√
10	20	记	018	管理费用	付办公室报销通讯费		450 00	51 880 00	√
10	20	记	018	应付职工薪酬	付职工生活费		1 000 00	50 880 00	√
10	23	记	019	管理费用	付驾驶员车辆使用费		324 00	50 556 00	√
10	25	记	021	其他应收款	垫付销售部赵费医药费		2 000 00	48 556 00	√
10	31	记	024	管理费用	付10月水电费		2 595 00	45 961 00	√
10	31	记	025	主营业务收入	收到营业款	5 600 00		51 561 00	√
10					本月合计	53 000 00	12 939 00	51 561 00	
10					本年累计	53 000 00	12 939 00	51 561 00	
11	2	记	002	其他应收款	付李雪借备用金		3 000 00	48 561 00	√
11	5	记	004	管理费用	付财务部报继续教育费		300 00	48 261 00	√
11	6	记	005	主营业务收入	收到营业款	5 600 00		53 861 00	√
11	7	记	006	其他应收款	收退回备用金	850 00		54 711 00	√
11	13	记	009	销售费用	付广告宣传费		720 00	53 991 00	√
11	17	记	012	其他应收款	收赵勇退回垫付的医药费	2 000 00		55 991 00	√
11	20	记	014	管理费用	付办公费		572 00	55 419 00	√
11	20	记	015	管理费用	付通讯费		470 00	54 949 00	√
11	20	记	015	应付职工薪酬	付职工生活费		1 105 00	53 844 00	√
					过次页				

现 金 日 记 账

月	日	种类	号数	对方科目	摘要	借方	贷方	余额	核对
11					承前页			53 844 00	
11	25	记	016	主营业务收入	收到营业款	7 250 00		61 094 00	√
11	28	记	017	管理费用	付驾驶员报销车辆使用费		370 00	60 724 00	√
11	28	记	018	管理费用	付业务招待费		1 528 00	59 196 00	√
11	29	记	020	固定资产	付购买笔记本电脑价款		3 000 00	56 196 00	√
11	30	记	021	管理费用	付11月水电费		2 870 00	53 326 00	√
11					本月合计	15 700 00	13 935 00	53 326 00	
11					本年累计	68 700 00	26 874 00	53 326 00	
12	4	记	003	管理费用	付报销邮寄费		70 00	53 256 00	√
12	8	记	005	主营业务收入	收到营业款	8 100 00		61 356 00	√
12	11	记	006	销售费用	付广告费		1 920 00	59 436 00	√
12	11	记	007	银行存款	提取现金	20 000 00		79 436 00	√
12	11	记	008	管理费用	报销车辆使用费		812 00	78 624 00	√
12	11	记	009	主营业务收入	收到营业款	24 500 00		103 124 00	√
12	12	记	011	主营业务收入	收到营业款	21 000 00		124 124 00	√
12	12	记	012	管理费用	付办公费		1 550 00	122 574 00	√
12	15	记	014	其他应收款	付王义借备用金		2 700 00	119 874 00	√
12	17	记	015	管理费用	付报销业务招待费		1 075 00	118 799 00	√
12	28	记	020	管理费用	付报会务费		2 140 00	116 659 00	√
12	30	记	021	管理费用	付通讯费		465 00	116 194 00	√
12	30	记	021	应付职工薪酬	付职工生活费		1 065 00	115 129 00	√
12	31	记	024	管理费用	付12月水电费		2 500 00	112 629 00	√
12	31	记	032	银行存款	将现金存入银行		90 000 00	22 629 00	√
12					本月合计	73 600 00	104 297 00	22 629 00	
12					本年累计	142 300 00	131 171 00	22 629 00	
					过次页				

图6-14

2. 根据良木公司2019年10～12月的银行存款业务登记了银行存款日记账，如图6-15所示。

银行存款日记账

开户行　建设银行
账　号　622202100001××××

2019年 月	日	凭证 种类	号数	对方科目	摘要	借方	贷方	余额	核对
					承前页			258 700 00	✓
10	1	记	002	主营业务收入	收到营业款	120 500 00		379 200 00	✓
10	2	记	003	主营业务收入	收到营业款	118 750 00		497 950 00	✓
10	2	记	004	原材料	付购进原材料价款		36 050 00	461 900 00	✓
10	4	记	006	主营业务收入	收到营业款	55 000 00		516 900 00	✓
10	5	记	008	主营业务收入	收到营业款	64 800 00		581 700 00	✓
10	7	记	010	库存现金	取现		30 000 00	551 700 00	✓
10	13	记	016	主营业务收入	收到营业款	45 000 00		596 700 00	✓
10	15	记	017	应付账款	付德惠木材材料款		20 000 00	576 700 00	✓
10	25	记	020	主营业务收入	收到营业款	30 000 00		606 700 00	✓
10	31	记	023	应付职工薪酬	付2019年10月工资		268 804 00	337 896 00	✓
10	31	记	026	财务费用	付2019年10月财务费用		320 00	337 576 00	✓
10					本月合计	434 050 00	355 174 00	337 576 00	✓
10					本年累计	434 050 00	355 174 00	337 576 00	✓
11	2	记	001	主营业务收入	收到营业款	30 000 00		367 576 00	✓
11	8	记	007	原材料	付购入原材料价款		25 000 00	342 576 00	✓
11	9	记	008	应付账款	付德惠木材材料款		15 000 00	327 576 00	✓
					过次页				

银行存款日记账

开户行　建设银行
账　号　622202100001××××

2019年 月	日	凭证 种类	号数	对方科目	摘要	借方	贷方	余额	核对
					承前页			327 576 00	✓
11	13	记	010	应付职工薪酬	付10月的职工奖金		22 780 00	304 796 00	✓
11	15	记	011	主营业务收入	收到营业款	8 000 00		312 796 00	✓
11	30	记	023	短期借款	借入短期借款	120 000 00		432 796 00	✓
11	30	记	024	应付职工薪酬	付11月工资并代扣社保		245 440 00	187 356 00	✓
11	30	记	025	财务费用	付11月银行手续费		105 00	187 251 00	✓
11	30	记	026	应交税费	付10月应交税费		16 213 26	171 037 74	✓
11					本月合计	158 000 00	324 538 26	171 037 74	✓
11					本年累计	592 050 00	679 712 26	171 037 74	✓
12	2	记	001	原材料	付购买原材料价款		30 000 00	141 037 74	✓
12	3	记	002	主营业务收入	收到营业款	38 000 00		179 037 74	✓
12	8	记	004	主营业务收入	收到营业款	57 000 00		236 037 74	✓
12	11	记	007	库存现金	提取现金		20 000 00	216 037 74	✓
12	11	记	010	主营业务收入	收到营业款	76 000 00		292 037 74	✓
12	12	记	013	主营业务收入	收到营业款	83 900 00		375 937 74	✓
12	22	记	016	管理费用	报销差旅费		550 00	375 387 74	✓
12	25	记	017	主营业务收入	收到营业款	38 490 00		413 877 74	✓
					过次页				

银行存款日记账

开户行　建设银行
账　号　622202100001××××

2019年 月	日	凭证 种类	号数	对方科目	摘要	借方	贷方	余额	核对
					承前页			413 877 74	✓
12	25	记	018	原材料	付购买原材料价款		32 000 00	381 877 74	✓
12	30	记	022	应收账款	收到前欠货款	29 100 00		410 977 74	✓
12	30	记	023	应付利息	付短期借款利息		435 00	410 542 74	✓
12	31	记	025	应收票据	应收票据贴现	24 250 00		434 792 74	✓
12	31	记	027	应付职工薪酬	付12月工资并代扣社保		317 054 20	117 738 54	✓
12	31	记	028	应交税费	付11月应交税费		3 448 99	114 289 55	✓
12	31	记	030	财务费用	付银行手续费		135 00	114 154 55	✓
12	31	记	031	财务费用	收到银行利息	1 031 77		115 186 32	✓
12	31	记	032	库存现金	将现金存入银行	90 000 00		205 186 32	✓
12					本月合计	437 771 77	403 623 19	205 186 32	✓
12					本年累计	1 029 821 77	1 083 335 45	205 186 32	✓
					过次页				

图6-15

3．根据2019年10～12月所发生的经济业务编制10～12月的科目汇总表，如图6-16所示。

科 目 汇 总 表

2019年10月

借方发生额	科目	贷方发生额
75,000.00	固定资产	
	实收资本	75,000.00
434,050.00	银行存款	355,174.00
491,310.68	主营业务收入	491,310.68
292,584.00	应付职工薪酬	291,584.00
	应交税费	16,213.26
82,850.00	原材料	
130,319.00	管理费用	130,319.00
337,367.00	主营业务成本	337,367.00
53,000.00	库存现金	12,939.00
4,000.00	其他应收款	2,000.00
20,000.00	应付账款	46,800.00
29,380.00	销售费用	29,380.00
141,824.00	生产成本	141,824.00
	其他应付款	22,780.00
1,473.94	税金及附加	1,473.94
49,000.00	应收票据	
320.00	财务费用	320.00
141,824.00	库存商品	337,367.00
498,859.94	本年利润	498,859.94
7,549.26	利润分配	
2,790,711.82	合计	2,790,711.82

科 目 汇 总 表

2019年11月

借方发生额	科目	贷方发生额
3,000.00	其他应收款	5,000.00
15,700.00	库存现金	13,935.00
290,425.00	应付职工薪酬	289,020.00
140,440.00	管理费用	140,440.00
104,514.55	主营业务收入	104,514.55
16,213.26	应交税费	3,448.99
22,020.00	销售费用	22,020.00
3,000.00	固定资产	
158,000.00	银行存款	324,538.26
25,000.00	原材料	
26,800.00	应付账款	
135,240.00	生产成本	135,240.00
20,000.00	应收账款	
	其他应付款	20,800.00
	短期借款	120,000.00
105.00	财务费用	105.00
313.54	税金及附加	313.54
36,800.00	应收票据	
	应付票据	11,800.00
71,767.00	主营业务成本	71,767.00
135,240.00	库存商品	71,767.00
234,645.54	本年利润	234,645.54
130,130.99	利润分配	
1,569,354.88	合计	1,569,354.88

科 目 汇 总 表

2019年12月

借方发生额	科目	贷方发生额
134,742.00	管理费用	134,742.00
73,600.00	库存现金	104,297.00
366,009.71	主营业务收入	366,009.71
47,859.20	销售费用	47,859.20
3,448.99	应交税费	12,078.32
437,771.77	银行存款	403,623.19
2,700.00	其他应收款	2,700.00
30,000.00	应收账款	30,000.00
62,000.00	原材料	
2,220.00	财务费用	2,220.00
435.00	应付利息	435.00
175,104.00	生产成本	175,104.00
344,988.20	应付职工薪酬	343,923.20
	其他应付款	26,869.00
1,098.03	税金及附加	1,098.03
	应收票据	25,000.00
224,893.00	主营业务成本	224,893.00
175,104.00	库存商品	224,893.00
409,780.46	本年利润	409,780.46
43,770.75	利润分配	
2,535,525.11	合计	2,535,525.11

图6-16

有错就改好出纳——差错更正与账务调整

【本章要点】

P184 发生错账的原因
P186 错账的查找技巧
P189 划线更正法
P191 红字更正法
P194 补充登记法
P198 几种对账的小技巧
P202 怎样结账

【实账处理】

P186 除二法查错账
P187 除九法查邻数倒置的错账
P187 差额法查找错账
P190 更正登账前记账凭证上的错误
P191 更正结账前账簿上的错误
P194 补充登记法更改错账
......

错账原因与查找技巧

会计工作中，记账人员可能因为疏忽而多记、漏记账目或记错金额。然而，"记账容易查账难"，特别是经济业务较多的企业，月末结账时发现借贷不平，如果逐笔查找错账原因，不仅费时、费力，而且最终也不一定能找到错账。本节就主要讲解会计错账发生的可能原因以及如何快速准确地找到错账。

发生错账的原因

会计差错是指会计核算时，在计量、确认或记录等方面出现的错误。经济事项或交易进入会计系统后，就会经过确认、计量、记录和报告，输出对信息使用者有用的会计信息。而在确认、计量和记录过程中产生的差错，特别是重大差错，若不及时、正确地更正，不仅会影响会计信息的可靠性，而且可能误导投资者、债权人和其他信息使用者，使其作出错误的决策或判断。为了避免可能发生的会计差错，首先要了解发生错账的原因、错账类别，再掌握差错的防范措施。

（1）发生错账的原因

一项完整的会计业务需要经过多步才能完成做账过程，而每一步都是相互联系和制约的，如果其中一步发生错误，可能导致整个业务处理出现错误，所以，形成会计差错的原因很复杂，但一般可总结为如表7-1所示的几种。

表 7-1

差错原因	具体内容
会计确认不当	与权责发生制确认时间不符的会计差错；与计量要素的定义和特征不符的会计差错；账户分类不当以及资产性支出和收益性支出划分不当的差错等
计算错误	主要表现为运用公式错误、选择计算方法错误和选定计量单位错误等
记账有误	主要表现为漏记、重记和错记这 3 种

（2）会计错账的类别

对于会计差错，有些会直接影响利润，给公司带来损失；有些差错不足以影响会计利润，可通过调整账目来改正错误。因此，根据会计差错的影响力可将其分为重大会计差错和非重大会计差错两类，如图7-1所示。

重大会计差错

对于发生的重大会计差错，若影响损益，应计入"以前年度损益调整"科目，按其对损益的影响数对发现当期的期初留存收益进行调整，会计报表其他相关项目的期初数也应一并调整;若不影响损益，应调整会计报表相关项目的期初数。

非重大会计差错

是指不足以影响会计报表使用者对企业财务状况、经营成果和现金流量等作出正确判断的会计差错。对于本期发现的，属于与前期相关的非重大会计差错，不调整会计报表相关项目的期初数，但应调整发现当期与前期相同的相关项目，其中，属于影响损益的，应直接计入本期与上期相同的净损益项目;属于不影响损益的，应调整本期与前期相同的相关项目。

图7-1

（3）会计差错的防范

为了提高工作效率，不影响会计报表使用者对企业经营情况的判断，包括出纳在内的会计人员在工作中一定要认真负责，记账尽量不要有错误。那么怎样才能避免会计差错的发生呢？可以按如下所示的几点要求行事。

- ◆ **健全制度，按章办事**：严格执行《现金管理暂行条例》，实行现金、银行存款内部控制，即出纳人员不得登记除现金日记账和银行存款日记账以外的会计账簿，非出纳人员不得经手现金。现金的收取一律使用统一的收付款凭证并及时全额入账，不得私设小金库，严禁坐支、挪用或私存公款，库存现金不得超过规定的限额。

- ◆ **规范操作，杜绝漏洞**：填写原始凭证时，要做到字迹清晰、数字规范，大写前不留空白，避免给不法分子可乘之机；编制会计凭证时，要按原始单据的张数填写附件张数，并将附件贴好，以防脱落；办理收付款时，要严格履行相关手续，出纳员必须找到签字完善的报账单才能付款。

- ◆ **爱岗敬业，忠于职守**：对于出纳员来说，在巨大的金钱诱惑面前要随时保持责任心，谨慎从事，保管好现金、凭证、支票、存折和印鉴章等重要财物，防止遗失。账务处理要做到日清月结，当日的业务要及时处理完。

- ◆ **加强监督，民主理财**：加强会计监督，主动为现金盘点提供条件，对账时主动为会计人员提供现金库存数；加强审计监督，对财务收支进行不定期检查、审计，年终进行全面清理审计，对检查、审计发现的问题要区别情况及时处理；推行民主理财制度，成立民主理财小组，检查财务收支情况和财务制度执行情况，定期公布财务收支账目，接受群众监督。

◆ **廉洁自律，防微杜渐：** 出纳员要做到一尘不染，绝不能心存一丝一毫的侥幸心理，绝不动用和侵占国家与集体的一分一厘，否则将"一失足成千古恨"，钱迷心窍只会自毁人生。

错账的查找技巧

如果错账已经发生，则要及时查找出来，避免影响账目的正确性。虽然查找错账比较费事，但也有一定的规律，掌握了错账发生的规律，查起来会比较容易。本节主要介绍在会计工作中常见的错账查找方法和技巧。

（1）错账查找方法

查找错账时可根据特定的方法快速查找，主要有除二法、除九法和差额法。

◆ 除二法

除二法是指将账账之间的差额除以"2"，根据取得的商数，在有关账户与记账凭证中查找记账错误的方法。当记账时不小心将借贷方向的金额记反或红蓝字记反，账面会出现一个特定的规律，即借贷不平，且其差数一定是偶数，这时就可以运用除二法来查找错账金额，将借贷方的差数除以"2"所得的商就是错账数，然后根据错账数去查，看是否有关于该错账金额的业务，这样可以很快查出错账。

【实账处理】——除二法查错账

2019年6月12日，某公司支付了一笔员工报账款1 375.23元，记账时，误将借方金额也记入相应科目的贷方，月末编制资产负债表时，发现借贷方余额不相等，借方合计金额为112 564.56元，贷方合计金额为109 814.1元，错账差额为2 750.46元。

解析：记账人员发现借贷方合计金额不平，且差额为2 750.46元，是一个偶数，选择运用除二法查找错账。先用差额除以"2"，即2 750.46÷2=1 375.23。再查找发生额是1 375.23元的经济业务，这样就能快速找出错账并及时改正。

◆ 除九法

除九法是指将账账之间的差额除以"9"，若能被整除，则根据取得的商数分析查找记账错误的方法；若不能被整除，就需要考虑使用其他方法查找错账。那么，除九法能查找的记账错误有哪些呢？主要有如表7-2所示的两种。

表 7-2

适用错账类型	具体内容
数字位数记错	比如三位数记成四位数或将四位数记成三位数，其差数都可以被9整除，然后根据商数查找与之对应的经济业务
邻数倒置	记账时，如果将相邻的两位数或三位数的数字顺序颠倒，这时也可采用除九法查找错账。这是日常工作中常发生的差错，它的特点是差数的每个数字之和是9的倍数

【实账处理】——除九法查数字位数记错的错账

出纳人员记账时，将4 000元误记成了400元。

解析：在资产负债表日，记账人员发现借贷方有差额为3 600元，是9的倍数，且差额的每个数字相加等于9，符合除九法查错账的特点。首先利用差数3 600除以9等于400元，再根据所得的商数400元查找与之对应的经济业务。这样很快就能查到错账。

【实账处理】——除九法查邻数倒置的错账

出纳人员在登记日记账时，误将29元记成了92元。

解析：记账人员发现借贷方差额为63元，是9的倍数，且差额的每个数字相加等于9，符合除九法查错账的特点。首先计算商数为63÷9=7，那么错数前后两数之差是7，可以推测为70、81、92及其各自的"个数"，再根据发生的经济业务，快速查找，查出是将29记成了92。

登账时，数字颠倒的危害很大，如果向前移一位，相当于总数虚增了9倍，向后移一位就虚减了90%。若不及时发现并改正，就会对会计核算产生严重影响。因此，对此类错账一定要提高警惕，及早发现并纠正，以确保会计核算的正确性。

◆ 差额法

差额法是指直接根据账账之间的差额在有关账户与记账凭证中查找记账错误的方法。当账面金额小于应记金额时，则可能是遗漏记账；当账面金额大于应记金额时，则可能是重复记账。所以，差额法适用于查找漏记和重记等错账。

【实账处理】——差额法查找错账

某公司2019年7月支出了3笔材料款，均为25 000元，收到两笔营业款均为25 000元，当月科目汇总时，发现总额少了25 000元。

解析：根据差额25 000元，查找当月所有发生额为25 000元的经济业务，逐笔查找核对，发现少登记一笔业务，补记即可。

（2）错账查找技巧

实际会计工作中，有些错误并不能通过以上方法查找出来，这就需要我们学习更多的查找错账的技巧，更好地提升查错账的能力。

◆ 象形法

会计核算时经常用到阿拉伯数字，而有些数字形状较相似，如果书写潦草，很容易将数字看错并写错，从而造成记账错误。根据数字形状象形的规律，可以总结出如表7-3所示的错账查找技巧。

表 7-3

差数	错账查找
差数是 1	则有可能是 3 与 2，5 与 6 之间看错并写错
差数是 2	则有可能是 3 与 5，7 与 9 之间看错并写错
差数是 3	则有可能是 3 与 6，6 与 9 之间看错并写错
差数是 4	则有可能是 1 与 5，4 与 8 之间书写错误
差数是 5	则有可能是 1 与 6，2 与 7，3 与 8 之间看错并写错
差数是 6	则有可能是 0 与 6，1 与 7 之间看错并写错
差数不定	对于连续数字的账目，很容易发生少记或多记一位同数，如 25 550 容易误记为 25 555 或 25 500，此类数字应该着重查找

◆ 追根法

若为了一笔错账已查了半天，对本期发生额都查得正确无误，但就是不平衡，在这种情况下不妨运用追根法追查上期结转数字，进行逐笔核对，看是否是结转差错，很可能问题恰恰出在源头。这是因为会计账表的平衡关系是绝对的，假如本期发生额确实查明是正确无误的，那么必然是期初数（上期结转数）在结转记账时有差错，只要对期初数认真追查，必能发现差错。

◆ 母子法

在核对明细分类账与总分类账的科目余额时发现不相符，如果用了以上方法均未查到错账，则可用母子法查找。母子法就是以记入总账借贷方的数额为母数，记入对应明细账的借贷方金额为子数，各子数相加的总和应与母数相等，如果不相等，就说明此处有问题，必然发生了漏记、错记或重记。

【实账处理】——母子法查找错账

某公司2019年5月的应收账款总账余额为3 500元，而明细账余额相加是2 980元。

解析：总账与明细账不相等，明细账小于总账，差额为520元，分析可能是应收账款明细账少记了520元，根据记账顺序逐笔查找有关520元的经济业务，即可查出漏记的项目。

◆ 顺查法

当错账发生笔数较多，各种错账混杂一起时，不能用一种方法查出，那就必须用顺查法查账，这是查错账的最后绝招。查账程序基本上与记账程序一样，每查对一笔就在账的后端做一个符号，这样逐笔查下去就一定能查出错账。在顺查时一定要仔细认真，还必须结合以上方法同时应用。总之，不要被错账的假象蒙蔽而任意调账来蒙混过去，这样很可能引起后续账目错误，又必须从头查起。

账簿差错的更正

检查出错账后，相关财务人员需要及时更正错账。如果不及时处理错账，则企业后续出纳工作和会计工作都会出现错误。在更正错账的环节，有些错账必须遵循一定的规则、规范和特定的方法进行更正。

划线更正法

划线更正法是指用划红线注销原有错误记录，然后在错误记录的上方写上正确记录的方法。用划线更正法更正错账时，必须使原来的字迹仍可辨认，同时在划线上方填写正确的文字或数字，更正后，记账人员必须在更正处加盖相应的印章。

如果是数字出现错误，必须采用全部划红线的方法进行更正，即更正时应将全部数字用红线划掉，不可以只修改错误的数字；如果是文字出现错误，可以只把错误的文字划去，并在上方改正且盖章。然而，并不是所有错账的更正都能用划线更正法，该方法具体适用范围如下。

◆ 在登账（即账簿）前发现的记账凭证上的文字或数字的笔误。

◆ 在结账前发现的账簿上的文字或数字的笔误，且记账凭证无误。

【实账处理】——更正登账前记账凭证上的错误

2019年5月末，会计发现5月所有会计科目的发生额借贷方不平，经过仔细查找，发现2019年5月17日，记18号凭证的金额和摘要写错。错误会计分录如下，错误凭证如图7-2所示。

借：管理费用——差旅费　　　　　　　　　1 350

贷：库存现金　　　　　　　　　　　　　　　　1 350

记　账　凭　证

2019 年 5 月 17 日　　　　　　　字第 18 号

摘要	总账科目	明细科目	借方金额									贷方金额									附件
---	---	---	千	百	十	万	千	百	十	元	角	分	千	百	十	万	千	百	十	元	角	分	
付王某报办公费	管理费用	差旅费					1	3	5	0	0	0											2
付王某报办公费	库存现金																1	3	5	0	0	0	张
合计（大写）壹仟叁佰伍拾元整						¥	1	3	5	0	0	0	¥	1	3	5	0	0	0			

会计主管　　　　记账　　　　出纳　　　　制单 张会计

图7-2

正确的会计分录如下。

借：管理费用——差旅费　　　　　　　　　1 850

贷：库存现金　　　　　　　　　　　　　　　　1 850

会计发现后及时更改了会计凭证，将摘要栏的"办公费"用红笔划去，用黑笔改为差旅费；将金额栏的金额用红线划去，并在上方用黑笔填写正确的数字；在"合计"行用红笔划去大写金额，并在上方用黑笔填写正确的大写金额，最后在所有改正的地方都盖上了会计的私章，如图7-3所示。

图7-3

【实账处理】——更正结账前账簿上的错误

财务人员复核账簿数据时，发现现金日记账金额有误，经过查找发现是账簿中关于2019年7月5日8号的记账凭证的信息填写错误，付李某借备用金，用现金付讫，凭证无误，其会计分录如下。

借：其他应收款——备用金　　　　　　　500

　　贷：库存现金　　　　　　　　　　　　　　500

登记现金日记账时将对方科目"其他应收款"错写成了"银行存款"，金额误写成5 500元。因为会计凭证无误，可用划线更正法改正现金日记账上的记录。其方法与更正会计凭证的方法一致，如图7-4所示。

图7-4

红字更正法

记账以后，如果在当年内发现记账凭证所记的科目或金额有错，可以采用红字更正法进行更正。红字更正法是指先用红字填制一张与原来错误的凭证完全相同的记账凭证，并用红字登记入账，金额用红色表示负数，可冲销错误的金额，然后再用蓝黑墨水重新填制一张正确的记账凭证，并在"摘要"栏内注明"订正××年×月×日×号凭证"，这样就更正了之前的错误凭证。当然，红字更正法也不能适用于所有错账的改正，一般适用于如下两种情况。

◆ 记账以后，发现账簿记录的错误是因为记账凭证中的会计科目或记账方向错误而引起的，应用红字更正法进行更正。

◆ 记账以后，发现记账凭证和账簿记录的金额大于应计的正确金额，而会计科目没有错误，应用红字更正法进行更正。

【实账处理】——红字更正法更正会计科目错误

2019年7月10日第5号凭证，如图7-5所示。

记 账 凭 证

2019 年 7 月 10 日　　　　字第 5 号

摘要	总账科目	明细科目	借方金额	贷方金额	
			千百十万千百十元角分	千百十万千百十元角分	附
付赵某报购买办公用品费	管理费用	办公费	1 3 0 0 0 0		件
付赵某报购买办公用品费	银行存款			1 3 0 0 0 0	2
					张
合计（大写）壹仟叁佰元整			￥1 3 0 0 0 0	￥1 3 0 0 0 0	

会计主管　　　　　记账　　　　　出纳　　　　　制单 张会计

图7-5

甲公司购买一批办公用品共1 300元，现金付讫。会计记账时不小心将"库存现金"科目误记成"银行存款"科目并编制了以下会计分录。

借：管理费用——办公费　　　　　　　1 300

　　贷：银行存款　　　　　　　　　　　　　　1 300

后经过财务主管审核发现科目有误，此情况就适用于红字更正法更正。于是用红字编制了以下会计分录，记账凭证如图7-6所示。

借：管理费用——办公费　　　　　　　1 300

　　贷：银行存款　　　　　　　　　　　　　　1 300

记 账 凭 证

2019 年 7 月 10 日　　　　字第 5 号

摘要	总账科目	明细科目	借方金额	贷方金额	
			千百十万千百十元角分	千百十万千百十元角分	附
付赵某报购买办公用品费	管理费用	办公费	1 3 0 0 0 0		件
付赵某报购买办公用品费	银行存款			1 3 0 0 0 0	2
					张
合计（大写）壹仟叁佰元整			￥1 3 0 0 0 0	￥1 3 0 0 0 0	

会计主管　　　　　记账　　　　　出纳　　　　　制单 张会计

图7-6

再用蓝字填制了正确的记账凭证，如图7-7所示，并在"摘要"栏内注明了"订正2019年7月10日第5号凭证"字样。会计分录如下。

借：管理费用——办公费　　　　　　　1 300

　　贷：库存现金　　　　　　　　　　　　　　1 300

图7-7

【实账处理】——红字更正法更正记账凭证上的错误金额

2019年8月23日第28号凭证,某企业收到欠款1 200元,银行收讫。会计不小心将金额误记成12 000元,编制了以下会计分录,而记账凭证如图7-8所示。

借:银行存款　　　　　　　　　　　　　　12 000

贷:应收账款　　　　　　　　　　　　　　　　12 000

图7-8

经财务主管审核,发现账面金额大于实际应记金额,所以适用于红字更正法。于是用红字编制了如图7-9所示的记账凭证,会计分录如下。

应冲销金额=12 000-1 200=10 800(元)

借:银行存款　　　　　　　　　　　　　　10 800

贷:应收账款　　　　　　　　　　　　　　　　10 800

记 账 凭 证

2019 年 8 月 23 日 字第 29 号

摘要	总账科目	明细科目	借方金额											贷方金额											
			千	百	十	万	千	百	十	元	角	分	千	百	十	万	千	百	十	元	角	分
收到某企业欠款	银行存款				1	0	8	0	0	0	0	0										
收到某企业欠款	应收账款	某企业													1	0	8	0	0	0	0	0
合计（大写）壹万零捌佰元整					¥	1	0	8	0	0	0	0		¥	1	0	8	0	0	0	0	

附件 2 张

会计主管　　　　　　　记账　　　　　　　出纳　　　　　　　制单

图7-9

实际操作中，也可先编制一张与原错误凭证完全相同的红字记账凭证，然后再填制一张正确金额1 200元的记账凭证。

提示：红字与蓝字的区别

在更正错账时，有红字与蓝字的说法，红字代表冲销原来的错账，红字金额即金额是负数；而蓝字是指用蓝色或者黑色墨水正常记录凭证。

补充登记法

除了上面所讲的两种错账更正法外，对于另一类少记金额的错账，可采用补充登记法更正。补充登记法是指在更正错账时，用补记金额更正原错误账簿记录的一种方法。在科目对应关系正确时，将少记金额填制一张新的记账凭证，并在"摘要"栏注明"补记××年×月×日×字第×号凭证少记数×元"，据以登记入账。

【实账处理】——补充登记法更改错账

某工厂于2019年5月10日购买了一批原料，实际花费了20 000元，用银行存款付讫。会计于2019年5月10日记账第32号凭证，误记成了2 000元，会计分录如下，错误的会计凭证如图7-10所示。

借：原材料　　　　　　　　　　　　　2 000

　　贷：银行存款　　　　　　　　　　　　　2 000

图7-10

这种情况是账面金额小于实际应记金额，可采用补充登记法登记少记的金额18 000元（20 000-2 000），并在摘要栏内注明"补充2019年5月10日第32号凭证少记金额18 000元"字样，的会计凭证如图7-11所示。

图7-11

借：原材料　　　　　　　　　　　　　　　　18 000

　　贷：银行存款　　　　　　　　　　　　　　18 000

对账要及时

对账是核对前一个清算周期的交易信息，以确认信息的一致性和正确性的过程。按照《会计基础工作规范》的要求，各单位应定期将会计账簿记录的有关数据与库存实物、货币资金、有价证券及往来单位或个人等进行账目核对，保证账证、账账和账实等相符。本节根据实际会计工作情形详细讲述对账内容和规范。

哪些账需要核对

在实际工作中，核对工作主要是账簿与其相对应的记账凭证、各种账簿之间以及账面余额与实际库存数之间的核对，可以总结出如表7-4所示的几个内容。

表 7-4

核对项目	内容
账证核对	是将各种账簿记录与记账凭证及其所附的原始凭证进行核对。核对会计账簿记录与原始凭证和记账凭证的时间、凭证字号、内容及金额等是否一致，记账方向是否相符
账账核对	是指对各种账簿之间的有关数据进行核对。核对不同会计账簿记录是否相符，包括总账有关账户的余额核对、总账与明细账核对、总账与日记账核对、会计部门的财产物资明细账与财产物资保管和使用部门的有关明细账核对等
账实核对	是指各种财产物资的账面余额与其实存数相核对。核对会计账簿记录与财产等实有数额是否相符，包括现金日记账账面余额与现金实际库存数核对；银行存款日记账账面余额与银行对账单核对；各种材料明细账账面余额与材物实存数核对；各种应收、应付款明细账账面余额与有关债务、债权单位或个人进行账目核对等

账证、账账和账实的对账规范

为了保证账簿记录的真实、可靠，对账簿和账户所记录的有关数据加以检查和核对就是对账工作。财务人员应遵守对账制度，通过对账工作检查账簿记录内容是否完整，总分类账与明细分类账数字是否相等，以做到账证相符、账账相符和账实相符。

（1）账证相符

账证相符是指核对总账、明细账、现金和银行存款日记账等的账面记录与原始凭证和记账凭证的日期、凭证字号、金额及记账方向等是否一致。账证相符是保证账账相符和账实相符的基础。账证核对的具体方法有如下一些。

◆ 核对总账与记账凭证汇总表的各项内容是否一致。

◆ 核对记账凭证汇总表与记账凭证的各项内容是否一致。

◆ 核对明细账与记账凭证及所涉及的支票号码和其他结算票据种类等是否一致。

（2）账账相符

账账相符是指各种账簿之间的有关记录应保持一致，既包括本单位设置的各种类型的账簿之间的记录一致，也包括本单位与其他单位的往来账款相符。账账核对的具体方法如下。

◆ 核对总账是否符合"资产=负债+所有者权益"

这是总账之间的核对。首先，要符合会计恒等式"资产=负债+所有者权益"，根据这个等式核对总账中资产类科目的余额合计数是否与负债及所有者权益类科目的余额之和相符；其次，核对总账的各账户借贷方的发生额合计是否相等。

◆ 核对总账与其所属明细账是否相符

总分类账户的期初数、本期发生额的合计数和期末余额等应与其对应的明细分类账户的期初数、本期发生额的合计数和期末余额等相等。

◆ 核对总账、明细账与有关部门的账目是否相符

会计部门的账目应及时与各相关部门的账目进行核对，具体核对内容如表7-5所示。

表 7-5

条目	核对内容
1	财务部门的有关财产物资的明细分类账的余额应该同财产物资保管部门和使用部门经管的明细账进行核对
2	各种债权、债务明细账的余额应经常或定期同有关债务人和债权人核对相符
3	现金、银行存款日记账余额应该同总分类账的有关账户的余额定期核对相符
4	已缴国库的利润、税金及其他预算缴款，应按照规定的时间同征收机关核对相符

（3）账实相符

账实相符是指核对单位的各项财产物资、债权债务等账面余额与相应实有数额是否相符。主要包括现金日记账账面金额与现金实际库存数核对相符，银行存款日记账账面余额与银行对账单余额核对相符，应收、应付款项明细账与债权、债务单位的相关账目核对相符，以及材料物资和固定资产明细账与其实存数核对相符。

◆ 现金日记账账面金额与现金实际库存数核对

对现金日记账要做到日清月结，有发生额时应及时登记并结出余额，再核对余额与库存现金实有数，保证两者一致，月末再对现金进行盘点。盘点时出纳员必须在场，重点清查现金是否短缺，是否有以白条抵充现金、非法挪用等舞弊现象，库存现金有无超过限额等。盘点结束后，根据盘点结果编制"现金盘点报告表"，由盘点人员与出纳员共同签名盖章。

◆ 银行存款日记账账面余额与银行对账单余额核对

当银行收付款业务较少时，可每月一次到单位开户行打印对账单，再将对账单和银行存款日记账进行逐笔核对，存在未达账项的，要编制银行存款余额调节表

进行说明调整。

　　◆ 应收、应付款项明细账与债权、债务单位的相关账目的核对

　　应收、应付款项是单位与外部单位及供应商发生业务所产生的账目，核对时先要检查本单位各项应收、应付账簿记录的正确性和完整性，再根据审核无误的金额编制对账单，可通过信函邮寄的方式交给对方单位。如果发现账目有误，则应立即查明原因，并按规定方法及时改正。

　　◆ 材料物资及固定资产明细账与其实存数的核对

　　材料物资及固定资产这两类资产有实物形态，因此，可通过实物盘点法来确定其实存数量和金额价值，再将其与有关明细账进行核对。

几种对账的小技巧

　　在会计工作中，财务人员要不断学习和实践，积累丰富的经验，根据对账的特点和遇到的实际经济业务，总结对账技巧。使用对账技巧，不但可提升工作效率，也能使财务人员工作更得心应手。特别是与客户、供应商等外部单位的对账，要做到以下几点。

　　（1）与外部单位对账

　　对账前，财务部门的会计人员对供应商提供的对账资料应进行初步审核，不满足条件的对账资料应要求供应商补充完善。审核时，先看对账手续是否经过有权人士的签批，其次审核如下内容。

　　◆ 对于只提供余额而无明细账目的对账资料，不予对账。供应商必须提供最后一次对账以来的全部账目资料；以前从未进行过对账的，必须提供自双方开始有业务往来后的所有账目资料。对于对方因财务决算审计而发函要求核对账面余额的，同样应按照上述原则办理。

　　◆ 对于供应商直接依据其销售部门往来资料而非财务部门账目提供对账资料的，不予对账。双方核对的账目主要是财务账目，供应商销售部门账目可能与其财务部门账目不符，对账基数存在问题，会给以后双方的清算工作带来不必要的麻烦。

　　◆ 对于多年无业务往来的供应商前来对账，即使经过企业有权人士签批，供应商的对账资料也必须加盖供应商公章（或财务专用章），或者提供加盖公章的介绍信，否则不予对账。

　　◆ 对于对账手续和账目资料齐全的供应商，应及时对账并出具对账单。

◆ 对于发票丢失又无法确认是采购企业责任的，采购企业不能在对账单上确认该项债务，应要求供应商调减该债权。

（2）调整账目

对账后如果发现问题，必须及时调整账目，否则账目会影响企业应付账款的真实余额。调整账目需要供应商提供复印件的，应要求供应商配合；对于金额较小的未达账项，可简化处理，凭对账单和企业自制说明作为记账凭证附件进行账务处理。需要供应商调账的，采购企业还要督促并协助供应商及时调账。因为如果供应商不及时调账，会影响其应收债权的真实余额。

（3）保管对账单

每年根据对账次序将对账单装订成册，供应商提供的对账资料作为对账单的附件与对账单一并装订保存，最前面要加上对账清单目录（包括供应商所属地区、供应商名称和对账日期等信息）并注明对账单所属年度和装订会计的姓名。装订成册的对账单应按照会计档案的保管规定进行管理。应付账款的会计岗位发生变动时，其手头的对账单也要做好移交工作，还要在会计岗位移交清单上特别注明。

结账不能拖

确保账证、账账和账实等核对相符后，就开始进行结账，核算本期发生额与期末余额，然后做相关的结转工作，再根据下月的经济业务继续记账、登账、对账和结账。这是一个重复的过程，环节之间相互制约、相互联系，所以结转时一定要确保金额的正确性。

结账的内容与规范

结账是为了总结某单位在某一个会计期间内的经济活动的财务收支状况，对各种账簿的本期发生额和期末余额进行计算汇总，据以编制财务会计报表。

（1）结账的内容

直观地说，结账就是结算各种账簿记录，它是在将一定时期内所发生的经济业务全部登记入账的基础上，将各种账簿的记录结算出本期发生额和期末余额的过程。结账的主要内容如图7-12所示。

一	检查本期内日常发生的经济业务是否已全部登记入账，若发现漏账、错账，应及时补记、更正。
二	在实行权责发生制的单位，应按照权责发生制的要求进行账项调整，以计算确定本期的成本、费用、收入和财务成果。
三	将损益类科目转入"本年利润"科目，结平所有损益类科目。
四	在本期全部经济业务登记入账的基础上，结算出所有账户的本期发生额和期末余额，计算登记各种账簿的本期发生额和期末余额。

图7-12

（2）结账的规范

对于出纳人员来说，应按规定对现金和银行存款日记账按日结账；而会计人员应对其他账户按月、季或年结账。

◆ 月结时

月结时，在账簿的当月最后一笔经济业务下面划一条通栏单红线，并在红线下的"摘要"栏内注明"本月合计"字样，在相应栏内填入本月合计数和月末余额，同时注明借贷方向。最后，在"本月合计"行的下面再划一条通栏单红线，接着登记下月的经济业务，如图7-13所示。

现 金 日 记 账

2019年		凭证		对方科目	摘要	借方										贷方										余额										核对
月	日	种类	号数			百	十	万	千	百	十	元	角	分	百	十	万	千	百	十	元	角	分	百	十	万	千	百	十	元	角	分				
					承前页																						4	5	7	0	0	6	5	0	
12	6	记	8	银行存款	提取现金			5	0	0	0	0	0	0												9	5	7	0	0	6	5	0	
12	10	记	15	备用金	付张三借备用金												3	0	0	0	0	0	0			9	2	7	0	0	6	5	0	
12	18	记	24	差旅费	付李四报差旅费													7	9	7	0	0			9	1	9	0	0	9	5	0	
12					本月合计			5	0	0	0	0	0	0			3	7	9	7	0	0			9	1	9	0	0	9	5	0	
12																																	

图7-13

◆ 季结时

季结时，在每个季度的最后一个月月结的下一行"摘要"栏内注明"本季合计"字样，同时结出借贷方发生额合计数及季末余额。然后，在"本季合计"行的下面划一条通栏单红线，表示季结的结束，接着登记下一个季度的经济业务，如图7-14所示。

现 金 日 记 账

2019年		凭证		对方科目	摘要	借方								贷方								余额								核对
月	日	种类	号数			百	十	万	千	百	十	元	角	分	百	十	万	千	百	十	元	角	分	百	十	万	千	百	十	元	角	分
					承前页																					4	5	7	0	6	5	0
12	6	记	8	银行存款	提取现金			5	0	0	0	0	0	0												9	5	7	0	6	5	0
12	10	记	15	备用金	付张三借备用金												3	0	0	0	0	0	0			9	2	7	0	6	5	0
12	18	记	24	差旅费	付李四报差旅费													7	9	7	0	0			9	1	9	0	9	5	0
12					本月合计			5	0	0	0	0	0	0			3	7	9	7	0	0			9	1	9	0	9	5	0
12					本季合计			5	0	0	0	0	0	0			3	7	9	7	0	0			9	1	9	0	9	5	0

图7-14

◆ 年结时

年结时，在第四季度季结的下一行"摘要"栏内注明"本年合计"字样，同时结出借、贷方发生额及期末余额。然后在"本年合计"行下面划通栏双红线，以表示年结的结束，并封账，如图7-15所示。

现 金 日 记 账

2019年		凭证		对方科目	摘要	借方								贷方								余额								核对
月	日	种类	号数			百	十	万	千	百	十	元	角	分	百	十	万	千	百	十	元	角	分	百	十	万	千	百	十	元	角	分
					承前页																					4	5	7	0	6	5	0
12	6	记	8	银行存款	提取现金			5	0	0	0	0	0	0												9	5	7	0	6	5	0
12	10	记	15	备用金	付张三借备用金												3	0	0	0	0	0	0			9	2	7	0	6	5	0
12	18	记	24	差旅费	付李四报差旅费													7	9	7	0	0			9	1	9	0	9	5	0
12					本月合计			5	0	0	0	0	0	0			3	7	9	7	0	0			9	1	9	0	9	5	0
12					本季合计			5	0	0	0	0	0	0			3	7	9	7	0	0			9	1	9	0	9	5	0
					本年合计			5	0	0	0	0	0	0			3	7	9	7	0	0			9	1	9	0	9	5	0

图7-15

年度终了后，总账和日记账应更换新账簿，明细账一般也应更换，但有些明细账簿，如固定资产卡片等，可以连续使用，不必每年更换。年终时，要把各账户的余额结转到下一会计年度，并在"摘要"栏内注明"结转下年"字样，结转金额不再抄写。

在下一会计年度，新建的有关会计账簿的第一行"余额"栏内填写上年结转的余额，并在"摘要"栏内注明"上年结转"字样。

如果在账页的"结转下年"行以下还有空行，应自"余额"栏的右上角至日期栏的左下角用红笔划对角斜线注销，如图7-16所示。

现金日记账

2019年		凭证		对方科目	摘要	借方									贷方									余额									核对
月	日	种类	号数			百	十	万	千	百	十	元	角	分	百	十	万	千	百	十	元	角	分	百	十	万	千	百	十	元	角	分	
					承前页																				4	5	7	0	6	5	0	
12	6	记	8	银行存款	提取现金			5	0	0	0	0	0	0											9	5	7	0	6	5	0	
12	10	记	15	备用金	付张三借备用金												3	0	0	0	0	0			9	2	7	0	6	5	0	
12	18	记	24	差旅费	付李四报差旅费													7	9	7	0	0			9	1	9	0	9	5	0	
12					本月合计			5	0	0	0	0	0	0			3	7	9	7	0	0			9	1	9	0	9	5	0	
12					本季合计			5	0	0	0	0	0	0			3	7	9	7	0	0			9	1	9	0	9	5	0	
					本年合计			5	0	0	0	0	0	0			3	7	9	7	0	0			9	1	9	0	9	5	0	
					结转下年																											

图7-16

怎样结账

科技不断发展，财务工作效率也在不断提升，大多数企业均已采用会计电算化替代手工记账。在会计电算化条件下，财会人员可利用计算机自动结账。不过，这种操作模式下的结账工作也有一定的步骤，具体如图7-17所示。

月结前，首先检查本月记账凭证是否已全部记账以及其他结账条件是否具备，如果不具备结账条件，则不能进行结账工作；如果结账条件具备，则执行结账，每月末都要进行此项工作。如果采用"账结法"，则在年末时进行此项工作。

↓

把本期账户数据转为历史数据。将本期期末余额转入下期期初余额。

↓

结账后做结账标记，不允许再录入该期凭证。

↓

开始下一个会计期间财务处理的有关准备工作。

图7-17

对手工记账的单位来说，结账工作是分别对各种账簿的余额进行结转，分月结和年结，还有一些特殊账簿，如固定资产明细账，可一直使用。手工结账的内容有如下所示的一些。

◆ 对不需要按月结计本期发生额的账户，每次记账后都要随时结出余额，每月最后一笔余额是月末余额，即月末余额就是本月最后一笔经济业务记录的同一行内的余额。月末结账时，只需在最后一笔经济业务下划通栏单红线，不需要再次结计余额。

◆ 库存现金、银行存款日记账和需要按月结计发生额的收入、费用等明细账，每月结账时，需要在最后一笔经济业务下划通栏单红线，结出本月发生额和月末余额，写在红线下面，并在摘要栏内注明"本月合计"字样，再在下面划通栏单红线。

◆ 对于需要结计本年累计发生额的明细账户，结账时应在"本月合计"行下结出自年初起至本月末止的累计发生额，登记在月份发生额下面，并在摘要栏内注明"本年累计"字样，同时在下方划通栏单红线。12月末的"本年累计"即全年累计发生额，全年累计发生额下面划通栏双红线。

◆ 总账账户平时只需结出月末余额。年终结账时，为了总结性地反映全年各项资金运动情况的全貌且核对项目，要结出所有总账账户的全年发生额和年末余额，在摘要栏内注明"本年合计"字样，并在下方划通栏双红线。

◆ 年度终了结账时，有余额的账户要将其余额结转到下一会计年度，并在摘要栏内注明"结转下年"字样；在下一会计年度新建有关会计账簿的第一行余额栏内填写上年结转的余额，并在摘要栏内注明"上年结转"字样。结转下年时，既不需要编制记账凭证，也不必将余额再记入本年账户的借方或贷方而使本年有余额的账户的余额变为0，而是使有余额的账户的余额如实反映在账户中，以免混淆有余额账户和无余额账户。

结账时的注意事项

不同的账簿，其结账要求和规范是不一样的，不能按照统一的要求来结账。所以，要分清账簿的结账要求，比如怎么划线。具体注意事项如表7-6所示。

表 7-6

注意事项	规范和要求
分清账户	要分清是否是月结账户，若是，则要严格按照月结的要求进行结账，并划上红线
如何画线	画线是为了突出本月合计数及月末余额，表示会计期间的会计记录已经截止或结束，并将本期与下期的记录明显分开。月结画单线，年结画双线，画线时，应画红线且应通栏，不得只画金额对应的部分
余额写法	每月结账时，应将月末余额与本月发生额写在同一行，在摘要栏内注明"本月合计"字样。账户记录中的月初余额加、减本期发生额等于月末余额，这样做便于账户记录的稽核
红字结账	账簿记录中使用的红字具有特定的含义，它表示蓝字金额的减少或负数余额。因此，结账时如果出现负数余额，可以用红字在余额栏登记，但如果余额栏前印有余额的方向（借或贷），则应用蓝黑墨水书写，而不得使用红色墨水

更改良木家居公司2019年10～12月错账

本章主要讲述了出纳业务中发生错账时的错账查找与更正方法。下面通过良木家居有限公司2019年10～12月的实际案例，了解错账的更正工作。

1. 登记现金日记账时，将2019年10月25日，记21号凭证，垫付销售部赵勇医药费2 000元的经济业务，误登记为200元，且在2019年10月底进行本月合计时发现错误。因为记账凭证无误，只是登记账簿时出错，可以直接用红线更正法改正，如图7-18所示。后期数据需要依次进行修改。

现 金 日 记 账

2019年		凭证		对方科目	摘要	借方	贷方	余额	核对
月	日	种类	号数			百十万千百十元角分	百十万千百十元角分	百十万千百十元角分	
10					承前页			1 1 5 0 0 0 0 0	√
10	3	记	005	管理费用	付办公室报购办公用品费		5 4 0 0 0 0	1 0 9 6 0 0 0 0	√
10	5	记	007	主营业务收入	收到营业款	1 5 0 0 0 0 0 0		2 5 9 6 0 0 0 0	√
10	7	记	010	银行存款	取现	3 0 0 0 0 0 0 0		5 5 9 6 0 0 0 0	√
10	7	记	011	其他应收款	付赵英借备用金		2 0 0 0 0 0	5 3 9 6 0 0 0 0	√
10	8	记	012	销售费用	付广告宣传费		2 5 0 0 0 0	5 1 4 6 0 0 0 0	√
10	9	记	013	管理费用	付办公室报购办公用品费		1 3 8 0 0 0	5 0 0 8 0 0 0 0	√
10	9	记	014	主营业务收入	收到营业款	2 4 0 0 0 0		5 2 4 8 0 0 0 0	√
10	12	记	015	管理费用	付赵英报差旅费		1 5 0 0 0 0	5 0 9 8 0 0 0 0	√
10	20	记	018	管理费用	付办公室报销通讯费		4 5 0 0 0 0	5 1 3 3 0 0 0 0	√
10	20	记	018	应付职工薪酬	付职工生活费		1 0 0 0 0 0	5 0 8 8 0 0 0 0	√
10	23	记	019	管理费用	付驾驶员车辆使用费		3 2 4 0 0 0	5 0 5 5 6 0 0 0	√
10	25	记	021	其他应收款	垫付销售部赵勇医药费		2 0 0 0 0 （王伍）	（王伍）	√
10	31	记	024	管理费用	付10月水电费		2 5 9 5 0 0	（王伍）	√
10	31	记	025	主营业务收入	收到营业款	5 6 0 0 0 0 0		5 3 3 6 1 0 0	√
10					本月合计	5 3 0 0 0 0 0	1 2 9 3 9 0 0 0	5 1 5 6 1 0 0	

图7-18

2. 登记银行存款日记账时，在2019年11月30日登记付11月工资并代扣个人应交社保的业务时，登记245 440元后结出余额时计算有误，可以直接用红线更正法改正，如图7-19所示。会计人员是在登记该笔经济业务后发现发现的账目记录有错误，所以后期数据应根据修改过后的数据接着登记。

银行存款日记账

开户行 建设银行
账　号 622202100001××××

2019年		凭证		对方科目	摘要	借方	贷方	余额	核对
月	日	种类	号数			百十万千百十元角分	百十万千百十元角分	百十万千百十元角分	
					承前页			3 2 7 5 7 6 0 0	✓
11	13	记	010	应付职工薪酬	付10月的职工奖金		2 2 7 8 0 0 0	3 0 4 7 9 6 0 0	✓
11	15	记	011	主营业务收入	收到营业款	8 0 0 0 0 0		3 1 2 7 9 6 0 0	✓
11	30	记	023	短期借款	借入短期借款	1 2 0 0 0 0 0 0		4 3 2 7 9 6 0 0	✓
11	30	记	024	应付职工薪酬	付11月工资并代扣社保		2 4 5 4 4 0 0 0	1 8 7 3 5 6 0 0 王伍	✓
					过次页				

图7-19

3. 账簿登记无误后，核对账与实物、账与账之间是否相符，并分别编制了2019年10～12月的现金清查盘点报告表和银行存款余额调节表。

2019年10～12月的现金清查盘点报告表，如图7-20所示。

现金清查盘点报告表

单位名称：四川良木家居有限公司　　　2019年10月31日　　　单位：元

清点现金			核对账目		
货币面值	张数	金额	项目	金额	备注
100元	515	51,500.00	现金账面余额	51,561.00	
50元	1	50.00	加：收入凭证未记账		
20元		－	减：付出凭证未记账		
10元	1	10.00	调整后现金账面余额		
5元		－	实点现金		
2元		－	长款（+）		
1元	1	1.00	短款（-）		
5角		－			
2角		－			
1角		－			
实点合计		51,561.00		51,561.00	
财务主管：王伍			出纳员：张义		

现金清查盘点报告表

单位名称：四川良木家居有限公司　　　2019年11月30日　　　单位：元

清点现金			核对账目		
货币面值	张数	金额	项目	金额	备注
100元	533	53,300.00	现金账面余额	53,326.00	
50元		－	加：收入凭证未记账		
20元		－	减：付出凭证未记账		
10元	2	20.00	调整后现金账面余额		
5元	1	5.00	实点现金		
2元		－	长款（+）		
1元	1	1.00	短款（-）		
5角		－			
2角		－			
1角		－			
实点合计		53,326.00		53,326.00	
财务主管：王伍			出纳员：张义		

现金清查盘点报告表

单位名称：四川良木家居有限公司　　　2019年12月31日　　　单位：元

清点现金			核对账目		
货币面值	张数	金额	项目	金额	备注
100元	226	22,600.00	现金账面余额	22,629.00	
50元			加：收入凭证未记账		
20元		－	减：付出凭证未记账		
10元	2	20.00	调整后现金账面余额		
5元	1	5.00	实点现金		
2元		－	长款（+）		
1元	4	4.00	短款（-）		
5角		－			
2角		－			
1角		－			
实点合计		22,629.00		22,629.00	
财务主管：王伍			出纳员：张义		

图7-20

2019年10～12月的银行存款余额调节表，如图7-21所示。

银 行 存 款 余 额 调 节 表

编制单位：四川良木家居有限公司   2019年10月   金额单位：元
银行账号：622202100001×××　　开户行：中国建设银行××支行   币种：人民币

项　目				金　额	项　目					金　额
企业银行存款账面余额				305684.00	银行对账单余额					305684.00
加：银行已收而企业未收的款项				0.00	加：企业已收而银行未收的款项					0.00
序号	记账日期	票据号码	摘　要		序号	记账日期	票据号码	摘	要	
减：银行已付而企业未付的款项				0.00	减：企业已付而银行未付的款项					0.00
序号	记账日期	票据号码	摘　要		序号	记账日期	票据号码	摘	要	
调节后的存款余额：				305684.00	调节后的存款余额：					305684.00

财务主管：王伍   出纳：张义   2019年10月31日

银 行 存 款 余 额 调 节 表

编制单位：四川良木家居有限公司   2019年11月   金额单位：元
银行账号：622202100001×××　　开户行：中国建设银行××支行   币种：人民币

项　目				金　额	项　目					金　额
企业银行存款账面余额				83889.64	银行对账单余额					53889.64
加：银行已收而企业未收的款项				0.00	加：企业已收而银行未收的款项					0.00
序号	记账日期	票据号码	摘　要		序号	记账日期	票据号码	摘	要	
减：银行已付而企业未付的款项				30000.00	减：企业已付而银行未付的款项					0.00
序号	记账日期	票据号码	摘　要		序号	记账日期	票据号码	摘	要	
1	2019-11-30		付材料款	30000.00						
调节后的存款余额：				53889.64	调节后的存款余额：					53889.64

财务主管：王伍   出纳：张义   2019年11月30日

银 行 存 款 余 额 调 节 表

编制单位：四川良木家居有限公司   2019年12月   金额单位：元
银行账号：622202100001×××　　开户行：中国建设银行××支行   币种：人民币

项　目				金　额	项　目					金　额
企业银行存款账面余额				132431.41	银行对账单余额					132431.41
加：银行已收而企业未收的款项				0.00	加：企业已收而银行未收的款项					0.00
序号	记账日期	票据号码	摘　要		序号	记账日期	票据号码	摘	要	
减：银行已付而企业未付的款项				0.00	减：企业已付而银行未付的款项					0.00
序号	记账日期	票据号码	摘　要		序号	记账日期	票据号码	摘	要	
调节后的存款余额：				132431.41	调节后的存款余额：					132431.41

财务主管：王伍   出纳：张义   2019年12月31日

图7-21

有关民生大问题——工资社保的管理

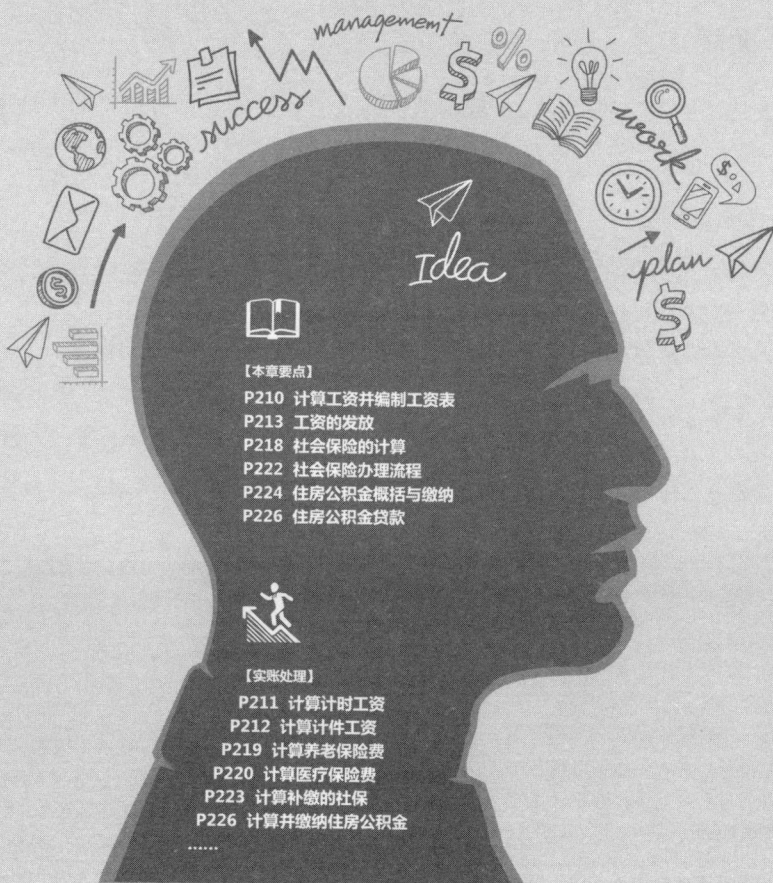

management

success

work

Idea

plan

【本章要点】

P210　计算工资并编制工资表
P213　工资的发放
P218　社会保险的计算
P222　社会保险办理流程
P224　住房公积金概括与缴纳
P226　住房公积金贷款

【实账处理】

P211　计算计时工资
P212　计算计件工资
P219　计算养老保险费
P220　计算医疗保险费
P223　计算补缴的社保
P226　计算并缴纳住房公积金
......

工资的计算与发放

工资与员工利益密切相关，是关于民生的大问题。工资的计算和发放一定要严格按照会计核算制度与公司员工管理办法执行。工资是根据员工出勤与工作成效计算的，下面对考勤、工资计算与发放、社保及住房公积金的缴纳等做详细讲解。

编制考勤表

考勤表是计算工资的依据，一般由单位的人力资源部负责对员工的出勤进行考核，然后负责编制考勤表。

（1）考勤表简介

考勤表是公司员工每天上下班及上班天数或时间等的情况记录，也是员工领工资的凭证。根据公司规定，负责考勤的人员要将公司所有员工的具体上、下班时间进行记录和考核，包括迟到、早退、旷工、病假、事假和休假等的情况。

◆ 有薪假

休假是员工的福利，除法定节假日外，公司员工还可带薪享受假期，不扣其工资，如探亲假和年假等，俗称有薪假，有薪假具体内容如表8-1所示。

表 8-1

类别	概念	假期时间
探亲假	是职工依法探望与自己不住在一起、又不能在公休假日团聚的配偶或父母的带薪假期	①探望配偶，每年给予一方探亲假一次，为期30天；②未婚员工探望父母，每年给假一次，为期20天，也可根据实际情况，两年给假一次，为期45天；③已婚员工探望父母，每4年给假一次，为期20天
婚丧假	是指劳动者本人结婚以及劳动者的直系亲属死亡时依法享受的假期	①婚假：员工双方在同一工作地的，享受3天假期，异地可视路程远近，另给予路程假。②丧假：公司员工直系亲属（指配偶、子女、父母及配偶的父母）不幸去世的，可申请1～3天有薪丧假
年休假	是国家根据劳动者工作年限和劳动繁重紧张程度，每年给予的一定时限的带薪连续休假	①累计工作已满一年不满10年的，假期为5天；②累计工作已满10年不满20年的，假期为10天；③累计工作已满20年的，假期为15天

对于年休假，如果职工有如表8-2所示的情形之一的，不能享受当年的年休假。

表 8-2

条目	含义
1	职工依法享受寒暑假，其休假天数多于年休假天数的
2	职工请事假累计 20 天以上且单位按照规定不扣工资的
3	累计工作满一年不满 10 年的职工，请病假累计两个月以上的
4	累计工作满 10 年不满 20 年的职工，请病假累计 3 个月以上的
5	累计工作满 20 年及以上的职工，请病假累计 4 个月以上的

◆ 其他假期

由于自己身体原因或私事而不能正常上班的，可根据实际情况休假，有些假期有规定的休假天数，如果超出规定天数，则按公司管理办法扣除相应工资。这类假期主要有工伤假、病假、产假和事假等，具体内容如表8-3所示。

表 8-3

假期	含义
工伤假	是指员工发生工伤，需要停工进行治疗并保留薪资的期限
病假	是指劳动者本人因患病或非因工负伤，需要停止工作治疗时，企业应根据劳动者本人实际参加工作年限和在本单位工作年限，给予一定的医疗假期。病假期内劳动者可照常拿工资，对于病假工资，不低于当地最低工资的 80%
产假	是指在职妇女产期前后的休假待遇，一般从分娩前半个月至产后两个半月，晚婚晚育者可前后延长至 4 个月，女职工生育享受不少于 90 天的产假
事假	因私事或其他个人原因请的假。请事假是没有工资的，一年内休事假 20 天以内，且公司不扣除工资的，一般不能享受当年年休假

（2）考勤表格式

各单位对员工的要求不一样，所以出勤表的重要内容和格式也会不同，但基本格式是相同的，企业可根据实际需求进行内容增减，一般格式如图8-1所示。

年　月员工考勤表

单位：

序号	姓名＼日期	1	2	3	4	5	6	7	8	9	10	11	12	13	14	15	16	17	18	19	20	21	22	23	24	25	26	27	28	29	30	31	出勤天数	出差天数	学习天数	探亲天数	旷工天数	病假天数	休假天数	事假天数	备注

单位主管：　　　　　　　　复核：　　　　　　　　考勤员：

注：√-出勤　　※-出差　　○-学习　　◇-探亲　　×-旷工　　●病假　　＼休假　　△-事假

图8-1

计算工资并编制工资表

工资即员工薪资，是固定工作关系里的员工应得的薪酬，是雇主或法定用人单位依据法律规定或行业规定，或根据与员工之间的约定，以货币形式对员工的劳动支付的报酬，是劳务报酬的一种主要形式。

（1）工资的主要内容

工资可按时薪、月薪及年薪等形式计算发放。根据《关于工资总额组成的规定》可知，工资总额由计时工资、计件工资、奖金、津贴和补贴、加班加点工资及特殊情况下支付的工资6个部分组成，如表8-4所示。

表8-4

项目	内容
计时工资	是指按劳动者工作时间来计算工资的一种方法，主要用于车间作业。包括：对已做工作按计时工资标准支付的工资；实行结构工资制的单位支付给职工的基础工资和职务（岗位）工资；新参加工作职工的见习工资（学徒的生活费）；运动员体育津贴等
计件工资	指按照工人生产的合格品的数量（或作业量）和预先规定的计件单价，来计算报酬的一种工资形式。包括超额累进计件、直接无限计件、限额计件和超定额计件等工资制
奖金	是指对劳动者在创造超过正常劳动定额以外的社会所需的劳动成果时，所给予的物质补偿。包括：生产奖，节约奖，劳动竞赛奖，机关、事业单位的奖励工资，其他奖金等
津贴、补贴	是指为了补偿职工特殊或额外的劳动消耗和因其他特殊原因支付给职工的津贴，以及为了保证职工工资水平不受物价影响而支付给职工的物价补贴。包括：补偿职工特殊或额外劳动消耗的津贴，保健性津贴，技术性津贴及其他津贴
加班加点工资	是指劳动者按照用人单位生产和工作的需要，在规定工作时间之外继续生产、劳动或工作所获得的劳动报酬
特殊情况下的工资	根据国家法律、法规和政策规定，因生病、工伤、产假、婚丧假、事假、探亲假、定期休假、停工学习及执行国家或社会义务等原因按计时工资标准或计时工资标准的一定比例支付的工资，如附加工资、保留工资等

（2）工资结算

工资结算就是劳资双方根据当地法规或惯例签订书面的劳资合同或以完成一定工作量的口头约定，对劳动者在一定时间（如一周、一个月或一年等）内的劳动成果进行的结算。我国法律规定，工资报酬必须给付货币，一般是一个月发一次工资。

企业怎么计算工资呢？工资计算的正确性直接影响员工的劳动报酬数额，所以计算工资的人要熟悉各种计算方法。不同类型的工资有不同的计算方法。

◆ 计时工资

计时工资一般有日薪制和月薪制两种，根据考勤表上相应的职工出勤、缺勤天数和每人的工资标准进行计算，具体如表8-5所示。

表 8-5

薪资制度	薪资计算方法
日薪制	是按职工实际出勤天数和日工资，计算其应得工资，亦称正算法。采用日薪制计算职工应付计时工资时，有利于正确计算生产工人的工资成本。但由于每个月实际工作天数和职工出勤天数等会不同，所以每个月都需要单独计算，计算工作量较大。其计算公式为"应付计时工资＝出勤天数×日工资"
月薪制	不论各月日历天数有多少，只要职工是满勤，即可得到相应的全额工资。如果职工有缺勤，则缺勤工资要从全额工资中扣除。具体计算公式为"应付计时工资＝标准工资－缺勤应扣工资"，其中，"缺勤应扣工资＝事假和旷工天数×日工资率＋病假天数×日工资率×扣款百分比"

【实账处理】——计算计时工资

某公司职工张晨，2019年7月共出勤18天，无法定节假日，事假2天，病假3天。公司规定病假扣款百分比为15%，工资标准为每月3 000元。计算其7月的应计工资。（保留两位小数）

1．若公司采用每月日历天数30天，则7月的工资计算如下。

日工资率＝3 000÷30＝100

缺勤应扣工资＝2×100+3×100×15%＝245（元）

2019年7月，张晨应计工资＝3 000-245＝2 755（元）

2．若公司采用全年每月法定工作天数21.75天，则7月的工资计算如下。

日工资率＝3 000÷21.75＝137.93

2019年7月，张晨应计工资为137.93×18＝2 482.74（元）。

提示：日工资率

日工资率是指职工每日应得的平均工资，是计算缺勤工资的重要因素。对于日工资率的计算有两种情况：一是按全年平均每月日历天数为30天计算，这种方法下，法定节假日均有工资，只是超过法定节假日休假的，扣除相应工资；二是按全年平均每月法定工作天数21.17天计算工资，使用这种方法的，相当于是法定节假日没有工资，按实际出勤天数计算，其应计工资＝日工资率×出勤天数。两种情况的日工资率的计算公式为：日工资率＝标准工资÷30或21.75。

◆ 计件工资

计件工资一般是按产量和计件单价计算的。产量包括合格品的数量和料废品数量，料废品是指因加工材料的缺陷而导致的废品。计算公式如下。

应付计件工资 ＝ （合格品数量 ＋ 料废品数量）× 计件单价

【实账处理】——计算计件工资

甲工厂是电子制造厂，员工工资按件数计算，多劳多得。已知每人每件完工产品得10元。工厂员工李慧2019年6月生产完工产品达到400件，计算李慧当月工资。（假如不考虑其他补助）

解析：根据计件工资公式，李慧6月的工资计算如下。

应计工资=400×10=4 000（元）

◆ 加班工资

加班工资指劳动者按照用人单位生产和工作的需要在规定工作时间之外继续生产劳动或工作所获得的劳动报酬。加班时段不同，加班工资的标准也会不同，具体如表8-6所示。

表8-6

加班时段	加班工资计算标准
安排劳动者周内延长工作时间的	支付不低于工资的150%的工资报酬。计算公式为：加班工资＝计算基数÷每月工作时间×150%
休息日安排劳动者工作又不能安排补休的	支付不低于工资的200%的工资报酬。计算公式为：加班工资＝计算基数÷每月工作时间×200%
法定休假日安排劳动者工作的	支付不低于工资的300%的工资报酬。计算公式为：加班工资＝计算基数÷每月工作时间×300%

【实账处理】——计算工作日加班工资

某单位实行8小时工作制度，每个月工作22天，如果因业务需要延长工作时间的，按国家规定支付加班工资。2019年5月6日（工作日），因单位临时接到急单，为了保证订单能按时完成，上级领导遂与职工约定加班，且支付相应的加班工资。李某当天加班3小时，他的标准月工资为3 300元，计算他的加班工资。

解析：根据公式，李某5月6日当天的加班工资计算如下。

加班工资=3 300÷22÷8×150%×3=84.38（元）

【实账处理】——计算周末加班工资

某单位实行8小时工作制度，每个月工作22天，如果因业务需要延长工作时间的，按国家规定支付加班工资。2019年5月19日（周末休息日），因业务繁忙，需要李某加班一天共8小时，且当月并未补休。他的标准月工资为3 300元，计算他的加班工资。

解析：根据公式，李某5月19日的加班工资计算如下。

加班工资=3 300÷22×200%=300（元）

【实账处理】——计算法定节假日加班工资

某单位实行8小时工作制度，每个月工作22天，如果因业务需要延长工作时间的，按国家规定支付加班工资。2019年10月1日（国庆节是法定节假日），李某当天加班8小时，他的标准月工资为3 300元，计算他的加班工资。

解析：根据公式，李某国庆节的加班工资计算如下。

加班工资=3 300÷22×300%=450（元）

工资的发放

各单位先根据考勤表计算每位员工的应付工资（包括基本工资、加班工资、津贴等）；再扣除由单位代缴的社会保险费、住房公积金以及对于扣除后工资高于5 000元而需要缴纳的个人所得税（由单位代扣代缴）；最后由出纳员根据实发数额转账发工资，或提取现金直接发到每位员工手中。各单位根据实际情况每月在固定日期发放工资。工资表的一般格式如图8-2所示。

年　月工资表

编制单位：　　　　年　月　日　　　　单位：元

序号	姓名	应发项目			应发工资	应扣项目							实发工资	签名
		岗位工资	工龄工资	执业津贴		养老保险金	医疗保险金	失业保险金	住房公积金	税前工资	个人所得税	应扣合计		
1														1
2														2
3														3
4														4
5														5
合计														

单位主管：　　　　复核：　　　　制表：

图8-2

社保的扣缴

社会保险是指国家强制社会多数成员参加的，具有所得重分配功能的非营利的社会安全制度。为了获得一定的保障，求职人员在与用人单位签订劳动合同时一定要约定好购买社保。为什么社保这么重要呢？社保到底缴多少呢？本节主要介绍社会保险的主要内容。

社会保险的五大特征

社会保险是为丧失劳动能力、暂时失去劳动岗位或因健康原因造成损失的人口提供收入或补偿的一种社会和经济制度。社会保险计划由政府举办，强制某一群体将其收入的一部分作为社会保险费形成社会保险基金，在满足一定条件的情况下，被保险人可从基金中获得固定收入或损失的补偿。它是一种再分配制度，其目标是保证物质及劳动力的再生产和社会的稳定。社会保险有如下所示的五大特征。

◆ **保障性**：指对于劳动者的基本生活有一定的保障。社会保险的客观基础是劳动领域存在的风险，保险的标准是劳动者的人身。

◆ **普遍性**：不管劳动者的工种是什么，社会保险都能对其提供保障。它的主体也是特定的，既包括劳动者，也包括用人单位。

◆ **互助性**：利用参加保险者的合力，帮助某个遇到风险的人，互助互济，满足急需，以达到维持劳动力再生产的目的。

◆ **强制性**：由国家立法限定，强制用人单位和职工参加。

◆ **福利性**：保险基金来源于用人单位和劳动者的缴费及财政的支持，是一种政府行为，不以营利为目的。

社会保险的主要内容

社会保险是社会保障制度的一个最重要的组成部分，对于职工退休、生病、受伤和失业等都具有一定的保障。社会保险的主要内容包括养老保险、医疗保险、失业保险、工伤保险和生育保险。

（1）养老保险

养老保险全称社会养老保险金，由社会统筹基金支付的基础养老金和个人账户养老金组成，是社会保障制度的重要组成部分，是社会保险五大险种中最重要的险种之一。

◆ 养老保险的主要意义

社会养老保险是为解决劳动者在达到国家规定的解除劳动义务的劳动年龄界限，或因年老丧失劳动能力退出劳动岗位后的基本生活而建立的一种社会保险制度。主要的意义如表8-7所示。

表8-7

意义	说明
有利于劳动力再生产	通过建立养老保险的制度，有利于劳动力群体的正常代际更替。老年人年老退休，新成长劳动力顺利就业，保证就业结构的合理化
有利于社会的安全	养老保险为老年人提供了基本生活保障，使老年人老有所养。对于在职劳动者而言，参加养老保险意味着对将来年老后的生活有了预期保障，免除了后顾之忧，从社会心态来说，人们多了些稳定、少了些浮躁，这有利于社会的稳定
有利于经济的发展	养老保险涉及面广，参与人数众多，其运作能筹集到大量养老保险金，能为资本市场提供巨大的资金来源，尤其是实行基金制的养老保险模式。个人账户中的资金积累以数十年计算，使得养老保险基金规模更大，为市场提供更多资金。规模资金的运营和利用，有利于国家对国民经济的宏观调控

◆ 养老保险的种类

为了使养老保险既能发挥保障生活和安定社会的作用，又能适应不同经济条件的需要，以提高劳动生产率，我国规定养老保险由3部分组成，如表8-8所示。

表8-8

分类	内容
基本养老保险	基本养老保险是按国家统一的法规政策强制建立和实施的社会保险制度。企业和职工依法缴纳养老保险费，在职工达到国家规定的退休年龄或因其他原因而退出劳动岗位并办理退休手续后，社会保险经办机构向退休职工支付基本养老保险金（也称"退休金"）
企业补充养老保险	企业补充养老保险是指由企业根据自身经济实力，在国家规定的社会养老保险实施政策和实施条件下，为企业职工建立的一种辅助性的养老保险
个人储蓄养老保险	职工个人储蓄性养老保险是中国多层次养老保险体系的一个组成部分，是由职工自愿参加、自愿选择经办机构的一种补充保险形式。职工达到法定退休年龄并经批准退休后，相关机构凭个人账户将储蓄性养老保险金一次总付或分次支付给个人

（2）医疗保险

医疗保险是为了补偿劳动者因疾病风险造成的经济损失而建立的一项社会保险

制度，包括基本医疗保险和大病医疗互助补充保险。基本医疗保险费由用人单位和职工个人按时足额缴纳。不按时足额缴纳的，不计个人账户，基本医疗保险统筹基金不予支付其医疗费用。

◆ 医疗保险的主要意义

医疗保险是为了补偿因疾病产生的医疗费用的一种保险，是职工因疾病、负伤或生育时，由社会或企业提供必要的医疗服务或物质帮助的社会保险。如我国的公费医疗和劳保医疗等。我国职工的医疗费用由国家、单位和个人共同负担，以减轻企业负担，避免浪费。发生保险责任事故需要进行治疗时，按比例付保险金。该保险的主要意义如表8-9所示。

表 8-9

分类	内容
促进生产发展	一方面医疗保险解除了劳动者的后顾之忧，使其安心工作，从而可提高劳动生产率，促进生产的发展；另一方面也保证了劳动者的身心健康，保证了劳动力的正常再生产
调节收入差别	医疗保险通过征收医疗保险费和偿付医疗保险服务费用来调节收入差别，是政府采取的一种重要的收入再分配手段，体现了社会的公平性
维护社会安定	医疗保险对患病的劳动者给予经济上的帮助，可消除因疾病带来的社会不安定因素，是调整社会关系和社会矛盾的重要社会机制
促进社会文明	医疗保险和社会互助共济的社会制度，通过在参保人之间分摊疾病费用风险，体现出了"一方有难，八方支援"的新型社会关系，有利于促进社会文明和进步

◆ 医疗保险制度的主要分类

根据报销手续的不同，医疗保险可分为不同类别，主要有如表8-10所示的3种。

表 8-10

分类	含义
间接医疗保险	是指病人先自己垫付所有医疗费用，再向社会保险机构提供医院的证明资料，根据情况报销一部分或全部费用
直接医疗保险	在政府直接拥有并管理的医疗机构就医的，劳动者的医疗费用全部或部分由国家直接承担
基本医疗照顾	主要是预防性、治疗性和综合卫生保险服务，包括营养改善、卫生用水供应、母婴照顾、对主要传染病的免疫、流行病的预防和控制以及常见病的治疗等服务内容

（3）失业保险

失业保险是指依法参加社会保险的劳动者，因失业导致经济收入受到影响时，按规定在法定时间内享受补贴其因失业而损失的部分经济收入，从而保障其基本生活的社会保险项目。

失业人员是指本身具有劳动能力且可以工作，但当前没有工作或没有从事有报酬职业或自营职业，而正在采取各种方式寻找工作的人。

◆ 失业保险领受方式

单位职工退工后，凭退工单和劳动手册等证明，由本人到户籍所在地的社会保障事务所进行失业登记，符合领取条件并要求立即领取失业保险金的，填写《失业保险登记表》，然后根据相关机构通知的时间和地点，到区县职业介绍所办理核定待遇和申领失业保险金手续。

失业保险累计缴费时间满一年不满5年的，最长可领取12个月的失业保险金；累计缴费时间满5年不满10年的，领取失业保险金的期限最长为18个月；累计缴费时间满10年以上的，领取失业保险金的期限最长为24个月。

◆ 失业人员待遇

失业人员如果按规定缴纳了失业保险，失业时除了可以领取一定的失业保险金外，还会获得或享受其他一些补贴或优惠政策，具体内容如图8-3所示。

一	失业人员如果患病或生育，到指定的医院就诊，可以按规定申请70%的医疗费补贴。
二	失业人员在领取失业保险金期间开办私营企业、从事个体经营或自行组织起来就业的，可以一次性领取剩余期限的失业保险金（加上当次核定后已领取的月份，不能超过24个月），作为扶持生产资金。
三	失业人员在领取失业保险金期间死亡的，其家属可以申领一次性丧葬补助金和供养直系亲属抚恤金。
四	女性失业人员在领取失业保险金期间生育，且符相关规定的，可申领3个月的生育补助金，领取标准与其领取的失业保险金计发标准相同。
五	失业人员在失业期间可以免费接受职业指导和职业培训等就业服务。

图8-3

（4）工伤保险

工伤保险是指劳动者在工作中或在规定的特殊情况下，遭受意外伤害或患职业病，导致暂时或永久丧失劳动能力甚至死亡时，劳动者或其家属从国家和社会获得物质帮助的一种社会保险制度。工伤是指职工在工作过程中因工作原因受到事故伤害或患职业病。根据《工伤保险条例》的相关规定，职工有如下所示情形之一的，应当认定为工伤。

◆ 在工作时间和工作场所内，因工作原因受到事故伤害的。

◆ 工作时间前后在工作场所内，从事与工作有关的预备性或者收尾性工作受到事故伤害的。

◆ 工作时间和工作场所内因履行工作职责而受暴力等意外伤害的。

◆ 因工外出期间由于工作原因受到伤害或发生事故下落不明的。

◆ 在上下班途中，受到非本人主要责任的交通事故或城市轨道交通、客运轮渡及火车事故伤害的。

◆ 工作时间内和工作岗位上突发疾病死亡或在48小时内经抢救无效死亡的。

◆ 在抢险救灾等维护国家利益和公共利益活动中受到伤害的。

◆ 职工原在军队服役，因战或因公负伤致残，已取得革命伤残军人证，到用人单位后旧伤复发的。

（5）生育保险

生育保险是国家通过立法，在职业妇女因生育子女而暂时中断劳动时，由国家和社会及时给予生活保障和物质帮助的一项社会保险制度。主要包括两项：一是生育津贴；二是生育医疗待遇。生育保险待遇不受户籍限制，参加生育保险的人如果在异地生育，其相关待遇按参保地政策标准执行。享受生育保险的范围如下。

◆ 享受生育保险的对象主要是女职工，因而待遇享受人群比较窄。

◆ 我国生育保险要求享受保险的对象必须是合法婚姻者，即必须符合法定结婚年龄且按婚姻法规定办理了合法手续和符合国家相关政策的。

◆ 无论女职工妊娠结果如何，均可按照生育保险的规定得到补偿，包括流产、引产及胎儿和产妇发生意外等情况。

◆ 我国规定正常产假为90天，其中产前假为15天，产后假为75天。

◆ 生育保险提供的生育津贴一般为生育女职工的原工资水平，高于其他保险项目。在我国，职工个人不缴纳生育保险费，而是由参保单位按照其工资总额的一定比例进行缴纳。

社会保险的计算

社会保险是通过单位先预交，到了符合领取的条件时，个人再按照领取的规定办理相关手续。那么，到底交多少合适呢？是由单位交还是个人交呢？本节将以四川省成都市为例，具体介绍社会保险费的计缴问题。

（1）养老保险金的计算

养老保险的缴纳由用人单位和个人共同承担，而职工承担部分由单位代扣代缴。具体公式如下。

企业缴费额＝核定的企业职工工资总额×16%

职工个人缴费额＝核定缴费基数×8%

如果是个体劳动者（包括个体工商户和自由职业者），则全部由自己缴纳，其公式计算如下。

个体劳动者缴费额＝核定缴费基数×20%

【实账处理】——计算养老保险费

甲企业2019年5月的职工工资总额共145 600元，公司和员工个人的缴费基数相同。月末计算5月应缴的养老保险费，用银行存款及时缴纳。

甲企业应缴纳养老保险费=145 600×16%=23 296（元）

员工个人应承担养老保险费=145 600×8%=11 648（元）

缴纳社保费用时应做的会计分录如下。

借：应付职工薪酬——基本养老保险 23 296

  其他应付款——代扣个人养老保险 11 648

  贷：银行存款 34 944

（2）医疗保险金的计算

医疗保险中，基本医疗保险和大病医疗补助的计算公式不同。基本医疗保险是当人们生病或受到伤害后，由国家或社会给予的一种物质帮助，即提供医疗服务或经济补偿的一种社会保障制度。具体公式如下。

企业缴费额＝核定的企业职工工资总额×6.5%

职工个人缴费额＝核定缴费基数×2%

而大病医疗补助即重大疾病医疗补助，是指参保人在享受基本医疗保险的基础上，为了化解因大病治疗带来的巨大经济风险而建立的一种医疗补助制度，其计算公式如下。

企业缴费额＝核定的企业职工工资总额×1%

【实账处理】——计算医疗保险费

甲企业2019年5月职工的工资总额共计145 600元，公司和员工个人的缴费基数相同。月末计算5月应缴纳的医疗保险费，并用银行存款及时缴纳。

甲企业应缴纳医疗保险费=145 600×6.5%+145 600×1%=10 920（元）

员工个人应承担医疗保险费=145 600×2%=2 912（元）

缴纳医疗保险费时应做的会计分录如下。

借：应付职工薪酬——基本医疗保险　　　　10 920

　　其他应付款——代扣个人医疗保险　　　2 912

　　　贷：银行存款　　　　　　　　　　　　　　13 832

（3）失业保险金的计算

失业保险金的计算公式如下。

企业缴费额＝核定的企业职工工资总额×0.6%

职工个人缴费额＝核定缴费基数×0.4%

【实账处理】——计算失业保险费

甲企业2019年5月职工工资总额共计145 600元，公司和员工个人的缴费基数相同。月末计算5月应缴的失业保险费并用银行存款及时缴纳。

甲企业应缴纳失业保险费=145 600×0.6%=873.60（元）

员工个人应承担失业保险费=145 600×0.4%=582.40（元）

缴纳失业保险费时应做的会计分录如下。

借：应付职工薪酬——失业保险　　　　　873.60

　　其他应付款——代扣个人失业保险　　582.40

　　　贷：银行存款　　　　　　　　　　　　　1 456

（4）工伤保险金的计算

工伤保险费的缴纳只由企业承担，员工个人不需要缴纳工伤保险费。而且，行业不同，企业缴纳工伤保险费的费率也会不同，主要有如表8-11所示的几种。

表 8-11

分类	行业	基准费率	计算公式
风险较小行业	证券业、银行业和保险业等	一类行业 0.2%；二类行业 0.4%；三类行业 0.7%；四类行业 0.9%；五类行业 1.1%；六类行业 1.3%；七类行业 1.6%；八类行业 1.9%	企业缴费额＝核定的企业职工工资总额 × 实际缴费费率 实际缴费费率＝（基准费率＋浮动费率）×50% 注意，实际缴费费率最低为 0.1%，最高为 1.425%
中等风险行业	房地产业、环境管理业、娱乐业和农副食品加工业等		
风险较大行业	炼焦及核心燃料加工业、石油加工业及化学原料和化学制品制造业等		

【实账处理】——计算工伤保险费

甲企业2019年5月职工的工资总额共计145 600元，公司和员工个人的基数相同。月末计算5月应缴的工伤保险费，并用银行存款及时缴纳，会计分录如下。（甲企业为二类行业）

甲企业应缴纳工伤保险费=145 600×0.4%=582.40（元）

借：应付职工薪酬——工伤保险　　　　582.40

　　贷：银行存款　　　　　　　　　　　582.40

（5）生育保险金的计算

与工伤保险一样，生育保险也只由企业缴纳，员工个人不需要缴纳。其计算公式如下。

企业缴费额＝核定的企业职工工资总额×0.8%

【实账处理】——计算生育保险费

甲企业2019年5月职工的工资总额共计145 600元，公司和员工个人的缴费基数相同。月末计算5月应缴的生育保险费，并用银行存款及时缴纳，会计分录如下。

甲企业应缴纳生育保险费=145 600×0.8%=1 164.80（元）

借：应付职工薪酬——生育保险　　　　1 164.80

　　贷：银行存款　　　　　　　　　　　1 164.80

社会保险办理流程

各类单位应按所属地管理原则，到纳税地管辖的社会保险经办机构办理社会保险登记手续。新成立的单位应在单位批准成立之日起一个月内办理登记手续。参保单位必须为与其发生事实劳动关系的所有人员办理社会保险参保手续。

（1）办理登记手续

单位在经营所在地社会保险经办机构办理社会保险登记手续时，领取社会保险登记表和在职职工增减异动明细表，并准备所需的证件。单位和个人必须提供真实有效的证件，单位负责人对证件的真实性负有直接责任。证件资料明细如下。

◆ 企业五证合一后的营业执照（副本）或其他核准执业或成立证件。

◆ 对于私营企业，如果相关证件无法清楚地认定其单位性质，应补报能证明其私营性质的社保卡相关资料（如工商部门的证明或验资报告等）。

◆ 事业单位应附有其成立的文件批复。

◆ 驻外地的办事处应附总公司或总机构的授权书。

◆ 新参保职工身份证复印件（户口不在本市的职工还需提供户口簿或暂住证复印件）。

（2）相关表格填报

在填报相关表格时要注意，有些是必填项目，且内容和所提供的资料要保持一致。而需要填报的表格主要有以下两种。

◆ 社会保险登记表

单位办理社会保险时，先要填报社会保险登记表，内容的填写如表8-12所示。

表8-12

内容	填写说明
税务登记号码（统一社会信用代码）	即五证合一后营业执照上"统一社会信用代码××××××号"栏的号码
工商登记执照信息	需经过工商登记并领取工商执照的单位（如各类企业）填写此栏
缴费单位专管员	填写参加社会保险的单位具体负责该项工作的联系人，以及其所在部门和联系电话
单位类型、隶属关系	根据参保单位的单位类型及隶属关系，对照表下方"说明"栏中对应的代码填报
开户银行	须填报企业的开户银行清算行号
批准成立信息	不经工商登记设立的单位（如机关、事业或社会团体等）填写此栏，不填"工商登记执照信息"栏

◆ 在职职工增减异动明细表

在职职工增减异动明细表填写说明如表8-13所示。

表8-13

内容	填写说明
姓名、性别、出生年月、个人账户（身份证号）	均要严格按身份证中的信息填写
个人编号	"续保"和"转入"人员需提供其原参保的个人编号，并填报此栏；"新增"人员在申报时暂不填报此栏，其个人编号待录入微机后产生
月缴费工资	应按职工本人上年度月平均工资总额填报

新增人员是指原来没有参加过社会保险的人员；续保人员是指原来参加过社会保险，现在已经停保或转到流动窗口投保，并续接到新单位投保的；转入人员是指已经参加社保的人员在本市参保单位之间的转移。

（3）社保的补缴

缴费单位（不含个体工商户、自由职业者）漏缴职工养老保险费的，应携带相关材料到各社保经办机构办理基本养老保险费的补缴。应带的材料有：职工档案和养老保险手册、补缴基本养老保险费申请表以及劳动合同和工资发放明细表等。为弥补因企业迟缴职工养老保险费而造成的职工个人账户金额损失，需按照一定的公式计算补缴的养老保险费金额，具体如下。

补缴金额 = 补缴时上年度社会平均工资 × （应补年度缴费工资基数 ÷ 应补年度社会平均工资）× 缴费比例 × 补缴系数

其中，缴费比例按现行比例（24%）执行，企业16%，个人8%。补缴系数起点为1.1，补缴年度每提前一年系数增加0.1，逐年计算。

【实账处理】——计算补缴的社保

某公司员工，于2019年5月办理补缴2017年5月的养老保险，如果2017年实际工资月收入低于当年的缴费下限2 193元，那么他补缴2017年养老保险费的月缴费基数为2 193元，年基数为26 316元。单位补缴比例为16%，个人补缴比例为8%，补缴系数为1.2，补缴年度的上年度2018年社会平均工资为71 300元/年，2017年度的社会平均工资为65 098元/年，计算该员工2019年应补缴的社保。

企业补缴额=71 300×（26 316÷65 098）×16%×1.2=5 534.05（元）

个人补缴额=71 300×（26 316÷65 098）×8%×1.2=2 767.02（元）

社会保险与商业保险的区别

商业保险是指通过订立保险合同运营且以营利为目的的保险形式，由专门的保险企业经营。商业保险的保险关系是由当事人根据自己的意愿与保险公司签订的合同的关系，投保人根据合同约定向保险公司支付保险费，而保险公司根据合同约定的可能发生的事故承担赔偿保险金责任。商业保险不像社会保险，它不具有强制性，除此之外，两者还有很明显的区别，具体如表8-14所示。

表 8-14

区别	社会保险	商业保险
实施目的不同	为社会成员提供必要的基本保障，不以营利为目的	是保险公司的商业化运作，以营利为目的
实施方式不同	根据国家立法强制实施	是遵循"契约自由"原则，由个人自愿投保，保险公司承保
主体和对象不同	由国家成立的专门机构进行基金的筹集、管理及发放，其对象是法定范围内的社会成员	是保险公司经营管理的，被保险人可以是符合承保条件的任何人
保障水平不同	水平高于社会贫困线，低于社会平均工资的50%，保障程度较低	保障水平完全取决于保险双方当事人的约定和投保人所缴保费的多少，只要符合投保条件并有一定的缴费能力，被保险人可以获得高水平的保障

住房公积金

住房公积金和社保一样，也关系着民生大问题。对职工而言，自己与用人单位各缴纳一部分住房公积金，可在购买住房时享受低利率贷款或取出现金用于装修房屋，从而缓解购房压力。本节讲述了住房公积金的基本知识、计算和缴纳。

住房公积金概括与缴纳

住房公积金是指国家机关、国有企业、城镇集体企业、外商投资企业、城镇私营企业和其他城镇企业、事业单位、民办非企业单位、社会团体及其在职职工缴存的长期住房储金。

（1）住房公积金的性质

住房公积金是职工按规定存储的专门用于住房消费支出的个人住房储金，主要由职工所在单位缴存和职工个人缴存这两部分构成。个人缴存部分由单位代扣代缴，最后一并存到职工个人住房公积金账户中。住房公积金具有如下所示的性质。

◆ **保障性**：建立职工住房公积金制度，较快、较好地为职工解决住房问题提供了保障。

◆ **互助性**：建立住房公积金制度能够有效地建立和形成"有房职工帮助无房职工"的机制和渠道，而住房公积金在资金方面为无房职工提供了帮助，体现了职工住房公积金的互助性。

◆ **长期性**：城镇在职职工自参加工作之日起至退休或终止劳动关系的这一段时间内要不间断地缴纳个人住房公积金；职工所在单位也应按规定为职工补助缴存住房公积金。

（2）住房公积金的特点

住房公积金不同于社会保险金，只有城镇在职职工才建立住房公积金制度，即农村不建立住房公积金制度。具体来说住房公积金有如表8-15所示的4个特点。

表8-15

特点	解释
普遍性	城镇在职职工，无论其工作单位性质如何，家庭收入高低，是否已有住房，都必须按照《住房公积金管理条例》的规定缴存住房公积金
强制性	单位不办理住房公积金缴存登记或不为单位职工办理住房公积金账户设立的，住房公积金管理中心有权责令限期办理，逾期不办理的，可按《住房公积金管理条例》的有关条款对单位进行处罚，并可申请人民法院强制执行
福利性	除职工缴存的住房公积金外，单位也要为职工缴纳一定的金额，而且住房公积金贷款的利率一般低于商业性贷款利率
返还性	职工离休、退休或完全丧失劳动能力并与单位终止劳动关系，以及户口迁出或出境定居等，缴存的住房公积金将返还给职工个人

（3）住房公积金的缴纳

住房公积金按照工资的一定比率缴存，一般缴存比率不得低于职工上一年度月平均工资的5%，同时不得高于12%；有条件的城镇，可以在规定范围内适当提高缴存比例。具体缴存比例由住房公积金管理委员会拟订，经本级人民政府审核后，报省、自治区或直辖市人民政府批准。城镇个体工商户和自由职业人员住房公积金的月缴存基数原则上按照缴存人上一年度月平均纳税收入计算。如下所示的是应按规定缴纳住房公积金的单位及其在职职工。

◆ 机关、事业单位。

◆ 国有企业、城镇集体企业、外商投资企业、港澳台商投资企业、城镇私营企业及其他城镇企业或经济组织。

◆ 民办非企业单位和社会团体。

◆ 外国及港澳台商投资企业和其他经济组织的常驻代表机构。

对于城镇个体工商户和自由职业人员来说，有部分住房公积金管理机构可以申请结存住房公积金，但并不是每个地方的住房公积金管理中心都允许城镇个体工商户和自由职业人员缴纳住房公积金，具体情况可咨询当地住房公积金管理机构。

【实账处理】——计算并缴纳住房公积金

甲公司员工赵军2018年的月平均工资为5 800元，公司规定住房公积金缴存比率为6%，2019年5月赵军的税前工资为6 000元，计算赵军2019年5月要缴存多少住房公积金到个人账户。已知所有公积金以现金缴纳。

解析：赵军2019年5月的税前工资为6 000元，且大于2018年的月平均工资5 800元，所以要以6 000为基数。

个人缴存住房公积金=6 000×6%=360（元）

单位缴存住房公积金=6 000×6%=360（元）

赵军2019年5月共计缴存住房公积金720元（360+360），会计分录如下。（实际做账工作中，会计人员不会单独对某位员工编制住房公积金会计分录，而是汇总所有员工应缴纳的住房公积金后进行编制）

借：应付职工薪酬——住房公积金　　　360

　　其他应付款——住房公积金　　　　360

　　贷：库存现金　　　　　　　　　　　　720

住房公积金贷款

个人住房公积金贷款是指住房公积金管理中心用住房公积金，委托商业银行向购买、建造、翻修、大修自住住房及集资合作建房的住房公积金存款人发放的优惠贷款。对于符合住房公积金贷款条件的，可以申请住房公积金贷款。

（1）住房公积金贷款条件

并不是只要缴纳过住房公积金的职工都可以申请贷款，对于住房公积金贷款的申请必须符合如下所示的条件。

◆ 城镇职工个人与所在单位必须连续缴纳住房公积金满一年。

◆ 借款人购买商品房的，必须有不少于总房价30%以上的自筹资金作为房屋首付款。

◆ 借款人有稳定的经济收入，信用良好且有偿还贷款本息的能力。

◆ 夫妻双方都正常足额缴存住房公积金的，只允许一方申请住房公积金贷款。

◆ 一个家庭同一时间只能申请一次住房公积金贷款购买一处住房。

◆ 贷款人须有本省（市）城镇常住户口或有效居民身份。

◆ 同意用所购住房做抵押。

（2）住房公积金贷款额度

住房公积金的贷款额度按规定可分为3个不同类别，A级最高可贷款800 000元，AA级最高可贷款920 000元，AAA级最高能贷1 040 000元。具体贷款额度的要求如下。

◆ 贷款额度不得超出个人的还款能力。

◆ 购买首套普通自住房的，不得超过所购住房价款的70%（套型建筑面积在90平方米及以下的，不得超过所购住房价款的80%）。

◆ 借款人（含配偶）要具备偿还贷款本息后月均收入不低于本市城乡居民最低生活保障水平的能力。

住房公积金的还贷

办理了住房公积金贷款后，在规定的日期前必须全部还清，按是否在一定期限内还清贷款，将其分为如期还贷与提前还贷两种类型。

◆ 如期还贷

如期还贷是指在规定期限内还清贷款，不推迟也不提前。个人购房贷款的还款方式有每月等额本息还款法和每月等额本金还款法两种，如表8-16所示。

表8-16

还款方式	解释
每月等额本息还款法	指借款人每月偿还的贷款本金和利息总额不变，但每月还款额中贷款本金逐月增加、贷款利息逐月减少的还款方式

还款方式	解释
每月等额本金 还款法	指借款人每月偿还的本金固定不变，贷款利息逐月递减的还款方式

◆ 提前还贷

提前还贷是指资金比较充裕的情况下，借款人在规定还清贷款的日期前就将贷款全部还清，这样能节约大量的贷款利息费用。根据和银行签订的贷款合同，借款人需提前一个月向银行申请才可提前还贷。

核算良木家居公司2019年10～12月工资、社保的发放和缴纳情况

本章主要讲述了工资、社保的计算与发放，下面通过良木公司2019年10～12月职工的考勤表计算职工的工资与应交社保。

2019年10月，管理部门工资总额共96 000元，销售部门工资总额共21 000元，生产部门工资总额共110 800元。假设良木公司所在地的五险缴费基数是相等的，且核定的社保单位缴纳比例为工资的28%，个人缴纳部分为工资的10.4%。相关计算结果如下。

管理部门单位缴纳社保 = 96 000×28% = 26 880（元）

管理部门个人缴纳社保 = 96 000×10.4% = 9 984（元）

管理部门实发工资 = 96 000 - 9 984 = 86 016（元）

销售部门单位缴纳社保 = 21 000×28% = 5 880（元）

销售部门个人缴纳社保 = 21 000×10.4% = 2 184（元）

销售部门实发工资 = 21 000 - 2 184 = 18 816（元）

生产部门单位缴纳社保 = 110 800×28% = 31 024（元）

生产部门个人缴纳社保＝110 800×10.4%＝11 523.2（元）

生产部门实发工资＝110 800－11 523.2＝99 276.8（元）

2019年11月，管理部门工资总额为96 000元，销售部门工资总额为15 000元，生产部门工资总额为97 000元。同理，在缴费基数相等的情况下，良木公司核定的社保单位缴纳比例为工资的28%，个人缴纳部分为工资的10.4%。

管理部门单位缴纳社保＝96 000×28%＝26 880（元）

管理部门个人缴纳社保＝96 000×10.4%＝9 984（元）

管理部门实发工资＝96 000－9 984＝86 016（元）

销售部门单位缴纳社保＝15 000×28%＝4 200（元）

销售部门个人缴纳社保＝15 000×10.4%＝1 560（元）

销售部门实发工资＝15 000－1 560＝13 440（元）

生产部门单位缴纳社保＝97 000×28%＝27 160（元）

生产部门个人缴纳社保＝97 000×10.4%＝10 088（元）

生产部门实发工资＝97 000－10 088＝86 912（元）

2019年12月，管理部门工资总额为96 000元，销售部门工资总额为35 890元，生产部门工资总额为136 800元。同样的，五险缴费基数相等，良木公司核定的社保单位缴纳比例为工资的28%，个人缴纳部分为工资的10.4%。

管理部门单位缴纳社保＝96 000×28%＝26 880（元）

管理部门个人缴纳社保＝96 000×10.4%＝9 984（元）

管理部门实发工资＝96 000－9 984＝86 016（元）

销售部门单位缴纳社保＝35 890×28%＝10 049.2（元）

销售部门个人缴纳社保＝35 890×10.4%＝3 732.56（元）

销售部门实发工资＝35 890－3 732.56＝32 157.44（元）

生产部门单位缴纳社保＝136 800×28%＝38 304（元）

生产部门个人缴纳社保＝136 800×10.4%＝14 227.2（元）

生产部门实发工资＝136 800－14 227.2＝122 572.8（元）

所以，良木家居2019年10～12月的工资与社保明细如图8-4所示。

2019年10月工资表

编制单位：四川良木家居有限公司　　　　　2019年11月1日　　　　　单位：元

序号	部门	工资	应扣社保	实发工资	备注
1	管理部门	96000	9984	86016	
2	销售部门	21000	2184	18816	
3	生产部门	110800	11523.2	99276.8	
4					
5					
6					
	合计	227,800.00	23,691.20	204,108.80	

2019年10月社保明细表

编制单位：四川良木家居有限公司　　　　　2019年11月1日　　　　　单位：元

序号	部门	扣缴基数	单位应交社保	代缴个人社保	应交社保合计	备注
1	管理部门	96000	26880	9984	36864	
2	销售部门	21000	5880	2184	8064	
3	生产部门	110800	31024	11523.2	42547.2	
4						
5						
6						
	合计	227,800.00	63,784.00	23,691.20	87,475.20	

2019年11月工资表

编制单位：四川良木家居有限公司　　　　　2019年12月1日　　　　　单位：元

序号	部门	工资	应扣社保	实发工资	备注
1	管理部门	96000	9984	86016	
2	销售部门	15000	1560	13440	
3	生产部门	97000	10088	86912	
4					
5					
6					
	合计	208,000.00	21,632.00	186,368.00	

图8-4

2019年11月社保明细表

编制单位：四川良木家居有限公司　　　　　2019年12月1日　　　　　单位：元

序号	部门	扣缴基数	单位应交社保	代缴个人社保	应交社保合计	备注
1	管理部门	96000	26880	9984	36864	
2	销售部门	15000	4200	1560	5760	
3	生产部门	97000	27160	10088	37248	
4						
5						
6						
合计		208,000.00	58,240.00	21,632.00	79,872.00	

2019年12月工资表

编制单位：四川良木家居有限公司　　　　　2019年12月31日　　　　　单位：元

序号	部门	工资	应扣社保	实发工资	备注
1	管理部门	96000	9984	86016	
2	销售部门	35890	3732.56	32157.44	
3	生产部门	136800	14227.2	122572.8	
4					
5					
6					
合计		268,690.00	27,943.76	240,746.24	

2019年12月社保明细表

编制单位：四川良木家居有限公司　　　　　2019年12月31日　　　　　单位：元

序号	部门	扣缴基数	单位应交社保	代缴个人社保	应交社保合计	备注
1	管理部门	96000	26880	9984	36864	
2	销售部门	35890	10049.2	3732.56	13781.76	
3	生产部门	136800	38304	14227.2	52531.2	
4						
5						
6						
合计		268,690.00	75,233.20	27,943.76	103,176.96	

图8-4（续）

国家税收不能忘——工商税务一并抓

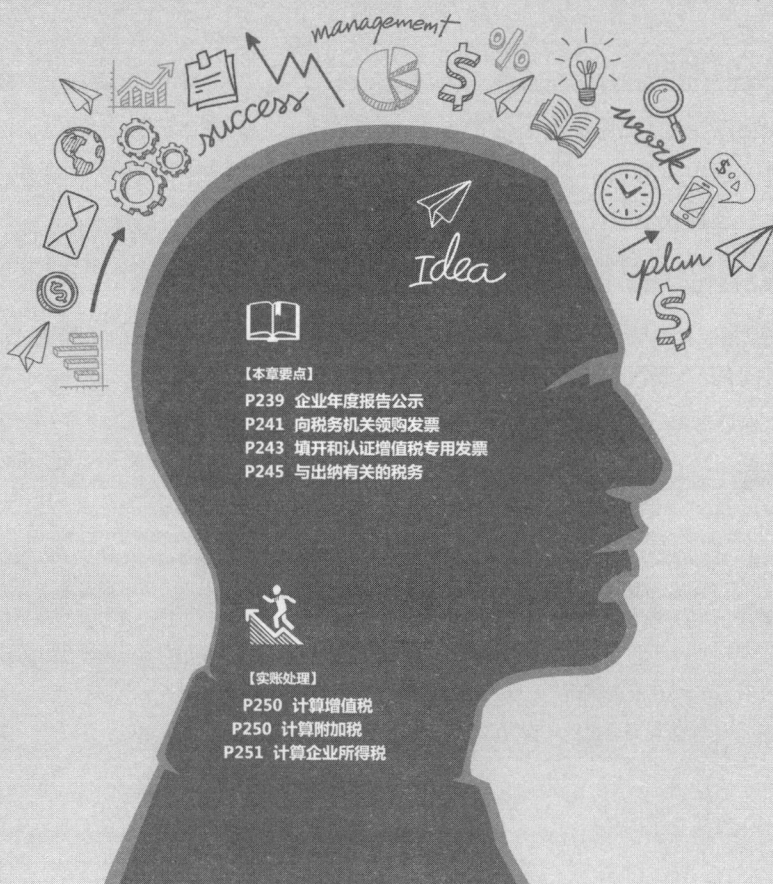

Idea

【本章要点】

P239 企业年度报告公示
P241 向税务机关领购发票
P243 填开和认证增值税专用发票
P245 与出纳有关的税务

【实账处理】

P250 计算增值税
P250 计算附加税
P251 计算企业所得税

认识工商管理

工商登记是政府在对申请人进入市场的条件进行审查的基础上，通过注册登记，确认申请者从事市场经营活动的资格，使其获得实际营业权的各项活动的总称。工商管理既能保障企业合法经营，取缔非法活动，又能维护社会经济秩序，促进社会主义建设。本节主要讲述工商管理的登记、变更和注销。

工商设立登记

要成立新公司，必须先到当地工商管理局办理工商登记手续，主要登记公司名称、地址、负责人姓名、开业日期、经济性质、生产经营范围和方式、资金总额以及职工人数等重要信息。

（1）工商管理的范围

工商管理局主要分为国家工商管理总局、市工商管理局和区县工商管理局，它们的管辖范围是不同的，具体介绍如表9-1所示。

表 9-1

分　类	管辖范围
国家工商总局	公司名称中冠以中国、中华、全国、国家或国际等字样的企业、单位
市工商局	①省、自治区、直辖市人民政府国有资产监督管理机构履行出资人职责的公司以及该公司投资设立的控股50%以上的公司；②注册资本3 000万元（含）人民币以上的有限责任公司；③专业资产评估公司、会计师事务所、审计公司、典当公司、中小企业信用担保公司、期货经纪公司、因私出入境中介公司、境外就业中介公司、人才中介服务公司、征信公司及商标代理公司等
区县工商局	市工商局登记管辖范围以外的企业，需到区县工商局进行注册登记

（2）工商登记的流程

开办公司前期，准备好相关资料到公司所在管辖区的工商局按照其规定的具体流程和各项要求办理工商登记手续。虽然各工商管理局的要求不完全一致，但对于基本资料的要求还是一样的，登记前可以先咨询当地工商管理局。基本资料有：投资人的身份证原件及复印件、出资比例、公司名称、公司章程、场地使用证明、租赁合同及经营范围等。准备好所需资料后，企业就可按流程进行工商登记了，一般流程如图9-1所示。

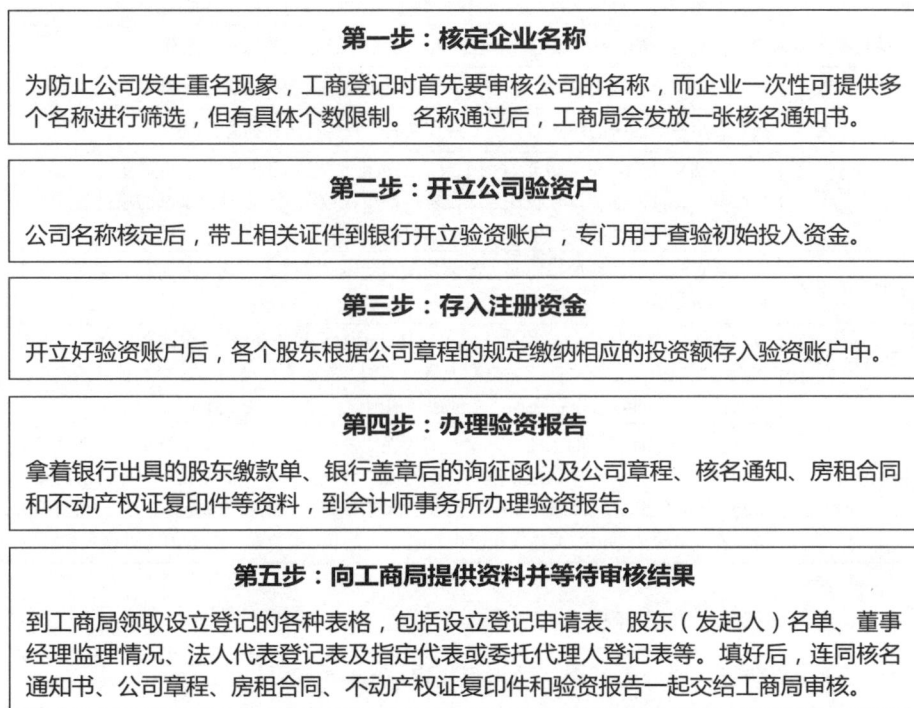

第一步：核定企业名称

为防止公司发生重名现象，工商登记时首先要审核公司的名称，而企业一次性可提供多个名称进行筛选，但有具体个数限制。名称通过后，工商局会发放一张核名通知书。

第二步：开立公司验资户

公司名称核定后，带上相关证件到银行开立验资账户，专门用于查验初始投入资金。

第三步：存入注册资金

开立好验资账户后，各个股东根据公司章程的规定缴纳相应的投资额存入验资账户中。

第四步：办理验资报告

拿着银行出具的股东缴款单、银行盖章后的询征函以及公司章程、核名通知、房租合同和不动产权证复印件等资料，到会计师事务所办理验资报告。

第五步：向工商局提供资料并等待审核结果

到工商局领取设立登记的各种表格，包括设立登记申请表、股东（发起人）名单、董事经理监理情况、法人代表登记表及指定代表或委托代理人登记表等。填好后，连同核名通知书、公司章程、房租合同、不动产权证复印件和验资报告一起交给工商局审核。

图9-1

资料审核通过后3个工作日内，企业就可到办理登记的工商管理局领取营业执照，再持营业执照到公安局指定的地点刻章，进行领购发票、选择就近银行办理基本存款账户和纳税账户等后续工作。

工商变更登记

企业变更是指企业成立后，其组织形式或登记事项等发生变化。根据《公司法》的规定，公司营业执照记载的事项发生变更的，公司应依法办理变更登记，由公司登记机关换发营业执照。

（1）工商变更登记的内容

总的来说，引起企业变更的原因有企业合并、企业分立和公司组织变更3种。而企业的名称、住所、法人和注册资本等的变更都属于公司组织变更。工商变更具体内容如表9-2所示。

表 9-2

变更内容	做法
企业名称变更	企业变更名称的，应当自变更决议或决定作出之日起 30 日内申请变更登记
企业住所变更	企业变更住所的，应当在迁入新住所前申请变更登记，并提交新住所使用证明
企业法人变更	企业变更法定代表人的，应当自变更决议或决定作出之日起 30 日内申请变更登记
注册资本变更	企业变更注册资本的，应当提交依法设立的验资机构出具的验资证明
公司经营范围变更	公司变更经营范围的，应当自变更决议或决定作出之日起 30 日内申请变更登记；变更经营范围涉及法律、行政法规或国务院决定决议在登记前须经批准的项目的，应当自国家有关部门批准之日起 30 日内申请变更登记
企业类型变更	企业变更类型的，应按照拟变更的公司类型的设立条件，在规定的期限内向企业登记机关申请变更登记，并提交有关文件
股东和股权变更	有限责任公司股东转让股权的，应当自转让股权之日起 30 日内申请变更登记，并应提交新股东的主体资格证明或自然人身份证明。有限责任公司的自然人股东死亡后，其合法继承人继承股东资格的，企业应依照前款规定申请变更登记
企业合并、分立变更	因合并、分立而存续的企业，其登记事项发生变化的，应申请变更登记；因合并、分立而解散的公司，应申请注销登记；因合并、分立而新设立的企业，应申请工商设立登记。公司合并、分立的变更，应自公告之日起 45 日内申请登记，提交合并协议和合并、分立决议或决定，以及公司在报纸上登载公司合并、分立公告的有关证明和债务

（2）变更登记一般流程

工商变更登记一般分为审查、受理和决定 3 个基本流程。

◆ 审查

工商行政管理局要全面审查变更登记信息的单位所提供的资料，审查资料是否准备齐全，提供的资料是否符合法定要求及文书格式是否正确等。

◆ 受理

工商行政管理局审查申请人提交的变更申请资料后，根据如表 9-3 所示的不同情况分别作出是否受理的决定。

表 9-3

条目	做法
1	申请文件和材料齐全，符合法定形式的，或申请人按照工商行政管理局的要求提交全部补正申请文件和材料的，决定予以受理
2	申请文件和材料存在可以当场更正的错误，允许申请人当场更正，由申请人在更正处签名或盖章，注明更正日期，然后决定予以受理
3	申请文件和材料不齐全或不符合法定形式的，当场或在 5 日内一次告知申请人需要补正的全部内容，后期补正后才可予以受理
4	不属于企业登记范畴或不属于工商行政管理局登记管辖范围的，即时决定不予受理，并告知申请人向有关行政机关申请

条目	做法
5	工商行政管理局对通过信函、电报、电传、传真、电子数据交换和电子邮件等方式提出申请的，自收到申请文件和材料之日起 5 日内作出是否受理的决定

◆ 决定

工商行政管理局审核资料并决定受理后，可以让申请人到管理局当场作出变更登记的决定，也可通过信函和电报等方式进行通知。对于不同的方式，作出登记决定的时间也会不同，具体内容如下所示。

◆ 对申请人到工商行政管理局提出的申请予以受理的，当场作出准予变更登记的决定。

◆ 对申请人通过信函方式提交申请和材料原件并予以受理的，自受理之日起15日内作出准予变更登记的决定。

◆ 工商行政管理局自发出《受理通知书》之日起60日内，未收到申请文件、材料原件，或申请文件和材料原件与工商行政管理局所受理的申请文件和材料不一致的，作出不予变更登记的决定。

◆ 工商行政管理局需要对申请文件和材料进行核实的，自受理之日起15日内作出是否准予变更登记的决定。

注销登记

注销登记是指登记主管机关依法对歇业、被撤销、宣告破产或因其他原因终止营业的企业，取消其企业法人资格或经营权的执法行为。经登记主管机关核准注销后，收缴《营业执照》及副本，收缴公章，撤销其注册号。注意，企业法人领取《营业执照》后，满6个月尚未开展经营活动或者停止经营活动一年的，视同歇业，也应办理注销登记。

（1）公司注销登记范围

公司有如下所示几种情况之一的，公司清算组织应自公司清算结束之日起30日内向公司登记机关申请注销登记。

◆ 公司被依法宣告破产。

◆ 公司章程规定的营业期限届满或者公司章程规定的其他解散事由出现。

◆ 股东会决议解散。

◆ 公司因合并、分立解散。

公司申请注销登记时，应由公司指定或委托的公司员工或具有资格的代理机构的代理人作为申请人办理注销登记，并填写委托申请书。

（2）准备资料

公司申请注销登记时，应根据所在管辖区的工商管理局要求和公司准备注销的原因等提供相应的资料，具体内容如下所示。

- ◆ 公司清算组织负责人签署的注销登记申请书。
- ◆ 法院破产裁定、公司依照《公司法》作出的决议或决定以及行政机关责令关闭的文件。
- ◆ 股东会或有关机关确认的清算报告。
- ◆ 《企业法人营业执照》正、副本。
- ◆ 清算组织成立后60日内在报纸上公告3次的报样。
- ◆ 税务部门出具的完税证明。
- ◆ 指定（委托）的证明。

（3）填写的表格格式

注销登记所需资料准备好后，带上所有资料到所在管辖区的工商行政管理局办理注销登记手续，需要填制的表格主要有《公司注销登记申请书》和《指定代表或者共同委托代理人的证明》，具体格式如图9-2所示。

公司注销登记申请书

名　称			
公司类型		注册号	
清算组成员备案确认文书编号			
申请注销登记的原因			
债权债务清理情况	债权债务清理情况是否完结		
	分公司是否全部办理完毕注销登记手续		
	对外投资是否清理完结		
公告情况	公告报纸名称		
	公告日期		
本公司依照《中华人民共和国公司法》、《中华人民共和国公司登记管理条例》申请注销登记，提交材料真实有效。谨此对真实性承担责任。 清算组负责人签字：　指定代表或委托代理人签字：　公司盖章： 年　月　日　年　月　日　年　月　日			

注：1、提交的文件、证件应当使用A4纸。
2、应当使用钢笔、毛笔或签字笔工整地填写表格或签字。
3、因公司合并、分立而申请注销登记的，清算组负责人签字栏由公司法定代表人 签字。

指定代表或者共同委托代理人的证明

申请人：________

指定代表或者委托代理人：________

委托事项及权限：

1、办理　　　　（企业名称）的□设立□变更□注销□备案 ______ 手续。

2、同意□不同意□核对登记材料中的复印件并签署核对意见；

3、同意□不同意□修改企业自备文件的错误；

4、同意□不同意□修改有关表格的填写错误；

5、同意□不同意□领取营业执照和有关文书。

本次所提交的申请文件、证件和有关附件上的签字（盖章）都是股东真实的意思表示，并对因提交虚假文件、证件引发的一切后果承担相应的法律责任。

指定或者委托的有效期限：自　年　月　日至　年　月　日

指定代表或委托代理人联系电话	签字：
	固定电话：
	移动电话：
（指定代表或委托代理人身份证复印件粘贴处）	

图9-2

企业年度报告公示

从2014年3月1日起，全国企业年检正式取消。目前，全国实行的是企业年度报告公示制度。也就是说，除上市公司需要在当年6月30日前向社会公众公布其上一年度的年度财务报告外，其他注册公司也需要进行年度报告公示，通俗地说，就是要登录国家企业信用信息公示系统填报上一年度的工商年报。

进入国家企业信用信息公示系统首页（http://www.gsxt.gov.cn），单击"企业信息填报"按钮，如图9-3所示。进入新的页面。

图9-3

在新页面中，选择登记机关所在地，这里选择"四川"选项，如图9-4所示。

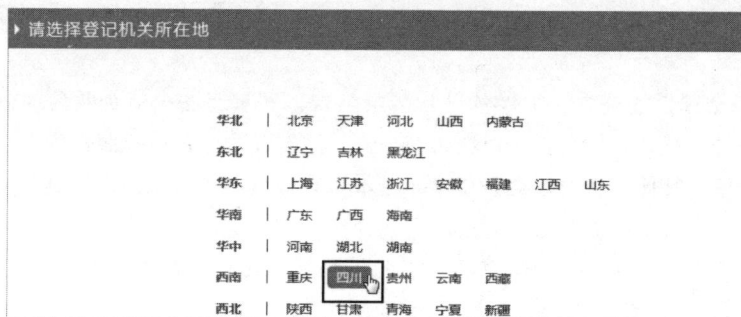

图9-4

进入当地的国家企业信用信息公示系统，选择登录方式，输入统一社会信用代码/注册号、密码和验证码等，单击"登录"按钮，如图9-5所示。进入新的页面即可开始填写自身企业上年度的企业年报。

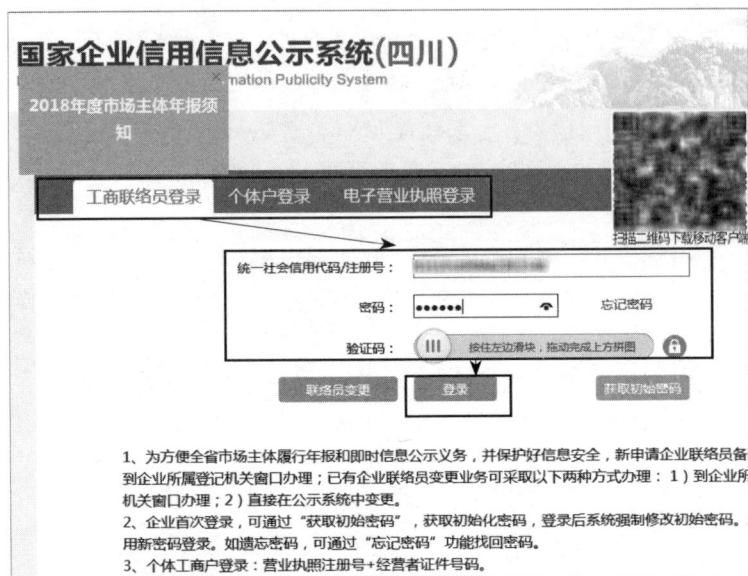

图9-5

该系统提供全国企业、农民专业合作社和个体工商户等市场主体信用信息的填报、公示、查询和异议等功能。市场主体除了填制年度报告外，若要填报及时信息、简易注销申请和其他信息，也通过本系统选择登记机关所在地，单击"企业公示信息填报"按钮进行填报。注意，自然人必须实名注册后才能使用本系统的个人中心的相关功能。

如果市场主体或其他社会公众需要查询市场主体的信用信息，则在本系统首页的搜索框中输入企业名称或企业的统一社会信用代码进行查询。本系统支持按名称的关键词模糊查询，一次最多显示100条记录。对于无效的条件，将不会显示查询结果。

对于全国性的公告，如经营异常名录公告、严重违法失信企业名单公告、抽查检查公告、行政处罚公告、司法协助公告、注销公告、营业执照作废声明和联合惩戒黑名单等其他公告，社会公众可通过本系统首页的"信息公告"进入详细信息页面，选择需要了解的公告类型后，再选择相应的区域，即可查看搜索结果，如图9-6所示。对于地方特色公告，需要到各省子网站的其他公告中查看。

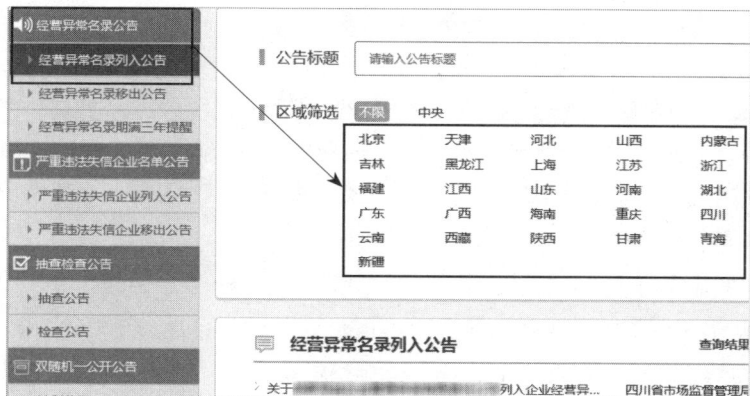

图9-6

发票业务处理

所有单位进行经营活动时，都必须用发票记录经济业务的发生，如发生时间、单位信息和金额等。发票是税务稽查的重要依据，所以，发票是单位经营过程中必不可少的，其常见问题的处理也就尤为重要。

向税务机关领购发票

发票是指一切单位和个人在购销商品、提供或接受服务以及从事其他经营活动中所开具和收取的业务凭证。它既是会计核算的原始依据，也是审计机关和税务机关执法检查的重要依据。但收据才是收付款凭证，发票只能证明业务发生了，不能证明款项是否已经收付。

（1）发票的作用

发票由税务机关统一印制、发放和管理，纳税人根据经营范围向税务机关领购相关发票。发票是记录经营活动的一种原始证明；是加强财务会计管理、保护国家财产安全的重要手段；是税务稽查的重要依据；是维护社会秩序的重要工具。对于发票的这些作用，具体介绍如下。

◆ 发票是记录经营活动的一种原始证明

发票上载明的经济事项较完整，既有填制单位印章，又有经办人签章，还有监制机关、字轨号码和发票代码等，具有法律证明效力。它为工商部门检查经济合同、处理合同纠纷、法院裁定民事诉讼、消费者向销货方要求调换退货和修理商品、公安机关核发车船牌照以及保险公司理赔等提供了重要依据。所以消费者个人养成主动索取发票的习惯是维护自身合法权益的保障。

◆ 发票是加强财务会计管理，保护国家财产安全的重要手段

发票是会计核算的原始凭证，正确地填制发票是正确地进行会计核算的基础。只有填制合法、真实的发票，会计核算资料才会真实可信，会计核算质量才有可靠的保证，提供的会计信息才会准确且完整。

◆ 发票是税务稽查的重要依据

发票一经开具，票面上便载明征税对象的名称、数量和金额，为计税基数提供了原始可靠的依据；发票还为计算应税所得额及应税财产提供必备资料。离开了发票，要准确计算应纳税额是很困难的，所以税务稽查往往从发票检查入手。

◆ 发票是维护社会秩序的重要工具

发票不仅具有证明作用，在一定条件下又有合同的性质。实践证明，各类发票违法行为不仅与偷税、骗税有关，还与社会秩序的诸多方面关系甚大，如投机倒把、贪污受贿及走私贩私等。发票这道防线一松，将为经济领域的违法犯罪打开方便之门。所以，管好发票不仅是税务机关自身的责任，也是整个社会的责任。

（2）发票办理

已办理税务登记的小规模纳税人和国家税务总局确定的其他可予代开增值税专用发票的纳税人，应按规定携带和提交如下材料进行增值税发票的办理。

◆ 《代开增值税专用发票缴纳税款申报单》。

◆ 发生购销业务或提供增值税应税劳务的合同、协议或书面证明及其加盖公章的复印件。

◆ 《发票购用印制簿》原件（审核无误后退还纳税人）。

◆ 经办人身份证或《办税员联系卡》原件（审核无误后退还纳税人）。

填开普通发票和丢失发票的补救措施

普通发票是指在购销商品、提供或接受服务以及从事其他经营活动中开具和收取的业务凭证。它与增值税专用发票相对，即任何单位和个人在购销商品、提供

或接受服务以及从事其他经营活动中，除开具和收取增值税专用发票外，还可开具增值税普通发票。个人开具的发票多为普通手撕发票。

◆ 普通发票的开具要求

如表9-4所示的是普通发票的开具要求。

表 9-4

要求	做法
文字使用要规范	开具发票的文字应使用中文；大小写金额、开票日期、购货单位名称、货物名称或服务项目以及发票的规格、单位、数量和单价等栏目要书写规范
内容要完整	开具发票时，项目填写齐全，字迹清楚，全部联次一次性复写或打印，且应按号码顺序填开。实行盖章出门的，要在发票联加盖发票专用章或财务专用章。使用电子计算机开具发票的，须经税务机关批准，使用税务机关监制的机外发票，开具后的存根联应按照顺序号装订成册
经济业务要真实	只有经济业务发生时才开具发票，且必须据实开具，不得随意变更商品或劳务的名称及金额；未发生经济业务的，一律禁止开具发票

◆ 开具普通发票的特殊情况

一些特殊经济业务或特殊情况发生时，要开具特殊发票，具体如表9-5所示。

表 9-5

特殊发票	开具情形
开具销售折让、折扣时的发票	发生销售折让的，应收回原开具的发票并注明"作废"字样，重新开具销售发票，且必须如实入账
开具红字发票	若原开具的发票已经入账，无法收回原发票的，可要求对方提供由当地主管税务机关出具的有关证明，按实际的经营业务另行据实开具发票，并在新开具的发票上注明原发票的号码、开具金额和凭证号码；原开具的发票尚未入账且可以收回的，整份发票装订在一起，加盖"作废"戳记或注明"作废"字样，据实另行开具发票；不得以红字普通发票冲抵增值税专用发票
普通发票的临时开具	临时需要发票的单位和个人，可凭经营业务发生的书面证明到主管税务机关指定的场所找税务人员代为开具。依法应当纳税的，在申请开具发票时缴纳应缴的税款

◆ 丢失发票后的补救措施

丢失已取得的发票联，不得要求原开票方另行开具发票，应由丢失发票联的一方向对方出具证明，原开票方在查对存根联和记账联无误后，按原来开具的实际情况出具书面证明，并附原存根联或记账联的复印件。

填开和认证增值税专用发票

增值税专用发票由国家税务总局监制设计并印制，只限于增值税一般纳税人领购使用。它既作为纳税人反映经济活动的重要会计凭证，又是兼记销货方纳税义务和购货方进项税额的合法证明，是增值税计算和管理中具有决定性的重要且合法的专用发票。

与普通发票不同，增值税专用发票不仅具有商事凭证的作用，由于实行凭发票注明税款扣税，购货方要向销货方支付增值税，所以它还具有完税凭证的作用。更重要的是，专用发票将一个产品的最初生产到最终消费的各环节联系起来，保持了税负完整，体现了增值税的作用。

（1）增值税专用发票的领购

只有增值税一般纳税人满足一定的条件后才可以领购增值税专用发票。一般来说要满足两个条件：一是会计核算制度要健全，能按照会计制度和税务机关的要求准确核算增值税的销项税额、进项税额和应纳税额；二是能向税务机关准确提供增值税销项税额、进项税额、应纳税额数据及其他有关增值税税务资料。

（2）增值税专用发票的开具要求

纳税人要严格按照法律、法规的要求开具增值税专用发票，在对应的位置填写内容，不得随意增减内容。具体的开具要求如下所示。

◆ 项目齐全，与实际交易相符。

◆ 字迹清楚，不得压线、错格。

◆ 发票联和抵扣联加盖财务专用章或发票专用章。

◆ 按照增值税纳税义务的发生时间开具。

（3）增值税专用发票的认证

对于购买货物时取得的发票，要根据要求在税务局进行进项税的认证。但有如表9-6所列情况之一的，增值税专用发票不得作为增值税进项税额的抵扣凭证，税务机关将退还原件，此时购买方可要求销售方重新开具增值税专用发票。

表 9-6

情况	内容
无法认证	是指增值税专用发票所列密文或明文不能辨认，无法产生认证结果
纳税人识别号不符	是指增值税专用发票所列购买方纳税人的识别号有误
代码、号码认证不符	是指增值税专用发票所列密文解译后与明文的代码或号码不一致

（4）增值税专用发票与普通发票的区别

增值税专用发票与日常经营过程中所使用的普通发票相比，有如下区别。

◆ 发票的印制要求不同

新的《税收征管法》规定，增值税专用发票由国务院税务主管部门指定的企业印制；其他发票按照国务院主管部门的规定，分别由省、自治区或直辖市的国家税务局指定企业印制。未经前款规定的税务机关指定，不得私自印制发票。

◆ 发票使用的主体不同

增值税专用发票一般只能由增值税一般纳税人领购使用，小规模纳税人需要使用的，只能经税务机关批准后由当地税务机关代开；普通发票则可以由从事经营活动并办理了税务登记的各种纳税人领购使用，未办理税务登记的纳税人也可以向税务机关申请领购使用普通发票。

◆ 发票的内容不同

增值税专用发票除了具备购销单位名称、纳税人识别号、商品或服务的名称、商品或服务的数量和计量单位、单价、价款、开票单位、收款人及开票日期等普通发票具备的内容外，还有不含增值税金额、适用税率及应纳增值税额等内容。

◆ 发票的联次不同

增值税专用发票有4个联次和7个联次两种，第一联为存根联（用于留存备查），第二联为发票联（用于购买方记账），第三联为抵扣联（用作购买方扣税凭证），第四联为记账联（用于销售方记账），而七联次的其他三联为备用联，分别作为企业出门证、检查和仓库留存用；普通发票则只有三联，第一联为存根联，第二联为发票联，第三联为记账联。

◆ 发票的作用不同

增值税专用发票不仅是购销双方业务发生的凭证，也是购买方扣除增值税进项税额的凭证；而普通发票除运费、收购农副产品、废旧物资等按法定税率作抵扣外，其他的普通发票一律不予用作抵扣。

与出纳有关的税务

税收是国家财政收入的主要来源，每个公民都是纳税人，都有主动纳税的义务。而经济业务就更离不开税收。本节主要讲述与出纳相关的几个税种。

不得不知的税收体系

税收是以实现国家公共财政职能为目的，基于政治权力和法律规定，由政府专门机构向居民和非居民就其财产或特定行为实施强制、非罚与不直接偿还的金钱或实物课征，是国家最主要的一种财政收入形式。税收由政府征收，取之于民、用之于民，具有无偿性、强制性和固定性的形式特征。税收三性是一个完整的体系，它们相辅相成、缺一不可，主要内容如图9-7所示。

强制性

税收的强制性是指税收是国家以社会管理者的身份，凭借政权力量，依据政治权力，通过颁布法律或政令来进行强制征收的。

无偿性

税收的无偿性是指通过征税，社会集团和社会成员的一部分收入转归国家所有，国家不向纳税人支付任何报酬或代价。

固定性

税收的固定性是指税收是按照国家法令规定的标准征收的，即纳税人、课税对象、税目、税率、计价办法和限期等，都是税收法令预先规定了的，有一个比较稳定的试用期间，是一种固定的连续收入。

图9-7

除了税收外，国家的其他财政收入形式还有发行货币或国债以及收费和罚没等，其中发行货币或国债是有偿性的，而收费和罚没是无偿性的。

公司涉及的基本税种

税收分类是以一定的目的和要求出发，按照一定的标准，对各个不同税种隶属税类所做的一种划分。我国的税种主要有8种分类依据。

◆ 按课税对象分类

按课税对象分类，可分为流转税、所得税、财产税、行为税和资源税，相关说明如表9-7所示。

表 9-7

类型	解释
流转税	是以商品生产流转额和非生产流转额为课税对象征收的一类税。它是我国税制结构中的主体税类，包括增值税、消费税和关税等

续表

类型	解释
所得税	亦称收益税,是指以各种所得额为课税对象的一类税。所得税也是我国税制结构中的主体税类,目前包括企业所得税和个人所得税。内外资企业所得税率统一为25%。另外,国家给予了两档优惠税率:一是符合条件的小型微利企业,减按20%的税率征收;二是国家需要重点扶持的高新技术企业,减按15%的税率征收
财产税	是指以纳税人所拥有或支配的财产为课税对象的一类税,包括房产税、契税、车船税和土地增值税等
行为税	是指以纳税人的某些特定行为为课税对象的一类税。我国现行税制中的城市维护建设税、印花税、车辆购置税和烟叶税等都属于行为税
资源税	是指对在我国境内从事资源开发的单位和个人征收的一类税。我国现行税制中的资源税、耕地占用税和城镇土地使用税等都属于资源税

◆ 按税收的计算依据为标准分类

按税收的计算依据分类,可分为从量税和从价税,具体如表9-8所示。

表 9-8

类型	解释
从量税	指以课税对象的数量(重量、面积和件数等)为依据,按固定税额计征的一类税。从量税实行定额税率,优点是计算简便,如我国现行的资源税、车船税和城镇土地使用税等
从价税	是指以课税对象的价格为依据,按一定比例计征的一类税。从价税实行比例税率和累进税率,税收负担比较合理,如我国现行的增值税、关税和各种所得税等

◆ 按税收与价格的关系为标准分类

按税收与价格的关系分类,可分为价内税和价外税,具体如表9-9所示。

表 9-9

类型	解释
价内税	是指税款在应税商品价格内,作为商品价格的一个组成部分的一类税,如我国现行的消费税和关税等
价外税	是指税款不在商品价格之内,不作为商品价格的一个组成部分的一类税,如我国现行的增值税

◆ 按是否有单独的课税对象、独立征收分类

按该分类标准划分时,分为正税和附加税,具体如表9-10所示。

表 9-10

类型	解释
正税	是指与其他税种没有连带关系,有特定的课税对象,并按照规定税率独立征收的税。正税是征收附加税或地方附加的依据。我国现行的增值税、消费税等都是正税

类型	解释
附加税	是指随某种税收按一定比例加征的税。从我国现行税制看，附加税包括两种：一是根据正税的征收而同时加征的税种，如城市维护建设税、教育费附加和地方教育附加等，即以增值税、消费税的税额作为计税依据计征；二是在正税征收的同时，再对正税额外加征的一部分税收，如与外商投资企业和外国企业所得税同时征收的地方所得税，是附加于外商投资企业和外国企业所得税，按照一定比例（应纳税所得额的3%）加征的税收

◆ 按税收的形态为标准分类

按税收的形态分类，分为实物税和货币税，具体如表9-11所示。

表 9-11

类型	解释
实物税	是指纳税人以各种实物充当税款缴纳的一类税，如以前税制中的农业税，基本上是采取征收实物（粮食）的办法
货币税	是指纳税人以货币形式缴纳的一类税，在我国现行税制中，几乎所有的税种都是货币税

◆ 以管辖的对象为标准分类

以管辖范围为分类标准，可将税种分为国内税收和涉外税收。国内税收是对本国经济单位和公民个人征收的各种税，而涉外税收是具有涉外关系的税种。

◆ 按税率的形式为标准分类

按税率的形式分类，可分为比例税、累进税和定额税，具体如表9-12所示。

表 9-12

类型	解释
比例税	是对同一课税对象不论数额多少均按同一比例征税的税种
累进税	是随着课税对象数额的增加而逐级提高税率的税种，包括全额累进税率、超额累进税率和超率累进税率
定额税	是对每一单位的课税对象按固定税额征税的税种

税款的申报与缴纳

纳税申报指纳税人按照税法规定的期限和内容向税务机关提交有关纳税事项的书面报告的法律行为，是纳税人履行纳税义务和承担法律责任的主要依据，是税务机关税收管理信息的主要来源和税务管理的重要制度。

（1）申报纳税要求

纳税人根据不同的税种要求分别进行申报，在规定的时间内缴纳税款，《中华人民共和国税收征收管理法》对纳税申报作了如下所示的一些规定。

- ◆ 纳税人必须依照法律、行政法规规定或税务机关依照法律、行政法规的规定确定的申报期限和申报内容，如实办理纳税申报，报送纳税申报表、财务会计报表及税务机关根据实际需要要求纳税人报送的其他纳税资料。
- ◆ 纳税人、扣缴义务人可以直接到税务机关办理纳税申报或者报送代扣代缴、代收代缴税款报告表，也可以按照规定采取邮寄、数据电文或其他方式办理上述申报、报送事项。
- ◆ 纳税人、扣缴义务人不能按期办理纳税申报或者报送代扣代缴、代收代缴税款报告表的，经税务机关核准，可以延期申报。经核准延期办理的申报和报送事项的，应当在纳税期内按照上期实际缴纳的税额或者税务机关核定的税额预缴税款，并在核准的延期内办理税款结算。

（2）申报纳税材料

纳税人办理纳税申报时，应根据单位的实际情况如实填写纳税申报表，并根据不同的税种要求，报送如下所示的有关证件和资料。

- ◆ 财务会计报表及其说明材料。
- ◆ 与纳税有关的合同、协议书及凭证。
- ◆ 税控装置的电子报税资料。
- ◆ 外出经营活动税收管理证明和异地完税凭证。

（3）税款的计算

在纳税申报时，根据账面数计算应交的增值税和附加税，不一样的税种税率也不一样。这里主要介绍小规模纳税人的增值税、附加税和企业所得税的计算方法。

- ◆ 增值税的计算

小规模纳税人是指销售货物或应税劳务，且年应税销售额在规定标准以下的纳税人。计算应纳增值税额时按照销售额（不含税）和规定的税率计算，不得抵扣进项税额。计算公式如下。

应纳税额 = 当期销售额 × 征收率

小规模纳税人销售货物或应税劳务采用销售额和应纳税额合并定价方法的，可按下列公式计算销售额，即把含税销售额换算为不含税销售额。

不含税销售额＝含税销售额/（1+征收率）

【实账处理】——计算增值税

A公司是一家小规模纳税人，2019年8月的销售额为51 500元（含税），征收率为3%，计算8月的应纳增值税。

解析：A公司8月的销售额为51 500元，且是含税销售额，首先应计算当月的不含税销售额，再计算当月应纳增值税税额。

不含税销售额=51 500÷（1+3%）=50 000（元）

8月应纳增值税税额=50 000×3%=1 500（元）

◆ 附加税的计算

大多数企业涉及的附加税有城市维护建设税、教育费附加和地方教育附加，其核算以当期实际缴纳的增值税和消费税的总和为计税依据，计算公式如下。

应纳附加税＝（实际缴纳的增值税税额＋实际缴纳的消费税税额）×征收率

【实账处理】——计算附加税

A公司是一家小规模纳税人，2019年8月的销售额为51 500元（含税），征收率为3%，8月实际缴纳的增值税为1 500元，无消费税，计算8月的附加税。已知，城市维护建设税税率为5%，教育费附加税率为3%，地方教育附加税率为2%。

城市维护建设税=1 500×5%=75（元）

教育费附加=1 500×3%=45（元）

地方教育附加=1 500×2%=30（元）

8月应交的附加税费=75+45+30=150（元）

◆ 企业所得税的计算

企业所得税是对我国内资企业和经营单位的生产经营所得和其他所得征收的一种税。企业所得税的纳税人即所有实行独立经济核算的中华人民共和国境内的内资企业或其他组织。计算公式如下。

应纳税所得额＝收入－成本（费用）－税金及附加＋营业外收入－营业外支出＋/－纳税调整额

应纳企业所得税＝应纳税所得额×适用税率

【实账处理】——计算企业所得税

A公司是一家小规模纳税人，2019年7～9月的销售额共计137 500元，成本共78 403元，税金及附加为1 200元，无营业外收入和营业外支出，也无其他需要税前扣除的项目，企业所得税税率为25%。

企业应纳税所得额=137 500-78 403-1 200=57 897（元）

应纳企业所得税=57 897×25%=14 474.25（元）

（4）申报期限

我国的税收多种多样，对于申报期限的规定也有所不同。实际业务中，一般中小型企业涉及的税收也就几种，如增值税、附加税及企业所得税等。

◆ 增值税申报期限

增值税和消费税的纳税期限相同，分别为1日、3日、5日、10日、15日、一个月或者一个季度。纳税人的具体纳税期限由主管税务机关根据纳税人应纳税额的大小分别核定；不能按照固定期限纳税的，可按次纳税。

纳税人以一个月或一个季度为一个纳税期的，自期满之日起15日内申报纳税；以1日、3日、5日、10日或15日为一个纳税期的，自期满之日起5日内预缴税款，于次月1日起15日内申报纳税，并结清上月应纳税款。

◆ 企业所得税纳税申报期限

企业所得税分月或分季预缴。企业应自月份或季度终了之日起15日内，向税务机关报送预缴企业所得税纳税申报表，预缴税款。自年度终了之日起5个月内，向税务机关报送年度企业所得税纳税申报表，并汇算清缴，结清补缴或应退税款。

企业在报送企业所得税纳税申报表时，应按照规定附送财务会计报告和其他有关资料。企业在年度中间终止经营活动的，应自实际经营终止之日起60日内，向税务机关办理当期企业所得税汇算清缴。企业应在办理注销登记前，就其清算所得向税务机关申报并依法缴纳企业所得税。

◆ 个人所得税纳税申报期限

个人所得税的纳税申报期限会因个人身份不同而有差别，具体如表9-13所示。

表 9-13

纳税人身份	纳税申报期限
居民个人	取得综合所得，按年计缴个人所得税。有扣缴义务人的，由扣缴义务人按月或按次预扣预缴税款，预扣预缴办法由国务院税务主管部门制定。需要办理汇算清缴的，应在取得所得的次年 3 月 1 日～6 月 30 日内办理汇算清缴
非居民个人	取得工资、薪金所得，劳务报酬所得，稿酬所得和特许权使用费所得，有扣缴义务人的，由扣缴义务人按月或按次代扣代缴税款，不需要办理汇算清缴
个体工商户	取得经营所得，按年计缴个人所得税，由纳税人在月度或季度终了后 15 日内向税务机关报送纳税申报表，并预缴税款；需要办理汇算清缴的，在取得所得的次年 3 月 31 日前办理

另外，无论是居民个人、非居民个人还是个体工商户，在取得利息、股息和红利所得，财产租赁所得，财产转让所得以及偶然所得等时，按月或按次计缴个人所得税；有扣缴义务人的，由扣缴义务人按月或按次代扣代缴税款。

针对于所有有扣缴义务人的应纳税所得，若扣缴义务人未扣缴税款的，纳税人应在取得所得的次年6月30日前缴纳税款；税务机关通知限期缴纳的，纳税人应按照规定期限缴纳税款。

针对上述纳税情况，若纳税人取得应税所得没有扣缴义务人的，应在取得所得的次月15日内向税务机关报送纳税申报表，并缴纳税款。

核算良木家居公司 2019年10～12月的税务处理

本章主要讲述了与出纳有关的税收方面的具体内容。下面通过良木公司2019年10～12月的具体业务进一步了解企业的税收工作。

1．申报并缴纳2019年10月的增值税及附加税

根据良木公司2019年10月的科目余额表，得知10月营业收入为491 310.68元。

10月应交增值税=491 310.68×3%=14 739.32（元）

10月应交附加税=14 739.32×10%＝1 473.93（元）

根据金额向税务机关申报并缴纳相应的税款，如图9-8所示。

增值税纳税税款表

税款所属时间：2019年 10月 1日至2019年10月31日

纳税人识别号：□□□□□□□□□□□□□□□□□   是否适用一般计税方法   否 □

纳税人名称：（公章） 四川良木家居有限公司				金额单位：元（列至角分）	
项目编号			项目名称		
项目地址					
预征项目和栏次		销售额	扣除金额	预征率	预征税额
		1	2	3	4
销售	1	491310.68		3%	14739.32
	2				
	3				
合计	4				

授权声明	如果你已委托代理人填报，请填写下列资料：为代理一切税务事宜，现授权 （地址） 为本次纳税人的代理填报人，任何与本表有关的往来文件，都可寄予此人。 授权人签字：	填表人申明	以上内容是真实、可靠的、完整的。 纳税人签字：

城建税、教育费附加、地方教育附加税（费）申报表

税款所属期限：2019年10月1日至2019年10月31

纳税人识别号：□□□□□□□□□□□□□□□

纳税人信息	名称		四川良木家居有限公司					□单位		
	登记注册类型					所属行业				
	身份证件号码					联系方式				
税（费）种	计税（费）依据				税率（征收率）	本期应纳税（费）额	本期减免税（费）额		本期已缴税（费）额	本期应补（退）税（费）额
	增值税		消费税	合计			减免性质代码	减免额		
	一般增值税	免抵税额								
	1	2	3	4=1+2+3	5	6=4×5	7		8	9	10=6-8-9
城建税	14739.32			14739.32	5%	736.97				
教育费附加	14739.32			14739.32	3%	442.18				
地方教育附加	14739.32			14739.32	2%	294.79				
————										
合计	—			—		1473.93				
纳税人声明	此纳税申报表是根据《中华人民共和国城市维护建设税暂行条例》、《国务院征收教育费附加的暂行规定》、《财政部关于统一地方教育附加政策有关问题的通知》和国家有关税收规定填报的，是真实的、可靠的、完整的。									
纳税人签章			代理人签章			代理人身份证号				
以下由税务机关填写：										
受理人			受理日期		年 月 日	受理税务机关签章				

图9-8

同时，还要根据具体情况填报10月的预缴企业所得税纳税申报表。

2.　申报并缴纳2019年11月的增值税及附加税

根据良木公司2019年11月的科目余额表，得知11月营业收入为104 514.55元。

11月应交增值税=104 514.55×3%=3 135.44（元）

11月应交附加税=3 135.44×10%=313.54（元）

根据金额向税务机关申报并缴纳相应的税款，如图9-9所示。

增值税纳税税款表

税款所属时间：2019年11月1日至2019年11月30日

纳税人识别号：□□□□□□□□□□□□□□□□□				是否适用一般计税方法　是 □　否 □	
纳税人名称：（公章）　四川良木家居有限公司				金额单位：元（列至角分）	
项目编号			项目名称		
项目地址					
预征项目和栏次		销售额	扣除金额	预征率	预征税额
		1	2	3	4
销售	1	104514.55		3%	3135.44
	2				
	3				
合计	4				
授权声明	如果您已委托代理人填报，请填写下列资料： 为代理一切税务事宜，现授权 （地址）　　　为本次纳税人的代理填报人，任何与本表有关的往来文件，都可寄予此人。 授权人签字：		填表人申明	以上内容是真实、可靠的、完整的。 纳税人签字：	

城建税、教育费附加、地方教育附加税（费）申报表

税款所属期限：2019年11月1日至2019年11月30日

纳税人识别号：

纳税人信息	名称		四川良木家居有限公司				□单位			
	登记注册类型					所属行业				
	身份证件号码					联系方式				
税（费）种	计税（费）依据				税率（征收率）	本期应纳税（费）额	本期减免税（费）额		本期已缴税（费）额	本期应补（退）税（费）额
	增值税		消费税	合计			减免性质代码	减免额		
	一般增值税	免抵税额								
	1	2	3	4=1+2+3	5	6=4×5	7	8	9	10=6-8-9
城建税	3135.44			3135.44	5%	156.77				
教育费附加	3135.44			3135.44	3%	94.06				
地方教育附加	3135.44			3135.44	2%	62.71				

合计	—			—		313.54				
以下由纳税人填写：										
纳税人声明	此纳税申报表是根据《中华人民共和国城市维护建设税暂行条例》、《国务院征收教育费附加的暂行规定》、《财政部关于统一地方教育附加政策有关问题的通知》和国家有关税收规定填报的，是真实的、可靠的、完整的。									
纳税人签章			代理人签章				代理人身份证号			
以下由税务机关填写：										
受理人			受理日期		年　月　日	受理税务机关签章				

图9-9

同时，还要根据具体情况填报10月的预缴企业所得税纳税申报表。

3．申报并缴纳2019年12月的增值税及附加税

根据良木公司2019年12月的科目余额表，得知12月营业收入为366 009.71元。

12月应交增值税=366 009.71×3%=10 980.29（元）

12月应交附加税=10 980.29×10%=1 098.03（元）

根据金额向税务机关申报并缴纳相应的税款，如图9-10所示。

增值税纳税税款表

税款所属时间：2019年12月1日至2019年12月31日

纳税人识别号：□□□□□□□□□□□□□□□□□□□□　　是否适用一般计税方法：是□　否□

纳税人名称：（公章）四川良木家居有限公司			金额单位：元（列至角分）	
项目编号			项目名称	
项目地址				
预征项目和栏次	销售额	扣除金额	预征率	预征税额
	1	2	3	4
销售　　1	366009.71		3%	10980.29
2				
合计　　3				

授权声明	如果你已委托代理人填报，请填写下列资料：为代理一切税务事宜，现授权（地址）　　　为本次纳税人代理填报人，任何与本表有关的往来文件，都可寄予此人。授权人签字：	填表人申明	以上内容是真实、可靠的、完整的。纳税人签字：

城建税、教育费附加、地方教育附加税（费）申报表

税款所属期限：2019年12月1日至2019年12月31

纳税人识别号：

纳税人信息	名称	四川良木家居有限公司					口单位			
	登记注册类型					所属行业				
	身份证件号码					联系方式				
税（费）种	计税（费）依据				税率（征收率）	本期应纳税（费）额	本期减免税（费）额		本期已缴税（费）额	本期应补（退）税（费）额
	增值税		消费税	合计			减免性质代码	减免额		
	一般增值税	免抵税额								
	1	2	3	4=1+2+3	5	6=4×5	7	8	9	10=6-8-9
城建税	10980.29			10980.29	5%	549.01				
教育费附加	10980.29			10980.29	3%	329.41				
地方教育附加	10980.29			10980.29	2%	219.61				
————										
合计				—	—	1098.03				

以下由纳税人填写：

纳税人声明	此纳税申报表是根据《中华人民共和国城市维护建设税暂行条例》、《国务院征收教育费附加的暂行规定》、《财政部关于统一地方教育附加政策有关问题的通知》和国家有关税收规定填报的，是真实的、可靠的、完整的。		
纳税人签章		代理人签章	代理人身份证号

以下由税务机关填写：

受理人		受理日期	年　月　日	受理税务机关签章

图9-10

年末，良木公司根据收入进行企业所得税汇算清缴。根据金额向税务机关申报并缴纳相应的税款，如图9-11所示的是企业所得税年度纳税申报表。

中华人民共和国企业所得税年度纳税申报表（A类）

税款所属期间：2019年10月1日至2019年12月31日

纳税人名称：四川良木家居有限公司

纳税人识别号：□□□□□□□□□□□□□□□□□　　　　　金额单位：元（列至角分）

类别	行次	项目	金额
利润总额计算	1	一、营业收入（填附表一）	961,834.94
	2	减：营业成本（填附表二）	634,027.00
	3	税金及附加	2,885.51
	4	销售费用（填附表二）	99,259.20
	5	管理费用（填附表二）	405,501.00
	6	财务费用（填附表二）	1,613.23
	7	资产减值损失	
	8	加：公允价值变动收益	
	9	投资收益	
	10	二、营业利润	−181,451.00
	11	加：营业外收入（填附表一）	
	12	减：营业外支出（填附表二）	
	13	三、利润总额（10＋11−12）	−181,451.00
应纳税所得额计算	14	加：纳税调整增加额（填附表三）	
	15	减：纳税调整减少额（填附表三）	
	16	其中：不征税收入	
	17	免税收入	
	18	减计收入	
	19	减、免税项目所得	
	20	加计扣除	
	21	抵扣应纳税所得额	
	22	加：境外应税所得弥补境内亏损	
	23	纳税调整后所得（13＋14−15＋22）	
	24	减：弥补以前年度亏损（填附表四）	
	25	应纳税所得额（23−24）	0
应纳税额计算	26	税率（25%）	
	27	应纳所得税额（25×26）	0
	28	减：减免所得税额（填附表五）	
	29	减：抵免所得税额（填附表五）	
	30	应纳税额（27−28−29）	
	31	加：境外所得应纳所得税额（填附表六）	
	32	减：境外所得抵免所得税额（填附表六）	
	33	实际应纳所得税额（30＋31−32）	
	34	减：本年累计实际已预缴的所得税额	
	35	其中：汇总纳税的总机构分摊缴纳的税额	
	36	汇总纳税的总机构财政调库预缴的税额	
	37	汇总纳税的总机构所属分支机构分摊的	
	38	合并纳税（母子体制）成员企业就地预缴	
	39	合并纳税企业就地预缴的所得税额	
	40	本年应补（退）的所得税额（33−34）	
附列资料	41	以前年度多缴的所得税额在本年抵减额	
	42	以前年度应缴未缴在本年入库所得税额	

纳税人公章：	代理申报中介机构公章：	主管税务机关受理专用章：
经办人：	经办人及执业证件号码：	受理人：
申报日期：　年　月　日	代理申报日期：　年　月　日	受理日期：　年　月　日

图9-11

第10章

10

疑惑解答有效率——常见问题处理和技巧

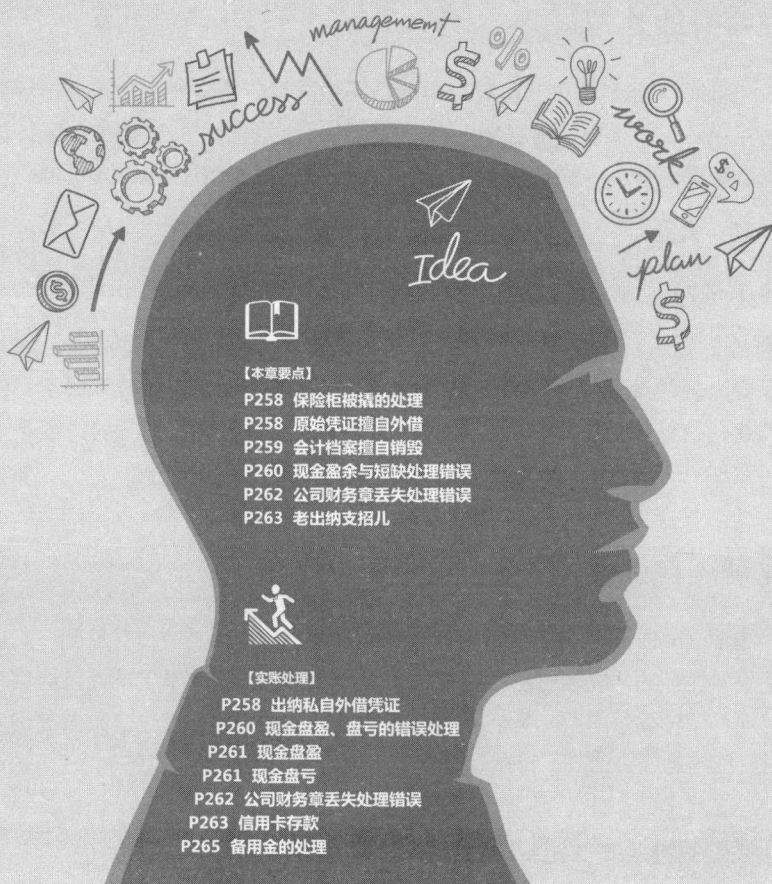

【本章要点】

P258　保险柜被撬的处理
P258　原始凭证擅自外借
P259　会计档案擅自销毁
P260　现金盈余与短缺处理错误
P262　公司财务章丢失处理错误
P263　老出纳支招儿

【实账处理】

P258　出纳私自外借凭证
P260　现金盘盈、盘亏的错误处理
P261　现金盘盈
P261　现金盘亏
P262　公司财务章丢失处理错误
P263　信用卡存款
P265　备用金的处理

出纳易犯错误有哪些

出纳在工作中难免会犯错误，有些可能是个人粗心大意造成的，发现及时还能立即改正，但有些错误一旦发生，可能会给公司带来损失，比如，经常与金钱打交道的出纳往往会被不法分子利用，从而损害公司利益。所以要尽可能避免错误的发生。

保险柜被撬的处理

保险柜与出纳工作密不可分，如果保险柜不慎被盗，首先要立即报警，等警察到场后再清点现金等有关财物和资料，盘点受损情况，随后查找被盗的原因，如密码外泄、保险柜丢失等，并做好整改措施。在日常出纳工作中，出纳人员要随身携带保险柜钥匙，根据需要定期更换密码；每次打开保险柜后都要及时锁好并确认钥匙是否取下；离开办公室时要确认门窗是否锁好。只有在平时的工作中细心做好每一步，才会减少保险柜被盗的风险。

在不能挽回损失的情况下，根据规定，如果财务室做好了防盗措施，则首先应该追究保安人员的过失责任。如果是出纳人员违背了会计职责的基本要求，将大量现金存放在单位保险柜中，没有将超过限额的备用金及时存入银行的，出纳人员也要承担一定的过失责任。

原始凭证擅自外借

根据《会计基础工作规范》的规定，原始凭证不得外借，若有特殊原因，其他单位需要使用原始凭证的，经本单位会计机构负责人和会计主管人员批准，可提供查阅和复制。但向外单位提供的原始凭证复印件应在专设的登记簿上登记，并由提供人员和收取人员共同签名或盖章，不得在没有经过主管同意的情况下私自外借。

【实账处理】——出纳私自外借凭证

A公司和B公司是同类行业中的商业竞争对手，而A公司出纳员张某和B公司的出纳员李某私下是好朋友。A公司财务制度比较健全，管理规范，出纳账套的登记也很规范。李某想学习A公司的账套登记方法，于是找到张某，想通过张某借出A公司的出纳账簿与原始凭证进行学习。张某觉得和李某是朋友，借一下账套也没关系，于是在没有经过会计主管的同意时，私自将出纳账套和相应的原始凭证带出公司并借给李某。

李某出于学习的目的借入了A公司的财务资料后，不小心被公司的财务主管发现，并通过查看账簿发现了A公司的财务情况。在一次竞标活动上，B公司因了解了A公司的财务状况，以明显的优势成功得标。后A公司发现是因为张某私自借出凭证的原因让公司竞标失败，于是，A公司以张某不遵守《会计基础工作规范》为由，与其解除劳动合同关系。

解析：此例中，张某只是出于帮助朋友的初心，却不想因此丢了工作。由此可知，出纳工作是公司经营过程中重要的一部分，掌握着公司一定的商业机密，所有事务的处理都必须严格按照《会计基础工作规范》办理，不能因私人关系而违背处理原则和道德规范。

会计档案擅自销毁

会计档案保管期限届满后，企业可根据《会计档案管理办法》的规定，按照相应的程序进行销毁。

（1）销毁程序

首先，由本单位档案机构会同会计机构提出销毁意见，编制会计档案销毁清册，列明所要销毁的会计档案的名称、卷号、册数、起止年度、档案编号、应保管期限、已保管期限和销毁时间等内容。

提示：其他不得销毁会计档案的情况

保管期满但未结清债权债务的原始凭证和涉及其他未了事项的原始凭证等不得销毁，应单独抽出立卷，保管到未了事项完结时为止。单独抽出立卷的会计档案，应在会计档案销毁清册和会计档案保管清册中列明。另外，正在项目建设期间的建设单位，其保管期满的会计档案也不得销毁。

其次，单位负责人在会计档案销毁清册上签署意见。

最后，应在档案保管机构和会计机构共同派员监销的情况下销毁会计档案。

国家机关销毁会计档案时，应由同级财政部门和审计部门派员参加监销。财政部门销毁会计档案时，应由同级审计部门派员参加监销。

需要注意的是，在销毁会计档案前，监销人应按照会计档案销毁清册所列内容，清点核对所要销毁的会计档案；销毁后，监销人还应在会计档案销毁清册上签名盖章，并将监销情况报告单位负责人。

（2）擅自销毁的处罚

根据《刑法》的相关规定，隐匿或者故意销毁依法应当保存的会计凭证、会计账簿和财务会计报告，情节严重的，处5年以下有期徒刑或者拘役，并处或者单处两万元以上20万元以下罚金。单位犯前款罪的，对单位判处罚金，并对其直接负责的主管人员和其他直接责任人员，依照前款的规定进行处罚。

《会计法》第二十三条规定，各单位对会计凭证、会计账簿、财务会计报告和其他会计资料应当建立档案，妥善保管。会计档案的保管期限和销毁办法，由国务院财政部门会同有关部门制定。《会计法》第四十四条规定，隐匿或者故意销毁依法应当保存的会计凭证、会计账簿和财务会计报告，构成犯罪的，依法追究刑事责任。

现金盈余与短缺处理错误

因为内部控制没做好或出纳人员工作疏忽等原因可能导致库存现金实际数多于或少于账面数，所以出纳业务中，出纳人员应根据公司业务量情况，定期或不定期地进行库存现金的盘点。这时候不能将现金盈余或短缺直接计入管理费用或营业外收入，而要在查明原因之前先通过"待处理财产损溢"这个科目核算，再根据查明的原因计入到不同的会计科目中。

【实账处理】——现金盘盈、盘亏的错误处理

2019年5月31日，甲公司出纳赵强盘点现金时，发现库存现金实存数比账面金额多出20元。而2019年6月29日盘点现金时又发现库存现金实存数比账面金额短缺10元，对此他经过反复思考也没弄明白原因。为了保全自己的面子，同时又考虑到两次账实不符的金额比较小，他决定将现金短缺的10元自掏腰包补齐，而将现金盈余的20元暂时收起来。

解析：赵强考虑账实不符的金额较小，且自己有能力承担，为了面子而不上报领导，私自处理了问题，违背了出纳工作的规范。正确做法是，应按现金盘盈盘亏的规范处理程序解决问题。

（1）现金盘盈

现金盘盈是指实物比账面记录的数量多，一般是企业管理制度的疏忽和收款人员的工作失误造成的，不存在恶意作弊的问题。当盘点现金发现盈余时，应先计入"待处理财产损溢——现金盘盈"科目，若查明原因不能退回，且出纳人员工作无误，则将"待处理财产损溢——现金盘盈"转入"营业外收入"科目；如果发现是由于公司内部控制制度的问题，如出纳人员未仔细核对发生的现金盈余，则将"待处理财产损溢——现金盘盈"转入"管理费用——其他"科目。

【实账处理】——现金盘盈

2019年5月31日，甲公司出纳赵强盘点现金时发现库存现金实有数比账面金额多20元。发现现金盈余且暂未查明原因时编制如下会计分录。

借：库存现金　　　　　　　　　　20

　　贷：待处理财产损溢——现金盘盈　　20

情况一，查明是由于乙公司用网银向公司付货款时多付了10元，且款项已不能退回去。

借：待处理财产损溢——现金盘盈　　20

　　贷：营业外收入　　　　　　　　　　20

情况二，查明是由于乙公司将现金支票交付给出纳赵强时，赵强和公司的复核人员都没发现问题，导致现金盘盈。

借：待处理财产损溢——现金盘盈　　20

　　贷：管理费用——其他　　　　　　　20

（2）现金盘亏

与现金盘盈相反，现金盘亏是指库存现金实有数小于账面数，这很可能是出纳人员的失误甚至恶意偷盗公司财产引起的账实不符。发现盘亏时，先计入"待处理财产损溢——现金盘亏"科目，再根据不同的原因计入不同的科目。

【实账处理】——现金盘亏

2019年6月29日，甲公司出纳赵强盘点现金时，发现库存现金实有数比账面金额少了10元。发现现金盘亏且暂未查明原因时编制如下的会计分录。

借：待处理财产损溢——现金盘亏　　　　　　10

贷：库存现金　　　　　　　　　　　　　　　　　10

情况一，查明是由于第三方责任人少付了10元。

借：其他应收款　　　　　　　　　　　　　10

贷：待处理财产损溢——现金盘亏　　　　　　　10

情况二，属于无法查明原因的。

借：管理费用　　　　　　　　　　　　　　10

贷：待处理财产损溢——现金盘亏　　　　　　　10

公司财务章丢失处理错误

公司财务章是出纳办理业务时经常会用到的，例如，收到货款时开具的收据上要盖收款单位的财务章，开发票要盖财务章，在银行办理支票业务时也要盖章。所以，企业要小心谨慎地管理财务章，如果丢失，要及时到派出所备案并登报。

但有些单位对于公章的管理不重视，不仅没有专人管理，而且随用随拿。丢失后互相推脱责任，最后再重新刻一枚新的公章了事。

【实账处理】——财务章丢失后处理不当

甲单位的财务管理制度不健全，公章没有专人管理，办公室的人都能拿来用。2019年6月3日，出纳员陈凤带着公章去银行办事，在回办公室的途中不慎将财务章丢失而没有发现，到了6月10日，财务主管要用章时才发现公章已丢失，这就是丢失后没有及时采取措施影响后续工作。

2019年7月2日，A带着盖有甲单位公章的欠条到甲单位要求还款。而实际上是A捡到了甲公司的财务章后给自己写了一张假的借条，并盖上了甲公司的财务章。

解析：由于甲单位对财务章的保管工作不重视，没有及时发现印章丢失，进而没有及时采取应对措施，使得不法分子乘虚而入，损害了公司的利益。

在实际工作中丢失了财务章，正确的做法应该是怎样的呢？首先第一时间到派出所进行财务章丢失备案，然后拿着报案回执单去报社刊登遗失声明，最后再提供有关资料重新刻制新的财务章。

信用卡存款的处理

信用卡存款指企业为取得信用卡，按规定存入银行信用卡专户的款项。信用卡中可存现金，但标准信用卡存款没有利息，且存进的钱再取出来需缴纳手续费。

【实账处理】——信用卡存款

甲公司在中国建设银行申请信用卡，7月2日，甲公司按照要求向银行交存信用卡存款30 000元。7月10日，甲公司使用信用卡支付了6月的水电费3 000元。10月，甲公司注销信用卡。

1. 将信用卡存款存入信用卡专户时的会计分录如下。

借：其他货币资金——信用卡存款　　　　30 000

　　贷：银行存款　　　　　　　　　　　　　30 000

2. 支付水电费时的会计分录如下。

借：管理费用——水电费　　　　　　　　3 000

　　贷：其他货币资金——信用卡存款　　　　3 000

3. 信用卡销户时，信用卡的余额要转入企业的基本存款账户，不得提取现金。

借：银行存款　　　　　　　　　　　　　27 000

　　贷：其他货币资金——信用卡存款　　　27 000

老出纳支招儿

除了前述提及的一些出纳会遇到的问题外，实际经济业务中还会遇到其他各种问题，出纳要善于总结经验，不断开拓新方法，使自己工作起来更得心应手。这个过程中，出纳也可借鉴老出纳总结的工作方法解决实际问题。

出纳的一些实用工具

财务工作从最初的手工记账不断地发展为今天的会计电算化，这离不开办公工具在财务工作中的运用。比如，出纳员经常与"钱"（纸币或硬币）打交道，除了利用传统的手工点钞技术清点钞票或硬币外，最快且最有效的方法是借助点钞机等外部工具实施清点，这样可以准确辨别钞币的真伪。

另外，出纳人员不仅要对数字有一定的敏感度，还要熟练运用计算器进行必要的计算，在准确计算的基础上不断提升计算速度。

会计凭证的处理技巧

为了规范原始凭证的内容，明确相关人员的经济责任，防止有人利用原始凭证进行舞弊，《会计法》规定：会计机构和会计人员必须按照国家统一的会计制度规定对原始凭证进行审核，对不真实、不合法的原始凭证有权不予接受，并向单位负责人报告；对记载不准确或不完整的原始凭证予以退回，并要求按国家统一制度的规定更正、补充。

原始凭证记载的内容有误的，应由开具单位重新开具或者更正，并在更正处加盖出具单位的印章。如果原始凭证上的金额出现错误，则不能直接在原始凭证上更正，只能由原始凭证的开具单位重新开具。

往来条据的处理技巧

在账务处理工作中，财务人员会使用大量的票据和单据，一般包括借条、领条和收条收据等，这些都属于原始凭证，填制时要根据原始凭证的要求填写。收到这类票据时更要严格审核，对不符合要求的票据一定要退回开具单位重新开具。

处理票据业务时还要分清往来收据与发票收据的界限。凡属往来收据性质的均不得记入成本费用；凡属发票收据性质的，除单位内部费用收付外，所用收据均必须套印主管财政机关的监制章，否则不得作为发票性收据使用或收受，违者，税务机关将不允许在税前扣除，甚至处以补税罚款。

员工备用金借款及清理

有些单位的某些员工经常出差，为了便利，可以向单位申请个人备用金，并及时根据发票进行备用金的报账和清理。借备用金时可单独设置"备用金"明细科目，报账时首先冲销备用金。单位应定期清理备用金科目，对于长期挂账而未冲销的，应督促员工及时归还，如果几次劝告后仍未返还的，可以从其工资中扣除。

【实账处理】——备用金的处理

2019年8月30日，A公司员工张某借备用金3 000元用于出差，于2019年9月5日报销2 500元差旅费并归还剩余的500元现金。

8月30日，借备用金时的会计分录如下。

借：其他应收款——备用金——张某　　　　3 000

　　贷：库存现金　　　　　　　　　　　　　　3 000

9月5日，报销时的会计分录如下。

借：管理费用——差旅费　　　　　　　　　2 500

　　库存现金　　　　　　　　　　　　　　　 500

　　贷：其他应收款——备用金——张某　　　　3 000

出现白条抵库的处理

根据现金管理的规定，企业或个人不能出现白条抵库的情况。白条抵库是指收到或支出现金时没有发票或收据等正规收、付款凭证，只是用白纸写了一个收条或欠条作为现金收付证明。

白条抵库是单位库存现金管理工作中的一种典型违法行为，在企业中可能经常发生，如单位购买的东西对方不能开具正规发票的，经过领导的批准，可通过写报告的方式注明钱的去向。实际上，这种方式是不能代替记账的，企业可以通过税务机关代开发票进行记账。

网银、密码器的使用

随着互联网的推广，财务人员可通过网银处理收付款业务，不用每次都去银行柜台办理，这样大大提高了工作效率。

那么怎样使用网银才符合规定呢？首先，要在开户银行开通网银业务，办理好后会从银行收到网银盾（每个网银盾的权限可进行不同的设置），再根据网银的操作流程在电脑上下载相应的银行插件，以保证使用网银时的安全。对于金额较大的收付款业务，网银盾可以设置制单、复核和审核3个人员的权限，3个不同的人进行管理，这样不仅能审核收款人的信息与金额以免有误，也可以起到一定的制约作用，杜绝同一个人既负责制单又负责复核或审核，防止舞弊行为的发生。

在使用一些银行票据时，都会和支付密码器配套使用。比如使用现金支票时，在支付密码器上输入与现金支票上对应的日期和金额，确认无误后会生成几位数字的密码，然后将此密码填写在现金支票上，再根据要求盖上银行预留的印鉴章，这样现金支票才能有效。

网上申报好处多

网上申报是指纳税人在法定的期限内利用计算机通过互联网登录税务部门电子申报网站，录入当月应申报数据，审核无误后，由银行自动从纳税人税款专用账户划转应纳税款，完成纳税申报工作。

纳税人通过系统进行网上申报的好处很多，足不出户就可以完成纳税申报工作，减轻企业财务人员的劳动强度；同时，不需要购买软件，减轻了企业负担；而且申报不受地域和软硬件环境限制，升级维护也比较简单。同时，该系统具有较高的安全性，还可以实时地进行数据校验，避免申报数据出现错误。

网上纳税申报的内容包括填写各个税种的纳税申报表及其附表、提交财务会计报表以及税务机关要求报送的其他纳税资料。纳税人应在法定纳税期限内，通过互联网依法申报缴纳应纳税款及扣缴税款，依法报送会计报表及相关税种纳税申报资料。网上申报的数据资料内容必须真实、完整、准确且与书面资料一致，若不一致，由此造成的法律后果由纳税人自行承担。